全国中等职业技术学校汽车类专业教材

汽车配件与营销

（第 三 版）

人力资源社会保障部教材办公室组织编写

中国劳动社会保障出版社

简介

本书为全国中等职业技术学校汽车类专业教材，主要内容包括汽车配件基础、汽车配件的认知、汽车配件编号识别与检索、汽车常用材料的认知、汽车配件订货与采购、汽车配件库存管理及汽车配件销售共七部分内容。

本书由张启森主编，郑莺副主编，高文君、邹玲、梅玉姣、朱宝丽参加编写，顾明珠主审。

图书在版编目(CIP)数据

汽车配件与营销/人力资源社会保障部教材办公室组织编写. -- 3 版. -- 北京：中国劳动社会保障出版社，2019

全国中等职业技术学校汽车类专业教材

ISBN 978 - 7 - 5167 - 3764 - 4

Ⅰ.①汽…　Ⅱ.①人…　Ⅲ.①汽车-配件-市场营销学-中等专业学校-教材　Ⅳ.①F766

中国版本图书馆 CIP 数据核字(2019)第 016193 号

中国劳动社会保障出版社出版发行

(北京市惠新东街 1 号　邮政编码：100029)

*

北京宏伟双华印刷有限公司印刷装订　　新华书店经销

787 毫米×1092 毫米　16 开本　12.5 印张　265 千字

2019 年 2 月第 3 版　　2023 年12月第 8 次印刷

定价：24.00 元

营销中心电话：400-606-6496

出版社网址：http://www.class.com.cn

http://jg.class.com.cn

前 言

为了更好地适应中等职业技术学校汽车类专业教学要求，全面提升教学质量，人力资源社会保障部教材办公室组织有关学校的骨干教师和行业、企业专家，在充分调研企业生产和学校教学情况、广泛听取教材用户反馈意见的基础上，对全国中等职业技术学校汽车类专业教材进行了修订和补充开发。

本次教材修订和补充开发工作的重点主要体现在以下几个方面：

第一，完善教材体系，更好地满足教学需求。

结合职业院校汽车类专业设置和办学特点，调整并完善了教材体系，与专业通用基础教材相衔接，开发了汽车维修、汽车电器维修、汽车钣金与美容、汽车检测、汽车营销等专业方向教材，构建了“通用基础平台+不同专业方向平台”的教材体系。此外，还针对学校对电控技术、车载网络技术、新能源汽车等高新技术的教学需求，开发了相应的教材。

第二，反映技术发展，适应岗位职业能力需求变化。

随着汽车制造水平的不断提高，汽车维修的内容和工艺发生了相应变化；伴随着私家车保有量的不断增长，汽车营销、汽车美容等相关从业人员的职业能力要求也在发生相应变化。因此，本次修订工作注重在教材中增加新知识、新技术、新材料、新工艺等方面的内容，体现教材的先进性。同时，根据中级工从事相关岗位工作的实际需要，合理确定学习目标，对教材内容的深度、难度做了适当调整，同时注重综合职业能力的培养。

第三，融入先进教学理念，创新教材表现形式。

专业通用基础教材的编写以汽车及其零部件为载体，充分体现专业特色；专业方向教材的编写根据学校教学实际，充分体现一体化教学思路，增加了实训内容在教材中的比重。为了增强教材的表现效果，提高学生的学习兴趣，教材中使用了大量高质量的实物图片，部分教材采用双色或彩色印刷。

第四，开发辅助产品，提供教学服务。

为了方便教学，配套开发了习题册、教学参考书和电子课件。电子课件可通过职业教育教学资源和数字学习中心（http://zyjy.class.com.cn）免费下载。

本次教材修订工作得到了河北、江苏、浙江、山东、山西、广东、广西、陕西等省、自治区人力资源社会保障厅及有关学校的大力支持，在此表示诚挚的谢意。

人力资源社会保障部教材办公室

2017年1月

目录

项目一　汽车配件基础

任务 1　汽车配件分类和车辆识别代码的认知

学习目标

1. 熟悉汽车配件的概念及分类。
2. 熟悉汽车配件行业的基本术语。
3. 能认识并运用车辆识别代码。

任务描述

某客户需要订购一批减振器，作为一名销售人员，怎样才能准确地向客户推销其想要的产品呢？此时需要向客户了解哪些信息？这就要求销售人员不仅要掌握汽车配件的基本知识，还要熟练掌握和运用汽车配件行业术语。本任务要求对汽车配件分类和车辆识别代码进行认知。

相关知识

一、汽车配件的定义及分类

1. 汽车配件的定义

汽车配件是指构成汽车整体的各单元的零部件及服务于汽车的所有消耗性材料。在汽车维修和汽车配件经营企业中，通常将汽车配件按一定的标准分为若干类。

一辆汽车由上万个零部件组成，品种众多、分类繁杂，汽车配件销售人员只有掌握汽车配件分类的知识，才能有效地组织汽车配件的采购和供应，做好销售与服务工作。

2. 汽车配件的分类

在汽车维修和汽车配件经营领域中，通常将汽车配件按以下三方面进行分类。

(1) 按汽车配件在汽车上的功能分类

汽车配件按功能分类表见表 1—1—1。

汽车运行材料和汽车美容材料大多是由非汽车行业生产而供汽车使用的产品，一般不编入各车型汽车配件目录，所以也将其称为汽车的横向产品。随着科技的发展，商家也越来越注重客户的个性化需求，目前在售后配件中又涌入大量的选择性配置，如水杯托架、轮圈、车载电视、车联网设备等，这些附件被当作是特殊的配件。

表 1—1—1　汽车配件按功能分类表

分类	配件范围
汽车零部件	汽车发动机、底盘、电气系统的配件，车身及附件，维护工具等
汽车标准件	汽车行业的标准件，如轴承、螺栓、垫圈、键、销等
汽车运行材料	燃料、润滑材料、工作液（制动液、冷却液等）、汽车轮胎等
汽车美容材料	汽车内外装饰用品，如车身保护蜡、全车座垫套、脚踏垫、挂件、车内香水、玻璃贴膜、底盘装甲及车身封釉用品等

（2）按汽车配件的结构分类

汽车配件按结构分类表见表 1—1—2。

表 1—1—2　汽车配件按结构分类表

分类	配件范围
零件	零件是指一个不可再拆卸的整体，又可分为汽车专用零件（如活塞、气门、半轴等）、汽车通用标准件（如轴承、螺栓、垫圈等）
合件	合件是指两个以上的零件装成一体，起着单一零件的作用，如带盖的连杆、成对的轴瓦、带气门导管的缸盖等。合件的名称以其中的主要零件命名，如带盖的连杆即命名为连杆
组合件	组合件由几个零件或合件装成一体，但不能单独发挥某种功能，如离合器压板及盖、变速器盖等。有时也将组合件称为半总成件，但它与能单独发挥某一项功能的总成件是有区别的
总成件	总成件由若干零件、合件、组合件装成一体，能单独发挥某一项功能，如发动机总成、变速器总成等
车身覆盖件	车身覆盖件是指由板材冲压、焊接成型，并覆盖汽车车身的零件，如散热器罩、发动机罩、翼子板等

（3）按汽车配件的来源分类

一般来说，客户购买配件时，汽车配件销售人员会询问客户是要正厂件还是品牌件、副厂件、仿制件等，这是因为配件的来源渠道是不同的。配件来源渠道不同，价格可能会相差较大，当然质量也会有差别。根据配件来源渠道的不同，一般可以将配件分为以下五类（表 1—1—3）。

表 1—1—3　汽车配件按来源分类表

分类	配件范围
原厂汽车配件（正厂件）	正厂件也称为纯正件，是使用整车生产厂家原厂商标的装车件，其质量好，服务体系完善，但价格高，一般由原厂售后服务部门进行区域调配，也对外销售
配套厂汽车配件（品牌件）	由整车生产厂家认定零部件配套生产厂，零部件配套生产厂除为整车提供配套装车件外，还可在整车生产厂家许可的条件下对外销售配件，但不允许其使用整车生产厂家的品牌商标，只能采用配套厂自己的品牌商标，这种配件称为品牌件，其质量与正厂件区别不大，价格相对便宜一些

续表

分类	配件范围
许可生产件（副厂件）	副厂件是指经整车生产厂家许可生产和销售，且质量经整车生产厂家认证的主要在维修汽车时使用的零配件，价格较正厂件和品牌件便宜一些
其他汽车配件（仿制件）	仿制件是指某些厂家采用原厂图纸或实物自行生产的零配件，一般价格低廉，质量参差不齐
拆车件和翻新件	拆车件是指从报废车辆上拆下的零配件，常用于使用时间较长的进口车辆的修理。翻新件是指经过专业厂家重新修复或加工的旧件，一般能够满足汽车的使用性能并有质量保障，如翻新的自动变速器、液力变矩器等

人们普遍认为正厂件的质量要远远优于副厂件，而且国内的汽车生产厂家会强烈建议自己的特约维修站采用正厂件，以保证车辆的正常运行。其实不完全是这样。随着技术的进步和工艺的改进，各配件企业整体质量如今已大为改观，而且很多都不再是“三无”产品。例如，上海大众的“桑塔纳”轿车装车用的等速万向节是“纳铁福”的合资产品；“杭万”牌等速万向节是中国最大的万向节生产企业——万向集团（原杭州万向节厂）生产的，其性价比高，广泛用于各品牌汽车中。但是，在配件市场中目前还有不少假冒伪劣产品存在，这类零部件不仅损害了用户的利益，也在一定程度上侵害了整车生产厂家的利益，其合法性受到人们的质疑，影响了行业信誉。

二、汽车配件术语

从事汽车配件销售工作，要想取得客户的信任，必须具备较强的专业素质，最基本的专业要求就是对汽车配件行业术语的熟练掌握和运用。

例如，客户订购一批减振器，销售人员必须向客户了解相关的需求信息：用在哪种车型和年款上，是前减振器还是后减振器，其形式和型号是什么，要正厂件还是副厂件，对品牌和产地有无要求，支座和螺母等附件是否需要更换等。

这其中包含了车辆基本情况术语、配件基本情况术语、车辆识别代码等大量的专业术语，只有准确掌握并运用这些专业术语，才能做好汽车售后服务及配件选置工作。

1. 车辆基本情况术语

在对一辆汽车进行售后服务和配件选置时，必须运用车辆基本情况术语对其进行十分准确的描述。车辆基本情况术语包括对汽车品牌、制造厂家、年款、车型、车身形式、车辆配置、驱动形式、生产方式（进口、散件组装等）、车型参数等车辆相关信息的专业化描述。

例如，对一辆中华轿车各项信息的准确描述：沈阳“华晨金杯”汽车制造厂 2005 年生产的“中华”轿车，配备日本三菱 2.4 L 排量发动机，136 kW，采用三菱五挡自动变速器。

2. 配件基本情况术语

配件基本情况术语包括配件种类、材质、形式、各项技术参数、配件来源、生产厂家及品牌、相关产品和配套工具等方面的信息，表 1—1—4 为某配件的基本参数描述。

表 1—1—4 某配件的基本参数描述

品名	厂家	品牌	型号	配件编号	适用车型
转向节	广州正泰汽车配件有限公司	正泰	丰田佳美右转向节	42304/05－20090	丰田佳美

3. 车辆识别代码（VIN）

车辆识别代码的英文缩写为 VIN，是由 17 位字母和数字组成的编码，又称 17 位码。

(1) 车辆识别代码的作用

车辆识别代码经过排列组合，可以使各汽车制造厂生产的车型在 30 年之内不会发生重号现象，这与人们的身份证不会产生重号类似，它具有对车辆的唯一识别性，因此，又有人将其称为“汽车的身份证”。

(2) 车辆识别代码的基本内容及含义

车辆识别代码由世界制造厂识别代码（WMI)、车辆特征说明代码（VDS)、车辆出厂信息指示代码（VIS）三部分组成，如图 1—1—1 所示。

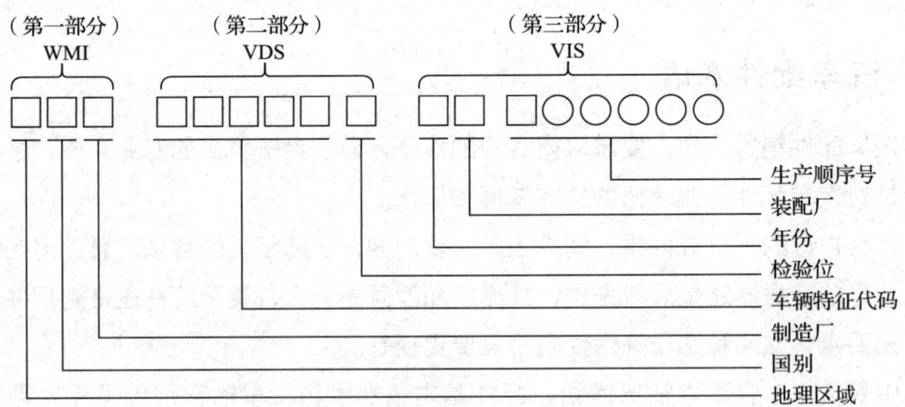

图 1—1—1 车辆识别代码的组成（年产量≥500 辆）

□—字母或数字 ○—数字

第一部分——世界制造厂识别代码

世界制造厂识别代码由第一至第三位 3 位字码组成，是为识别世界上每一个制造厂而指定给该制造厂的一个代号。

第一位字码表示地理区域。

第二位字码表示国别。

第三位字码表示制造厂。

第一、二、三位字码的组合能保证制造厂识别标志的唯一性。对于汽车年产量大于或等于500辆的制造厂，世界制造厂识别代码由3位字码组成；对于汽车年产量小于500辆的制造厂，世界制造厂识别代码的第三位字码为数字9，对此，车辆指示部分的第三、四、五位字码将与第一部分的三位字码一起作为世界制造厂识别代号。

说明

WMI码中的第一位和第二位字码组成的双字码块，由国际标准化组织（ISO）的国际代理机构——美国汽车工程师学会（SAE）预先分配给世界各个地区和国家，如日本为JA～JZ及J0～J9；美国为1A～1Z及10～19，4A～4Z及40～49，5A～5Z及50～59；中国为LA～LZ及L0～L9。而第二位和第三位字码组成的双字码块，则由SAE授权的国家机构指定给制造厂家。

第二部分——车辆特征说明代码

车辆特征说明代码由第四位至第九位6位字码组成。第四位至第八位字码用以表示车辆的一般特征，如品牌、种类、系列、车身类型、底盘类型、发动机类型、约束系统和制动系统等。这5位字码是由各厂家自行规定的，不允许出现空位或缺位。如果制造厂不用其中的一位或几位字码位置，则应在该位置填入制造厂选定的字母或数字占位。第九位为检验位，应填入一个用来表示车辆识别代号书写准确性的“检验数字”（数字0～9或字母X）。

第三部分——车辆出厂信息指示代码

车辆出厂信息指标代码由第十位至第十七位8位字码组成，用以表示车辆的个性特征，如制造年份、装配地点和生产顺序号等。其中，第十位字码为车辆生产年份代码（表1—1—5），第十一位字码为装配厂代号，第十二位至第十七位字码为某年份某装配厂生产的车辆顺序号。

表1—1—5　　车辆生产年份代码

年份	代码	年份	代码	年份	代码
1991	M	2001	1	2011	B
1992	N	2002	2	2012	C
1993	P	2003	3	2013	D
1994	R	2004	4	2014	E
1995	S	2005	5	2015	F
1996	T	2006	6	2016	G
1997	V	2007	7	2017	H
1998	W	2008	8	2018	I
1999	X	2009	9	2019	J
2000	Y	2010	A	2020	K

任务实施

训练 1：汽车配件认知。

根据实物图片写出各汽车配件对应的名称（表 1—1—6）。

表 1—1—6 **汽车配件认知**

汽车配件实物图	名称
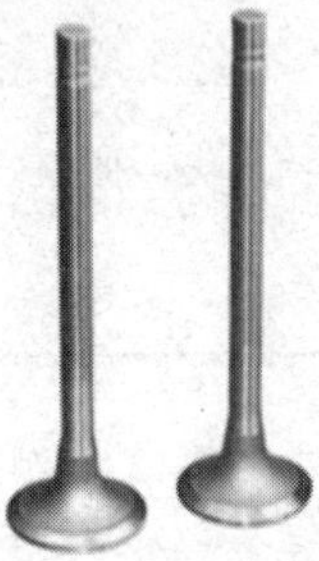	

训练 2：车辆识别代码认知。

在表 1—1—7 中写出对应的识别代码及其含义。

表 1—1—7　　　　车辆识别代码认知

车辆识别代码	说明
车辆识别代码： LSVHJ133022221761	第 1～3 位世界制造厂识别代码：＿＿＿＿＿＿，含义：＿＿＿＿＿＿＿＿＿＿＿＿ 第 4 位车身类型代码：＿＿＿＿＿＿＿＿，含义：＿＿＿＿＿ 第 5 位代码：＿＿＿＿＿＿ 第 6 位乘客保护系统代码：＿＿＿＿＿＿ 第 7～8 位代码：＿＿＿＿＿＿，代表上海桑塔纳旅行轿车、上海桑塔纳 2000 轿车 第 9 位代码：＿＿＿＿＿＿ 第 10 位年份代码：＿＿＿，产于＿＿＿年 第 11 位代码 2，含义：＿＿＿＿＿＿ 第 12～17 位代码 221761，含义：＿＿＿＿＿＿

任务 2　汽车型号及编制规则的认知

学习目标

1. 掌握汽车型号的编制规则。
2. 能根据汽车整车型号读出汽车的相关信息。

任务描述

在进行汽车购置、服务和交易时，了解汽车整车型号（图 1—2—1）、类型、品牌及车身形式等信息非常重要。本任务要求对国产汽车型号进行认知，并查找不同车型对应的车型标牌位置。

图 1—2—1　汽车整车型号

相关知识

汽车整车型号是为识别车辆而对一类车辆指定的由拼音字母和阿拉伯数字组成的编号。国家标准 GB 9417—1988《汽车产品型号编制规则》规定了汽车分类及编号规则。此标准已于 2002 年 3 月 1 日宣布作废，但新的车型分类直到现在都没有出现更新的国家标准和行业标准，目前各企业仍继续执行这一标准。

一、国产汽车的型号及编制规则

1. 国产汽车的分类

目前，我国汽车的类别主要是按用途进行划分的，基本分为以下 9 类，每一类分别用一位数字作为类别代码。车辆类别代码见表 1—2—1。

表 1—2—1　　车辆类别代码

车辆类别代码	车辆种类	车辆类别代码	车辆种类	车辆类别代码	车辆种类
1	载货汽车	4	牵引汽车	7	轿车
2	越野汽车	5	专用汽车	8	挂车
3	自卸汽车	6	载客汽车	9	半挂或专用半挂

2. 国产汽车的编号规则

汽车产品种类繁多，为便于在使用及维修过程中辨别各种系列的汽车产品，国标中规定了汽车的分类及编号规则。汽车型号由 4 部分组成，具体见表 1—2—2。

表 1—2—2　　汽车产品型号构成

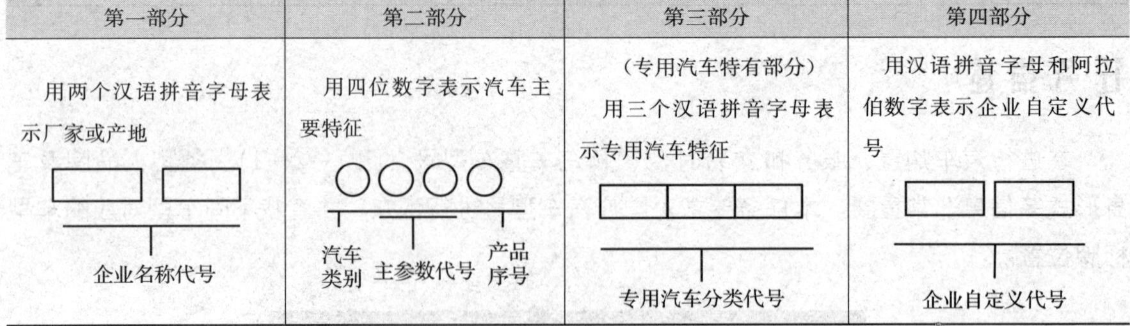

第一部分	第二部分	第三部分	第四部分
用两个汉语拼音字母表示厂家或产地 企业名称代号	用四位数字表示汽车主要特征 汽车类别　主参数代号　产品序号	（专用汽车特有部分） 用三个汉语拼音字母表示专用汽车特征 专用汽车分类代号	用汉语拼音字母和阿拉伯数字表示企业自定义代号 企业自定义代号

3. 国产汽车产品型号说明

(1) 企业名称代号

企业名称代号位于产品型号的第一部分，用代表企业名称的两个汉语拼音字母表示。例如，CA——汽，EQ—二汽，SH—上海，NJ—南京，CQ—重庆，JN—济南，SX—陕西，TJ—天津，BJ—北京。

（2）主参数代号

主参数代号位于产品型号第二部分的中间位置（表 1—2—2），用两位阿拉伯数字表示（表 1—2—3）。

表 1—2—3　　　　**主参数代号说明**

类别代码	车辆种类	主参数代号的含义	类别代码	车辆种类	主参数代号的含义
1	载货汽车	表示车辆的总质量，单位为吨（t）	6	客车	表示车辆长度，单位为米（m）。当长度小于 10 m 时，应精确到小数点后一位，以长度值的 10 倍数值表示
2	越野汽车		9	半挂车	
3	自卸汽车				
4	牵引汽车		7	轿车	表示发动机排量，单位为升（L），应精确到小数点后一位，并以其值的 10 倍数值表示
5	专用汽车				
8	挂车				

主参数的数字一般遵循“四舍五入”原则。此外，主参数不足规定位数时，在主参数实际数字前以“0”占位。

（3）产品序号

产品序号位于产品型号第二部分的第 4 位，用一位阿拉伯数字表示，按其产品的生产顺序依次使用 0，1，2……主要表示产品的出厂顺序（或改型次数）。

（4）专用汽车分类代号

专用汽车分类代号位于产品型号的第三部分（非专用汽车的产品型号中此部分不显示），用反映车辆结构和用途特征的三个汉语拼音字母表示（图 1—2—2）。专用汽车结构特征代号见表 1—2—4，用途特征代号参照专业标准 GB/T 17350—2009《专用汽车和专用挂车术语、代号和编制方法》的规定执行。

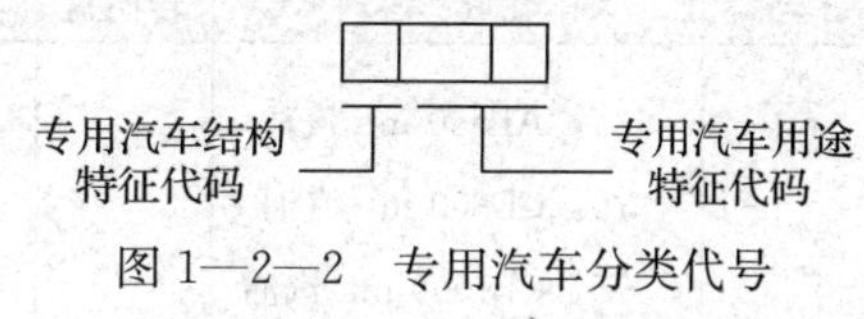

图 1—2—2　专用汽车分类代号

表 1—2—4　　　　**专用汽车结构特征代号**

车辆结构	厢式汽车	罐式汽车	专用自卸汽车	仓栅式汽车	起重举升汽车	特种结构汽车
结构特征代号	X	G	Z	C	J	T

（5）企业自定义代号

企业自定义代号位于产品型号的第四部分。同一种汽车结构略有变化而需要区别时（如汽油、柴油发动机；长、短轴距；单、双排座驾驶室；平、凸头驾驶室；左、右置转向盘等），可用汉语拼音字母和阿拉伯数字表示，位数也由企业自定。

4. 国产汽车编号举例

（1）型号 CA1091——第一汽车制造厂生产的第二代（改型过一次）载货汽车，总质量为 9 310 kg。

(2) 型号 TJ6481——天津客车厂生产的第二代 (改型过一次) 客车,车长为 4 750 mm。

(3) 型号 SH7221——上海汽车制造厂生产的第二代 (改型过一次) 轿车,发动机排量为 2.232 L。

(4) 型号 EQ2080——第二汽车制造厂生产的第一代越野汽车,总质量为 7 720 kg。

(5) 型号 HY4300——汉阳特种汽车制造厂生产的第一代公路行驶的牵引车,总质量为 30 000 kg。

(6) 型号 JN5090XBW——济南汽车改装厂生产的第一代厢式保温汽车,采用 EQ1090 汽车底盘改装的特种汽车,总质量为 9 000 kg。

(7) 型号 LQ9050XLY——兰州专用汽车制造厂生产的第一代野外厢式淋浴半挂车,总质量为 5 000 kg。

二、进口汽车的型号及编制规则

1. 进口汽车型号的编制

国外各生产厂家汽车型号的编制规则均不相同,即便是同一个国家,各个汽车生产厂家也都有其各自的编号规则。现以我国引进的日本大发工业公司生产的 S70LV—LZR 型汽车为例予以说明 (表 1—2—5)。

表 1—2—5 S70LV—LZR 型汽车型号编制说明

车名	排气量、燃料	转向盘	车型	货厢	车顶	等级	变速器
S:HIJET 海捷特	65:AB550 mL 汽油 70:CD850 mL 汽油 75:CB1000 mL 汽油 77:CL1000 mL 柴油 80:AB550 mL 2WD 汽油 81:AB550 mL 4WD 汽油 84:CD850 mL 2WD 汽油 85:CB1000 mL 2WD 汽油 86:CB 1000 mL 4WD 汽油	L:左 R:右	V:客货车 无:货车	V:客货车 无:货车 P:栏板一面可开 T:栏板三面可开 L:低地板客货车 F:高地板客货车 M:微型客车 D:隐蔽侧窗客货车 B:工具车	Z:高顶车 无:标准	R:标准 D:豪华	K:四挡手动 M:五挡手动

(1) S70LV—LZR 型汽车的编号规则

第一位字母“S”，是车名 HIJET 的代码。

第二、第三两位数字“70”，结合第一位字母“S”统称为车型系列，用来指示所用发动机的型号及底盘整体设计的代号。在此例中，S70 用来表示发动机为 CD 型、排量为 850 mL 的汽油发动机，底盘整体结构按 850 mL 排量的发动机性能设计，因此，我国将此车型系列的汽车称为大发 850。

后面的几位字母，分别表示不同部位结构变化的代号。

(2) 91 系列车型的编号规则

中国重汽集团公司从奥地利斯太尔公司引进的 91 系列重型载货汽车共分为 991（单车总质量为 16 t)、1291（单车总质量为 19 t)、1491（单车总质量为 22 t)、1891（单车总质量为 28 t）及 2891（单车总质量为 40 t）五种车型，其吨位从 16 t 到 40 t。就其各吨位级载货车而言，91 系列还有很多不同的车型，其车型代号组成如图 1—2—3 所示。

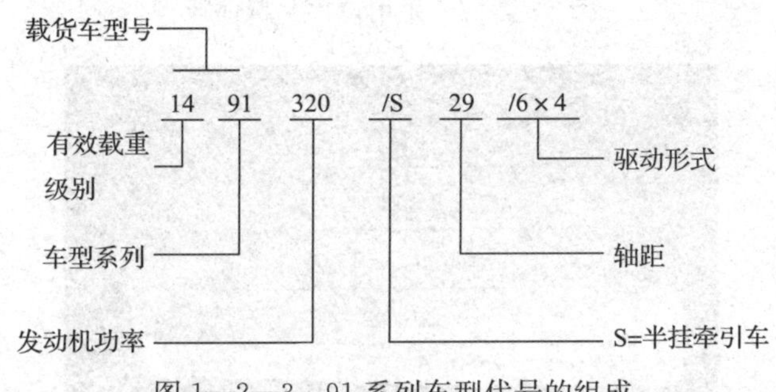

图 1—2—3　91 系列车型代号的组成

代号中轴距前面用“S”等英文字母表示各种不同的底盘，如：

S——半挂牵引车底盘；

K——自卸车底盘；

O——一般货厢式载货车底盘；

F——加长轴距的货厢式载货车底盘；

N——特长轴距带后支撑轴的 6×2 货厢式载货车底盘；

B——水泥搅拌车底盘；

M——市政用车底盘；

A——公共汽车底盘；

L——消防车底盘；

V——带中支撑转向轴的 6×2 底盘。

2. 车型标牌

汽车出厂时，把汽车的出厂时间和基本性能用文字和字母缩写后，记录在汽车的某一个部位，称为车型标牌。进口汽车的厂家不同，车型标牌固定的位置也不同，但多数都固定在驾驶室或发动机罩的某一个位置上。进口汽车使用、维修和筹措配件时，都要用到车型标牌。常见的车型标牌记录的内容有汽车型号、发动机型号与排量、车架编号、车身颜色编号、装饰编号、车轴编号、制造厂编号等。不同厂家生产的汽车标牌内容有所不同，图 1—2—4 所示为丰田汽车车型标牌，图 1—2—5 所示为起亚汽车车型标牌，该标牌上除标有型号等信息外，还标有 17 位车辆识别代码。

汽车的生产时间可以从车架号码或从车辆使用手册上查找到。

图 1—2—4　丰田汽车车型标牌

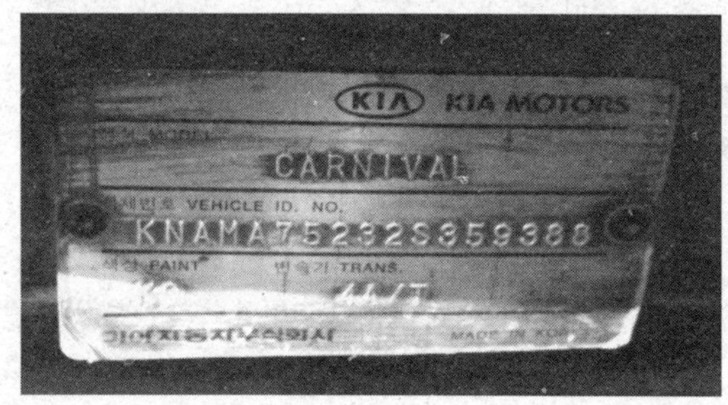

图 1—2—5　起亚汽车车型标牌（图中 KNAMA75232S359388 为该车的车辆识别代码）

任务实施

训练：汽车型号认知。

根据以下汽车铭牌填写相关信息（表 1—2—6）。

表 1—2—6　　　　**汽车铭牌认知**

汽车铭牌	信息获取与分析
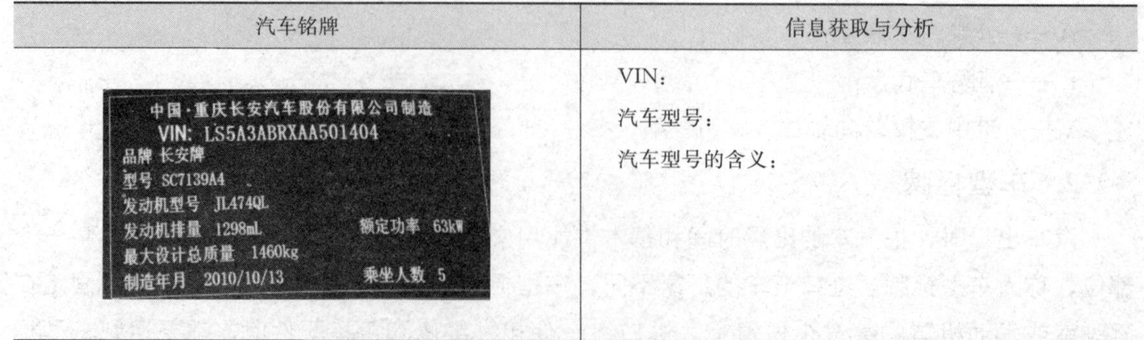	VIN： 汽车型号： 汽车型号的含义：

续表

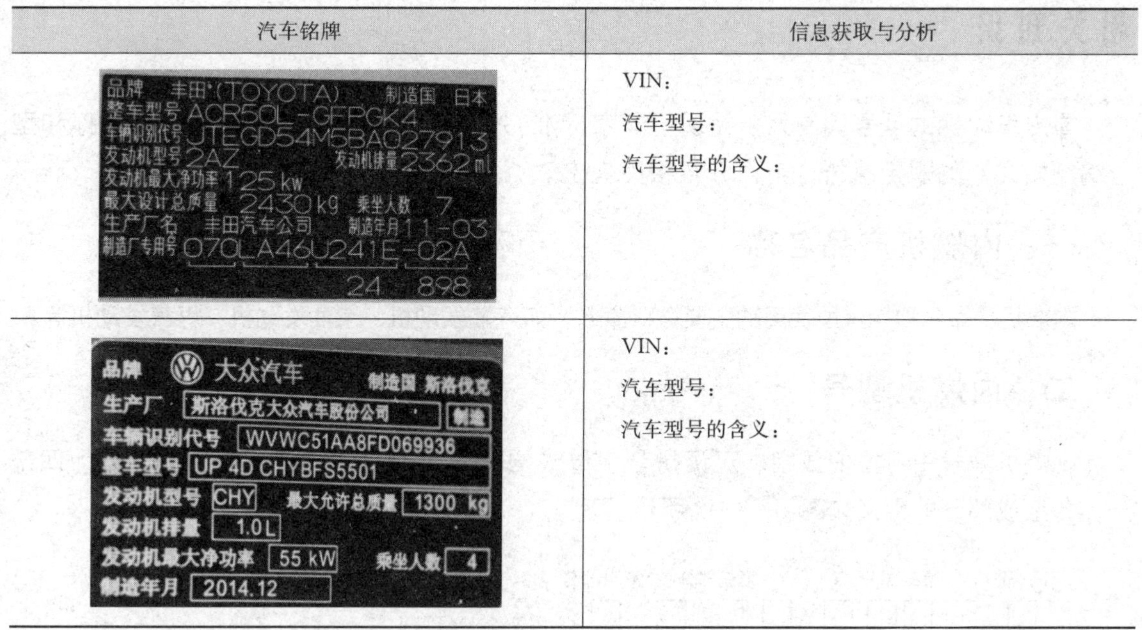

汽车铭牌	信息获取与分析
品牌 丰田（TOYOTA） 制造国 日本 整车型号 ACR50L-GFPGK4 车辆识别代号 JTEGD54M5BA027913 发动机型号 2AZ 发动机排量 2362 ml 发动机最大净功率 125 kW 最大设计总质量 2430 kg 乘坐人数 7 生产厂名 丰田汽车公司 制造年月 11-03 制造厂专用号 070LA46U241E-02A 24 898	VIN： 汽车型号： 汽车型号的含义：
品牌 大众汽车 制造国 斯洛伐克 生产厂 斯洛伐克大众汽车股份公司 制造 车辆识别代号 WVWC51AA8FD069936 整车型号 UP 4D CHYBFS5501 发动机型号 CHY 最大允许总质量 1300 kg 发动机排量 1.0L 发动机最大净功率 55 kW 乘坐人数 4 制造年月 2014.12	VIN： 汽车型号： 汽车型号的含义：

任务 3　国产汽车发动机产品名称和型号的认知

学习目标

1. 掌握发动机型号的编制规则。
2. 能正确认知汽车发动机产品名称和型号。

任务描述

为了便于发动机的生产管理和使用，需要对发动机型号（图 1—3—1）进行编制。编制发动机型号能使我们快速、准确读取发动机的生产厂家、规格、性能、生产日期和产品批次等。本任务要求对发动机型号进行认知。

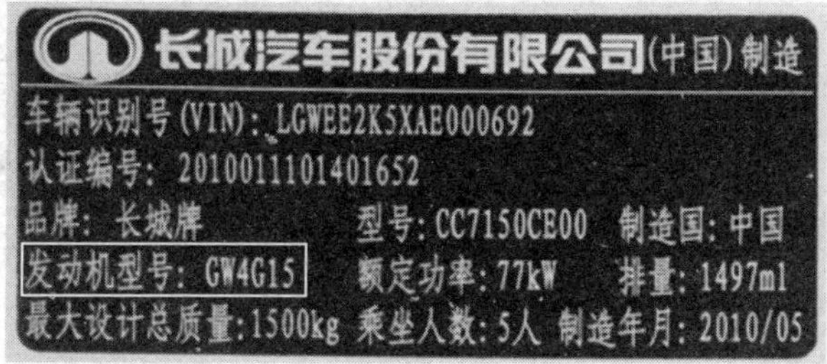

图 1—3—1　发动机型号

相关知识

国内发动机的型号编制大多按现行国家标准 GB/T 725—2008《内燃机产品名称和型号编制规则》的规定执行，下面介绍相关规定。

一、内燃机产品名称

内燃机产品名称均按所使用的主要燃料命名，如汽油发动机、柴油发动机、煤气发动机等。

二、内燃机型号

内燃机型号由阿拉伯数字、汉语拼音字母或国际通用的英文缩略字母组成，分为四部分，各组成部分的含义如图 1—3—2 所示。

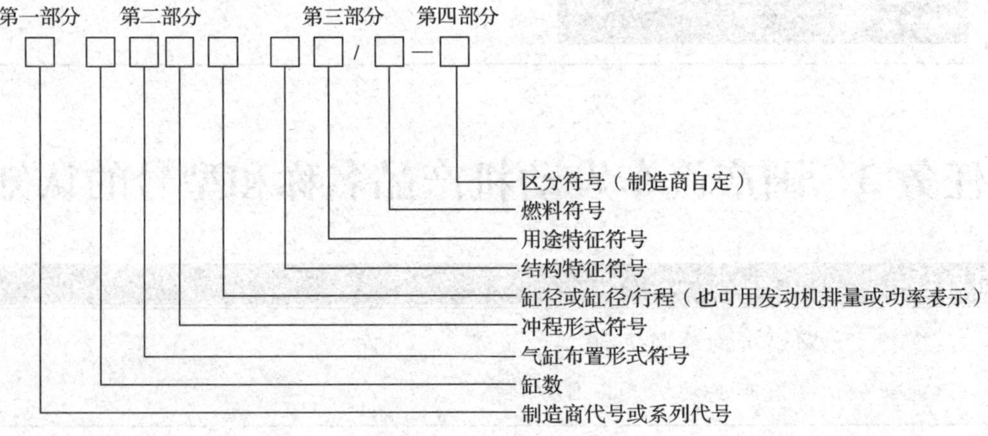

图 1—3—2　内燃机型号各组成部分的含义

第一部分：由制造商代号或系列代号组成，由制造商根据需要选择 1～3 位相应的字母表示。

第二部分：由气缸数、气缸布置形式符号、冲程形式符号、缸径符号组成。

(1) 气缸数用 1～2 位数字表示。

(2) 气缸布置形式符号见表 1—3—1。

表 1—3—1　气缸布置形式符号

符号	含义
无符号	多缸直列及单缸
V	V 形
P	平卧式
H	H 形
X	X 形

(3) 冲程形式为四冲程时符号省略，二冲程时用 E 表示。

(4) 缸径符号一般用缸径或缸径/行程表示，也可用发动机排量或功率表示，其单位由制造商自定。

第三部分：由结构特征符号、用途特征符号组成，其符号分别按表 1—3—2、表 1—3—3 的规定执行。

第四部分：区分符号。同系列产品需要进行区分时，可允许制造商选用适当的符号表示。第三部分与第四部分可用“一”分隔。

表 1—3—2　　**结构特征符号**

符号	结构特征
无符号	冷却液冷却
F	风冷
N	凝汽冷却
S	十字头式
Z	增压
ZL	增压中冷
DZ	可倒转

表 1—3—3　　**用途特征符号**

符号	用途
无符号	通用型及固定动力（或制造商自定）
T	拖拉机
M	摩托车
G	工程机械
Q	汽车
J	铁路机车
D	发电机组
C	船用主机，右机基本型
CZ	船用主机，左机基本型
Y	农用运输车
L	林业机械

说明

由国外引进的内燃机产品，若保持原结构性能不变，则允许保留原产品型号。

三、内燃机型号示例

1. 柴油发动机型号

(1) 165F 柴油机——单缸、四冲程、缸径为 65 mm、风冷、通用型。

(2) R175A 柴油机——单缸、四冲程、缸径为 75 mm、水冷、通用型（R 为 175 产品换代符号，A 为系列产品改进的区分符号）。

(3) R175N 柴油机——单缸、四冲程、缸径为 75 mm、凝汽冷却、发电机组用（R 含义同上）。

(4) 495T 柴油机——四缸、直列、四冲程、缸径为 95 mm、水冷、拖拉机用。

(5) YZ6102 柴油机——六缸、直列、四冲程、缸径为 102 mm、水冷、汽车用（YZ 为扬州柴油机厂代号）。

(6) 12V135ZG 柴油机——十二缸、V 形、四冲程、缸径为 135 mm、水冷增压、工程机械用。

(7) 8E150C—1 柴油机——八缸、直列、二冲程、缸径为 150 mm、水冷、船用主机、右机基本型、直喷燃烧室（区分符号）。

(8) 12VE230ZCZ 柴油机——十二缸、V 形、二冲程、缸径为 230 mm、水冷增压、船用主机、左机基本型。

(9) G8300ZDZC 柴油机——八缸、直列、四冲程、缸径为 300 mm、增压、可倒转、船用主机、右机基本型（G 为产品系列代号）。

2. 汽油发动机型号

(1) 1E65F 汽油机——单缸、二冲程、缸径为 65 mm、风冷、通用型。

(2) 492QA 汽油机——四缸、直列、四冲程、缸径为 92 mm、水冷、汽车用（A 为区分符号）。

任务实施

训练 1：汽车发动机型号认知。

内燃机型号主要由四部分组成，其中第一部分是____________代号，第二部分由________、__________、________、________组成，第三部分由________、________组成，第四部分为______符号。

训练 2：发动机型号编制说明。

分别指出以下两种型号机型的含义。

1. EQ 6100－1 汽油机

EQ 表示________。

6100：6 表示________________，100 表示__________。

—1 表示________________。

2. R175A 柴油机

R175A 表示____。

项目二　汽车配件的认知

任务 1　发动机主要配件的认知

学习目标

1. 掌握汽车发动机主要配件的作用、结构。
2. 掌握汽车发动机主要配件的使用及损耗情况。

任务描述

发动机（图 2—1—1）是汽车的动力源，能准确认知发动机的结构、组成和配件种类，正确说出发动机的型号和性能指标，有助于提高汽车使用、维护和维修的效率及质量。本任务要求对发动机的主要配件进行认知。

图 2—1—1　发动机

相关知识

汽车发动机为汽车提供动力，是汽车的“心脏”，影响汽车的动力性、经济性和环保性。根据动力来源不同，汽车发动机可分为柴油发动机和汽油发动机等。

汽油发动机由曲柄连杆机构、配气机构和冷却系统、润滑系统、点火系统、燃料供给系统、起动系统组成。柴油发动机的组成与汽油发动机基本一样，区别在于柴油发动机没有点火系统。

图 2—1—2 所示为典型发动机的主体剖面图。

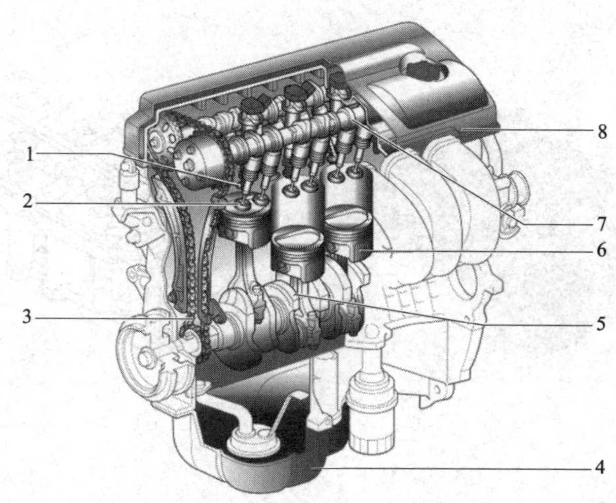

图 2—1—2　典型发动机的主体剖面图

1—排气门　2—进气门　3—正时链　4—油底壳　5—曲轴　6—活塞　7—凸轮轴　8—气门室盖

一、曲柄连杆机构

1. 气缸体

气缸体是发动机各机构及各系统的装配基体。水冷式发动机的气缸体和曲轴箱常铸成一体，称为气缸体—曲轴箱组，简称气缸体，如图 2—1—3 所示。气缸体上半部根据气缸数的多少制有若干个为活塞在其中运动导向的圆柱形空腔，这些圆柱形空腔称为气缸。下半部为支撑曲轴的曲轴箱，其内部为曲轴运动的空间。气缸体的壁是中空的，内有供冷却液循环的水套。

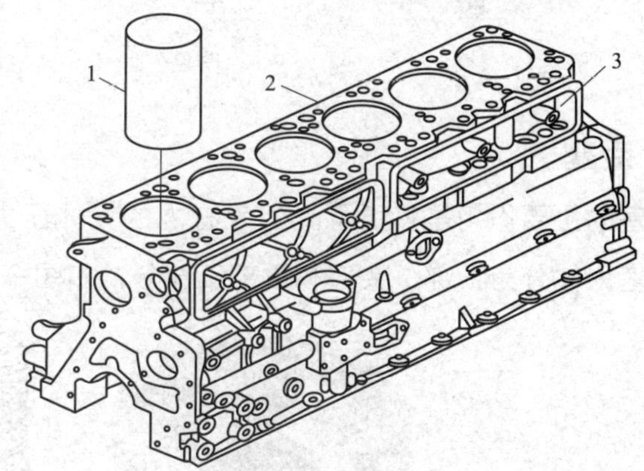

图 2—1—3　气缸体—曲轴箱组

1—气缸套　2—气缸体　3—挺杆室

2. 气缸盖

气缸盖主要用来封闭气缸上部，并与活塞顶和气缸壁构成燃烧室，如图 2—1—4 所示。气缸盖内铸有冷却液套，它与气缸体的冷却液套相通。气缸盖上制有进、排气门座，气门导管孔，进、排气通道，润滑油道等。汽油发动机的气缸盖设有火花塞座孔，而柴油发动机的气缸盖则设有喷油器座孔。

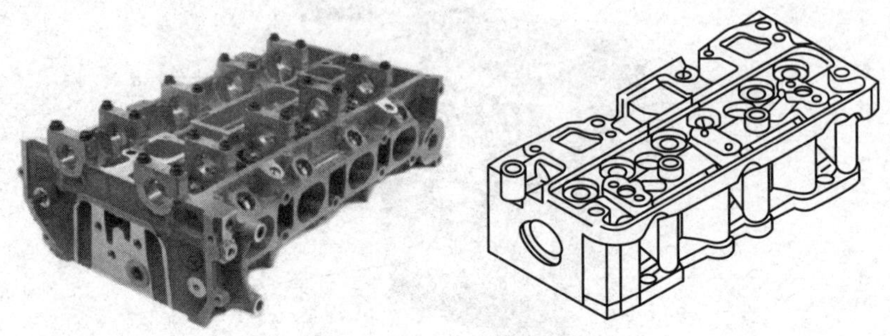

图 2—1—4 气缸盖

3. 气缸套

气缸套（图 2—1—5）镶嵌在气缸体的气缸套承孔之中，分干式和湿式两种。干式气缸套不直接与冷却液接触，壁厚一般为 1～3 mm。湿式气缸套则直接与冷却液接触，壁厚一般为 5～9 mm。

汽油发动机多用干式气缸套，柴油发动机则多用湿式气缸套。

气缸套是维修中必需的物品，消耗量较大。

图 2—1—5 气缸套

4. 活塞

活塞的主要作用是将所承受的气缸内的气体压力通过活塞销传给连杆，以推动曲轴旋转。活塞大体分为顶部、头部和裙部三部分，如图 2—1—6 所示。

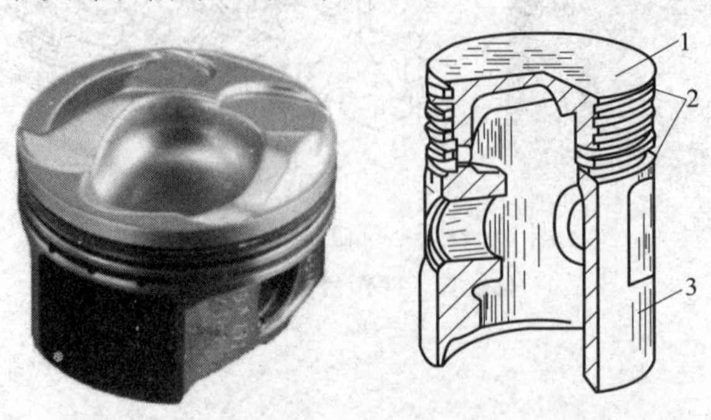

图 2—1—6 活塞

1—活塞顶部 2—活塞头部 3—活塞裙部

5. 活塞环

活塞环是装在活塞头部环槽中的具有开口的弹性环形零件。活塞环按功用不同分为气环和油环两种。

气环的作用是保证活塞与气缸壁间的密封，防止气缸中的高温、高压燃气漏入曲轴箱，同时还将活塞顶部的大部分热量传导到气缸壁，再由冷却液或空气带走。油环的作用是刮除气缸壁上多余的机油，并在气缸壁上形成一层均匀的润滑油膜，这样既可以防止机油窜入气缸内燃烧，又可以防止气缸内的高压气体蹿入曲轴箱，还可以减小活塞、活塞环与气缸的磨损和摩擦阻力。

6. 活塞销

活塞销（图 2—1—7）的作用是连接活塞和连杆小头，将活塞承受的作用力传给连杆。活塞销通常做成空心圆柱体。

图 2—1—7　活塞销

活塞、活塞环、活塞销的供应单位为组。活塞、活塞销为一个气缸用一个，活塞环则一般包括 2～3 个气环和一个油环。这三种配件是发动机中的主要易耗件，销量大，规格多，是日常销售的必备品种。

7. 连杆

连杆组件分解图如图 2—1—8 所示。连杆的作用是将活塞承受的力传给曲轴，并使活塞的往复运动转变为曲轴的旋转运动。杆身断面呈工字形，小头有安装活塞销的轴孔，并镶嵌铜制的减磨衬套；大头为剖分式，内有连接曲轴连杆轴颈的轴承座孔，孔内装有轴瓦。用连杆螺栓把连杆盖与连杆大头连接成一个整体。

连杆螺栓、螺母及轴瓦为易损件，消耗量较大。

图 2—1—9 所示为活塞连杆组。

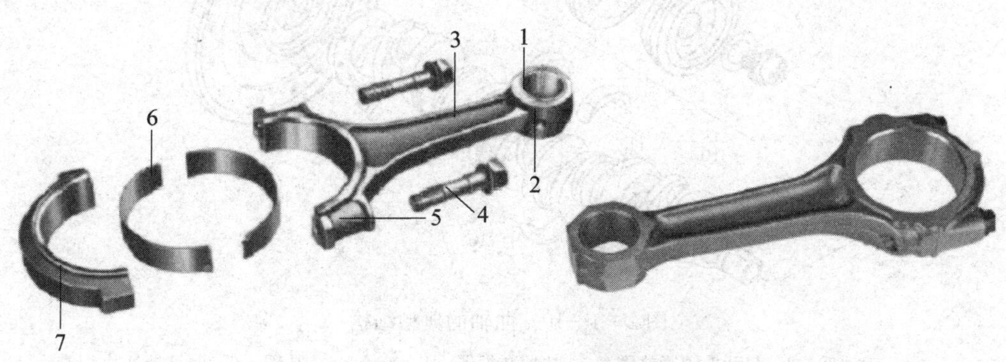

图 2—1—8　连杆组件分解图

1—连杆衬套　2—连杆小头　3—连杆杆身　4—连杆螺栓　5—连杆大头　6—连杆轴瓦　7—连杆盖

8. 曲轴

曲轴的作用是承受连杆传来的力，并由此形成绕其本身轴线的力矩，再通过飞轮将力矩传给汽车的传动系统。曲轴正时齿轮用半圆键压配在曲轴的前端，与凸轮轴正时齿轮常啮合或以正时链与凸轮轴正时齿轮连接，以驱动凸轮轴，使配气机构工作。

此外，曲轴还驱动发动机附属机械和各个装置，如风扇、水泵、发电机等都是由曲轴直接驱动的，并且它还通过凸轮轴驱动机油泵、汽油泵、分电器等工作。其典型结构如图 2—1—10 所示。

曲轴的正常使用寿命为行驶 3×10^5 km，为主要维修非易耗件，有一定的销量，是企业常备供应配件之一。曲轴主轴承轴瓦的结构、制造工艺及材料基本上与连杆轴瓦相同，供应单位为组，其数量与主轴颈相同。曲轴主轴承轴瓦为易耗件。

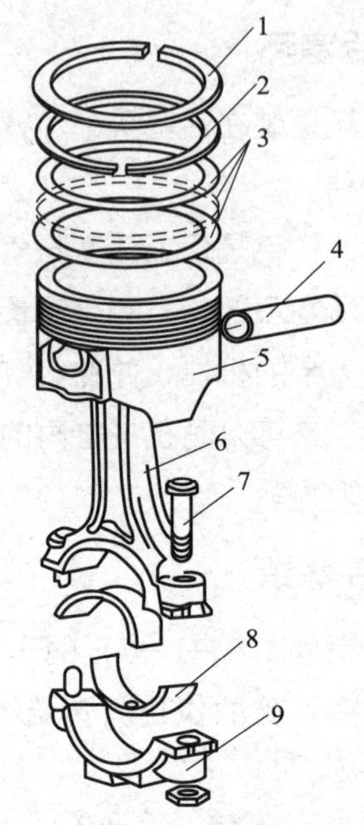

图 2—1—9 活塞连杆组

1—第一道气环 2—第二道气环 3—组合油环 4—活塞销 5—活塞 6—连杆 7—连杆螺栓 8—连杆轴瓦 9—连杆盖

9. 飞轮

飞轮随曲轴旋转，用来储存能量，以克服活塞连杆机构在非做功行程中的阻力，使曲轴得以连续和均匀地旋转。在飞轮盘外缘有热压安装的环形齿圈，以备当起动机工作时起动机的驱动齿轮与之啮合，并带动曲轴旋转，使发动机启动。

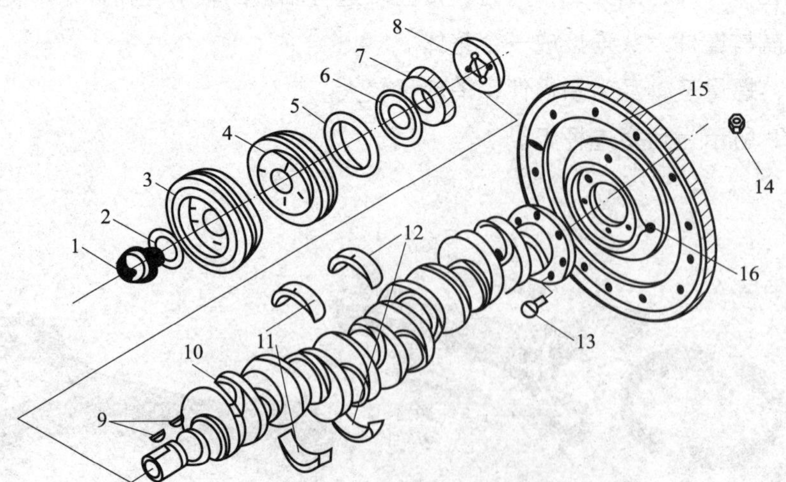

图 2—1—10 曲轴的典型结构

1—起动爪 2—起动爪锁紧垫圈 3—扭振减振器 4—带轮 5—垫圈 6—曲轴挡油片 7—曲轴正时齿轮 8—曲轴止推片 9—半圆键 10—曲拐 11—曲轴主轴承上、下轴瓦 12—曲轴连杆轴颈上、下轴瓦 13—连接飞轮的螺栓 14—螺母 15—飞轮 16—油嘴

二、配气机构

配气机构的作用是根据发动机的工作顺序和各缸工作循环的要求，及时开启和关闭进、排气门，使可燃混合气（汽油发动机）或新鲜空气（柴油发动机）进入气缸，并将废气排入大气。

四冲程发动机多采用凸轮式配气机构，这种配气机构由气门组和气门传动组两部分组成。

1. 气门组

气门组由气门、气门导管、气门弹簧座、气门弹簧、气门油封和气门锁环（或锁销）等组成，如图 2—1—11 所示。

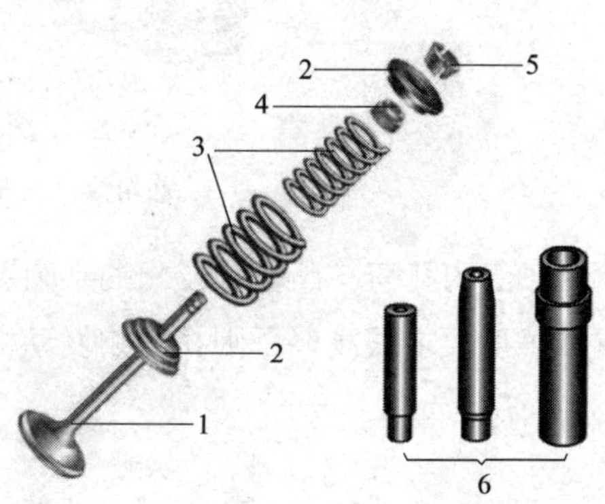

图 2—1—11　气门组

1—气门　2—气门弹簧座　3—气门弹簧
4—气门油封　5—气门锁销　6—气门导管

（1）气门

气门由气门头和气门杆两部分组成，分为进气门和排气门两种。

气门是易耗件，在维护或修理作业中常需更换，其损坏形态为头部因热疲劳而烧蚀、凹陷，杆部磨损等。排气门因工作环境恶劣，其消耗量比进气门大。

（2）气门导管

气门导管的主要作用是为气门运动导向，使气门与气门座能正确闭合。此外，气门导管还在气门杆与气缸或气缸盖之间起导热作用。

气门导管属易耗配件，在发动机大修中常用新品置换。

（3）气门弹簧

气门弹簧的作用是使气门在关闭时与气门座保持密合，并防止气门在开闭过程中因传动件的惯性而彼此脱开。气门弹簧多为圆柱形螺旋弹簧。

一般在发动机大修时，若测得气门弹簧高度不足、张力减弱，应进行更换。

（4）气门弹簧座

气门弹簧座镶嵌在缸体的气道口处。它与气门配套安装，紧密贴合，用于封闭气道。

2. 气门传动组

气门传动组主要由凸轮轴、挺柱、气门推杆、凸轮轴传动带等组成（图 2—1—12）。

（1）凸轮轴

凸轮轴（图 2—1—13）是气门传动组的主要零件，它通过轴瓦支撑在气缸体上。

凸轮轴的主要作用是使气门按一定的工作次序适时开启和关闭，并保证气门开启时有足够的升程。同时它还驱动汽油泵、机油泵、分电器等部件工作。

凸轮轴前端安装的正时齿轮与曲轴前端安装的正时齿轮常啮合，受曲轴的驱动。凸轮轴正时齿轮的正面边缘有与曲轴正时齿轮配对啮合的正时标记（图 2—1—14），中心部镶压的

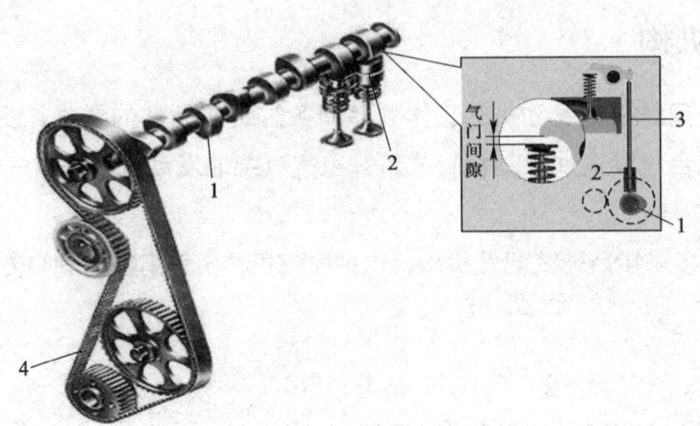

图 2—1—12　气门传动组

1—凸轮轴　2—挺柱　3—气门推杆　4—凸轮轴传动带

钢制轴套内孔有与凸轮轴压配的半圆键槽，这些都是在制作中预先校准好的正时位置，其位置准确度要求很高，否则将影响发动机的工况。

图 2—1—13　凸轮轴

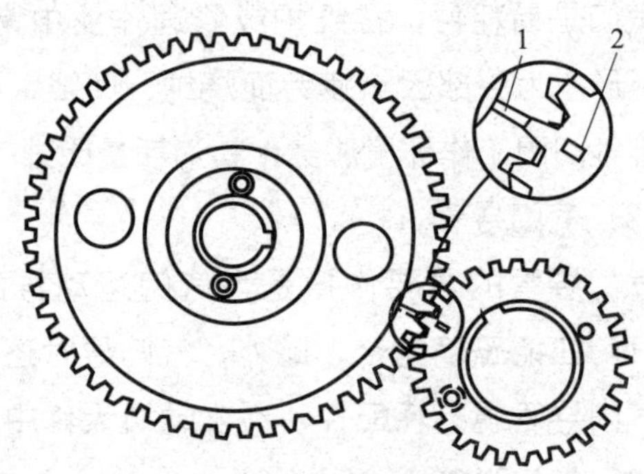

图 2—1—14　正时标记

1—凸轮轴正时齿轮正时标记

2—曲轴正时齿轮正时标记

凸轮轴的正常使用寿命在行程 3×10^5 km 以上，消耗量较少。正时齿轮是易耗件，在发动机的维修作业中常需更换。

(2) 挺柱

挺柱（图 2—1—15）的主要作用是将凸轮的推力传给推杆或气门，并承受凸轮轴旋转时所施加的侧向力。常见的挺柱有菌式、筒式、滚轮式、液压式等结构形式。

发动机工作中的热膨胀会造成机件伸长，使气门关闭不严而漏气，所以要预留气门间隙。而液压式挺柱则可以随温度自动调节长度，不必预留气门间隙。

(3) 气门推杆

气门推杆的作用是将凸轮轴经挺柱传来的推力传给摇臂，它是配气机构中最易弯曲的零件，与不同的挺柱配合。常见的气门推杆如图 2—1—16 所示。

图 2—1—15　挺柱

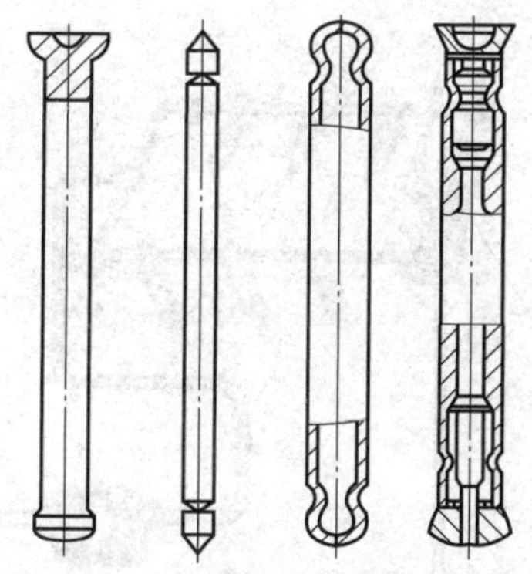

图 2—1—16　常见的气门推杆

（4）凸轮轴传动带

凸轮轴的转动是靠曲轴通过传动带驱动的，图 2—1—17 所示为奥迪轿车齿形传动带。图中的齿轮 1 为曲轴正时带轮，它通过传动带驱动凸轮轴转动；齿轮 4 为张紧轮，用来调整传动带的松紧度。凸轮轴传动带属于易损件，更换较频繁。

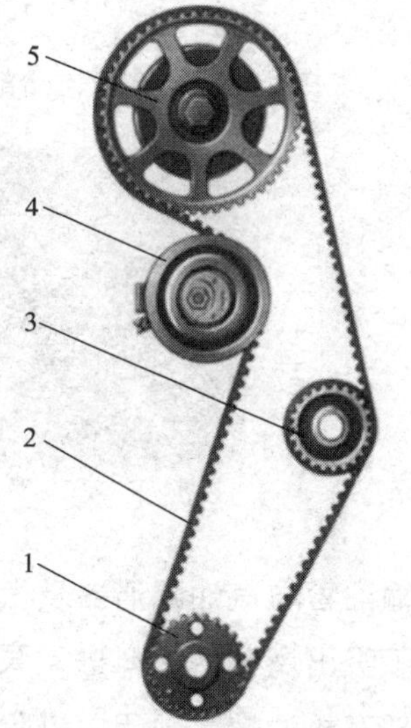

图 2—1—17　奥迪轿车齿形传动带

1—曲轴正时带轮　2—正时齿形传动带　3—中间轴正时带轮　4—张紧轮　5—凸轮轴正时带轮

三、汽油发动机燃料供给系

汽油发动机燃料供给系主要由汽油供给装置、空气供给装置、混合气供给和废气排出装置等组成。

1. 汽油供给装置

汽油供给装置完成汽油的存储、输送和滤清任务，主要由汽油泵、汽油箱、汽油滤清器和输油管等组成，如图 2—1—18 所示。

（1）汽油泵

汽油泵（图 2—1—19）的作用是将汽油从油箱中吸出，并以一定压力输送。汽油泵根据结构不同，可分为由机械驱动的机械汽油泵和由电驱动的电动汽油泵。

近年来在汽车发动机上较多地采用了电动汽油泵，它主要由电磁式驱动机构和供油机构组成。电动汽油泵可以在发动机运转前先行工作，以利于发动机启动。此外，汽车下坡滑行时，可以将电动汽油泵的电路开关断开，停止供油。汽油泵是易损件，损坏后一般需更换汽油泵总成。

（2）汽油箱

汽油箱（图 2—1—20）是储存燃料的矩形桶箱，油箱体是用薄钢板冲压件焊接而成的。油箱上部设有加油管，管内带有可拉出的延伸管，延伸管底部有滤网。加油口由油箱盖盖住。油箱内有油量传感器（液面浮子），通过导线与油量表连接，以显示存油状况。出油开

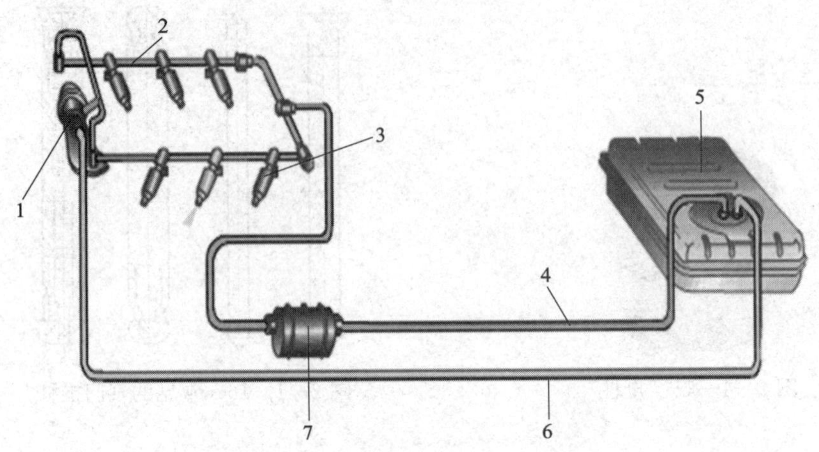

图 2—1—18　汽油供给装置的组成

1—压力调节器　2—汽油分配管　3—喷油器　4—进油管　5—汽油箱　6—回油管　7—汽油滤清器

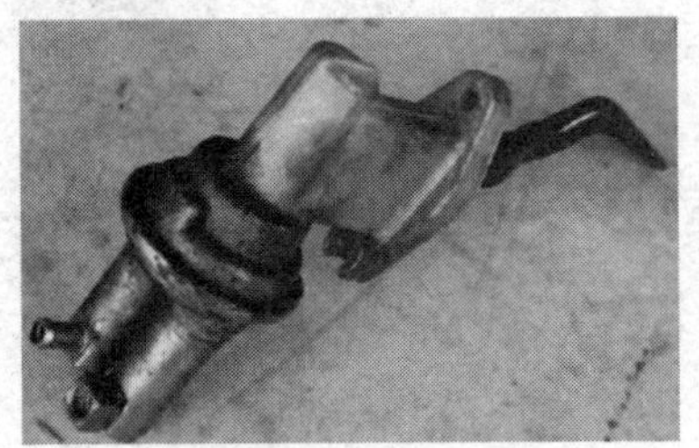

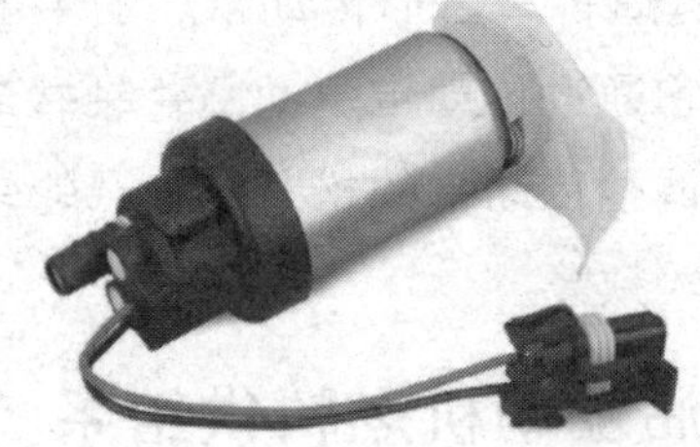

图 2—1—19　汽油泵

关经输油管与汽油滤清器及汽油泵连接，在油泵的负压作用下吸出燃料，燃料进入泵体经施加压力后输出。油箱底部有放油螺塞，用以排除箱内的积水和污物。

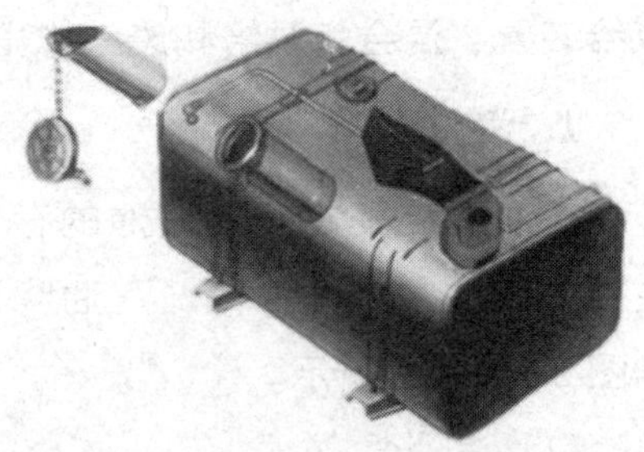

图 2—1—20　汽油箱

(3) 汽油滤清器

汽油滤清器（图 2—1—21）的作用是滤清燃料中的杂质，使燃料清洁。汽油滤清器由锌合金壳体及滤芯组成，其滤芯多由多孔陶瓷制成。汽油滤清器应定期更换。

图 2—1—21　汽油滤清器

2. 空气供给装置

空气供给装置的主要构件是空气滤清器（图2—1—22）。发动机进气系统入口处都装有空气滤清器，其作用是清除进入发动机内的空气中所含的尘土等异物并消除发动机进气系统的噪声。目前常见的空气滤清器有惯性油浴式空气滤清器和纸质干式空气滤清器两类。

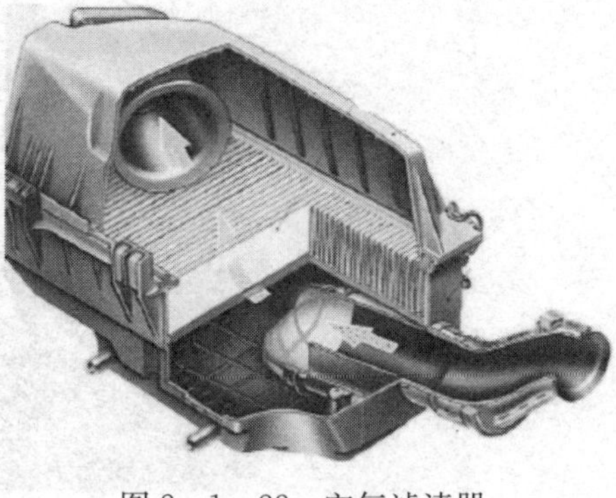

图 2—1—22　空气滤清器

3. 混合气供给和废气排出装置

（1）进气歧管与排气歧管

进气歧管的作用是将可燃混合气分别送到发动机的各个气缸，排气歧管的作用是汇集各气缸的废气，并将其从排气消声器排出。

进气歧管和排气歧管一般用铸铁制成，如图 2—1—23 所示。进气歧管也有用铝合金铸造的。二者可铸成一体，也可分别铸造，并都用螺栓固定在气缸体或气缸盖上，其接合面处装有石棉衬垫，以防漏气。

进气歧管和排气歧管衬垫及铸铁环是易耗配件。

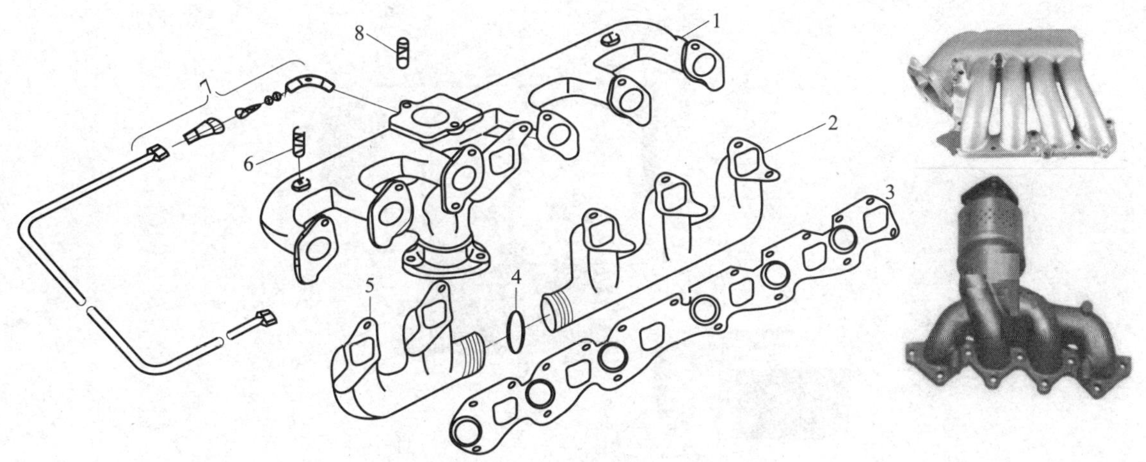

图 2—1—23　进气歧管和排气歧管

1—进气歧管　2—前端排气歧管　3—衬垫　4—铸铁环　5—后端排气歧管
6—空气滤清器支架紧固螺栓　7—曲轴箱通风单向阀　8—进气歧管紧固螺栓

（2）排气消声器

为减小排气噪声，消除废气中的火焰及火星，在排气管出口处装有排气消声器（图 2—1—24）。排气消声器的外壳用薄钢板制成，隔板把内部分割成几个大小不同的滤声室，多孔管在消声室内通过。

消声器一般在使用中容易锈蚀、开裂，影响消声效果。尤其是在恶劣天气条件时易发生爆裂，损坏时要更换总成。

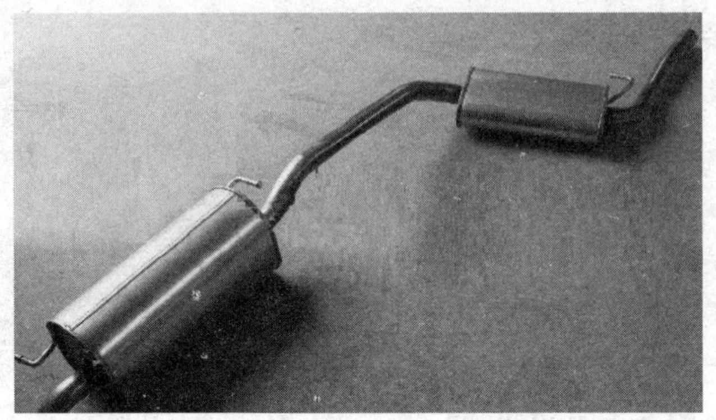

图 2—1—24 排气消声器

四、柴油发动机燃料供给系

柴油发动机燃料供给系完成燃料的存储、滤清和输送工作，按照柴油发动机不同工况的要求，将燃料定时、定量、定压喷入燃烧室，使其与空气迅速混合、燃烧，最后将废气排入大气。柴油发动机燃料供给系一般由柴油箱、输油泵、柴油滤清器、喷油泵、喷油器、调速器及油管等组成，如图 2—1—25 所示。其中，柴油箱、柴油滤清器与汽油发动机的汽油箱、汽油滤清器类似。

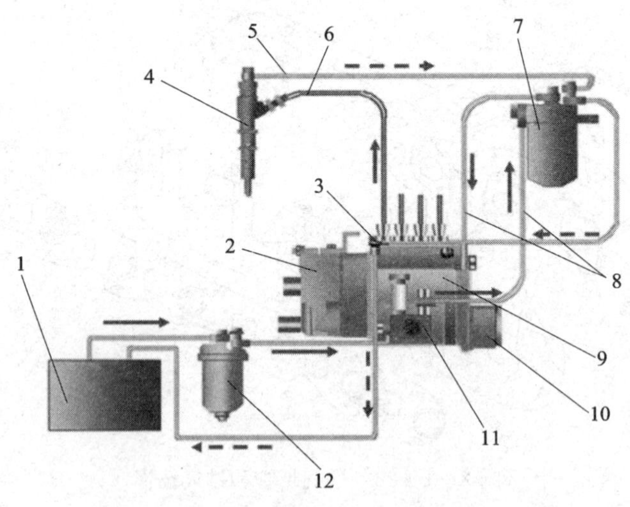

图 2—1—25 柴油发动机燃料供给系的组成

1—柴油箱 2—调速器 3—限压阀 4—喷油器 5—回油管 6—高压油管 7—柴油滤清器
8—低压油管 9—喷油泵 10—喷油提前器 11—输油泵 12—油水分离器

1. 喷油泵

喷油泵（图 2—1—26）的作用是定时、定量地向喷油器输送高压柴油。车用喷油泵按工作原理不同可以分为柱塞式喷油泵、喷油泵—喷油器和转子分配式喷油泵三类。柱塞式喷油泵因其性能好、使用可靠、调整及加工方便等优点为大多数柴油发动机采用。

喷油泵为非易耗件，可通过校对和调整恢复性能。

图 2—1—26　喷油泵

2. 喷油器

喷油器（图 2—1—27）的作用是将柴油雾化成较小的颗粒，并把它们喷到燃烧室中。喷油器有孔式和轴针式两种。喷油器安装在气缸盖上，内有调压弹簧、针阀及针阀体偶件。喷油器调压弹簧及针阀体偶件在失准时需要更换。

3. 调速器

调速器（图 2—1—28）是一种随柴油机负荷与转速的变化自动调节喷油泵供油量，以限制或稳定转速的装置。

机械式柴油机常在怠速下运转，由于其转速波动大，造成怠速不稳，容易熄火，因此，机械式柴油机均安装有调速器。

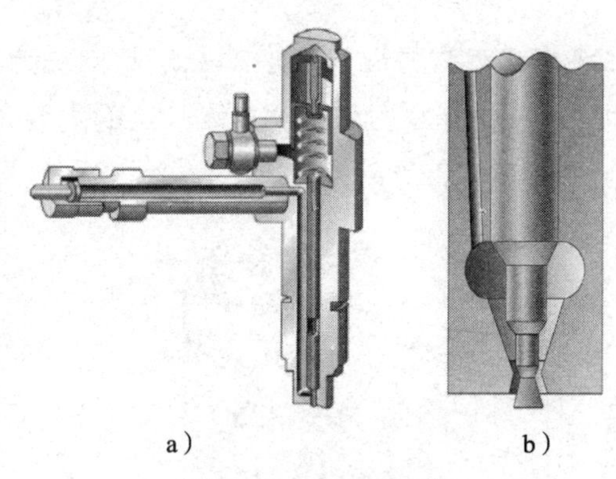

图 2—1—27　喷油器

a）孔式　b）轴针式

图 2—1—28　调速器

五、冷却系

发动机冷却系由散热器、节温器、风扇、水泵等组成。冷却系的作用是使发动机在任何工作状态下都能得到适度的冷却，从而保持在适宜的温度（冷却液温度）下工作。

1. 散热器

散热器（图 2—1—29）由冷却用的散热器芯、储存冷却液的下储水室和上储水室三部分组成。当散热器工作时会产生蒸汽，上储水室还起到汽水分离的作用。从发动机过来的热冷却液先进入散热器上储水室，然后进入散热器芯，由于与周围空气具有温度差，冷却液被冷却。为了增大散热面积，散热器芯由许多冷却管和冷却带组成。

2. 节温器

现代汽车广泛使用蜡式节温器（图 2—1—30），它装在气缸盖的出水口内。在蜡式节温器内封装有容易受热膨胀的石蜡，石蜡受冷却液温度影响而膨胀或缩小，从而使控制冷却液流量的阀门打开或关闭。阀门打开的程度随冷却液温度的高低而变化，这样可以控制流经散热器的冷却液流量，进而调节冷却液温度。蜡式节温器由于其质量可靠、使用寿命长、感应特性好，已得到广泛应用。

图 2—1—29　散热器

图 2—1—30　蜡式节温器

3. 风扇

风扇通常安装在散热器后面，并大多与水泵同轴，旋转时将散热器前的空气吸向后方，这样可与汽车前进时的气流方向同向。风扇叶片大都用薄钢片冲压而成，并以一定的安装角装在风扇带轮上。风扇叶片的数目大多为 4～6 片，其结构如图 2—1—31 所示。

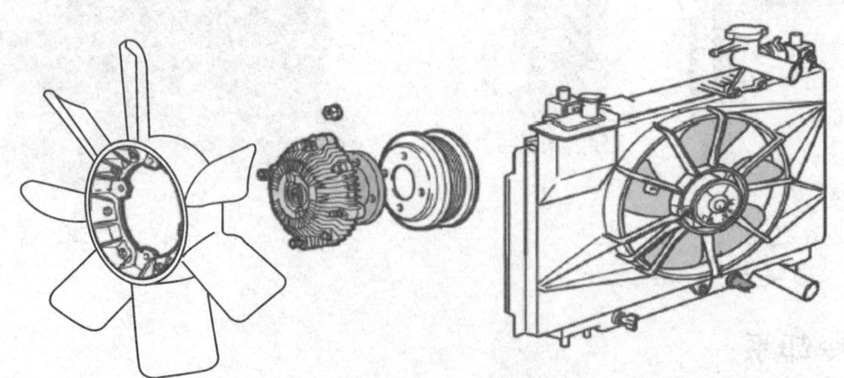

图 2—1—31　风扇

4. 水泵

水泵的作用是使冷却液循环流动，以达到降温的目的。水泵由带轮、壳体及底盖、水泵轴承、离心式叶轮、水封等零件组成。水泵的压力及流量都有规定，以适应发动机的需要。

常见的水泵为离心式（图 2—1—32）。

图 2—1—32　离心式水泵

六、润滑系

发动机的润滑方式有压力润滑、飞溅润滑和油脂润滑。润滑系的主要零部件有机油泵、机油滤清器等。

1. 机油泵

机油泵（图 2—1—33）的作用是压送机油并使其在润滑系内进行循环。它一般安装在曲轴箱下面。由于传动方式和结构上的差异，机油泵可分为齿轮式和转子式两类，应根据不同车型选用合适的机油泵。

a）

b）

图 2—1—33　机油泵

a）齿轮式　b）转子式

2. 机油滤清器

机油滤清器的作用是滤除机油中的金属磨屑、机械杂质和机油氧化物。如果这些杂质随同机油进入润滑系，将加剧发动机零件的磨损，还有可能堵塞油管和油道。

机油滤清器按过滤能力分为集滤器、粗滤器和细滤器三种，如图 2—1—34 所示。

a）

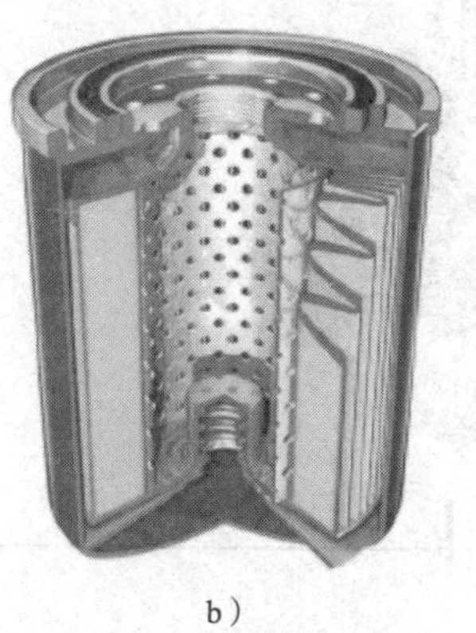

b）

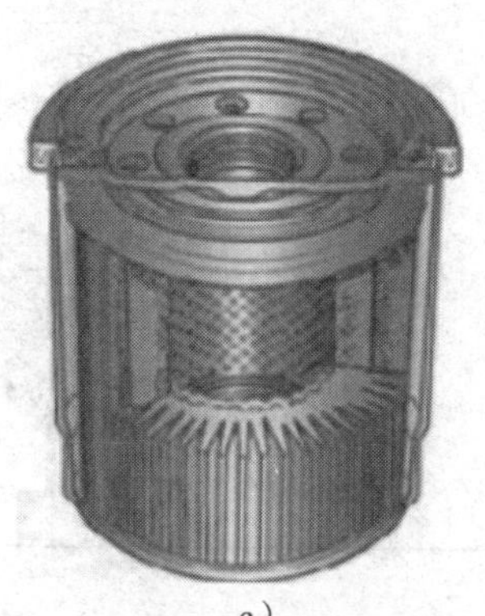

c）

图 2—1—34　机油滤清器

a）集滤器　b）粗滤器　c）细滤器

(1) 集滤器

集滤器采用滤网式结构，安装在油底壳内机油泵的进油管上。

(2) 粗滤器

粗滤器属于全流式滤清器，串联安装在机油泵出油孔与主油道之间，可滤掉机油中粒度较大的杂质。

(3) 细滤器

细滤器属于分流式滤清器，过滤能力强，但流动阻力也大，与主油道并联安装。

粗滤器与细滤器均安装在机油泵的输出油道中，机油泵输出的油液全部流经粗滤器进入缸体主油道，一部分送入各摩擦零件的供油油道，另一部分油液则进入细滤器再次进行细滤，然后流回油底壳储用。

粗滤器和细滤器都安装在缸体外部，以方便维护。

任务实施

训练 1：汽油发动机主要配件认知。

一、曲柄连杆机构认知

根据图示填写各组成部分的名称（表 2—1—1）。

表 2—1—1 **曲柄连杆机构认知**

图示	构件名称
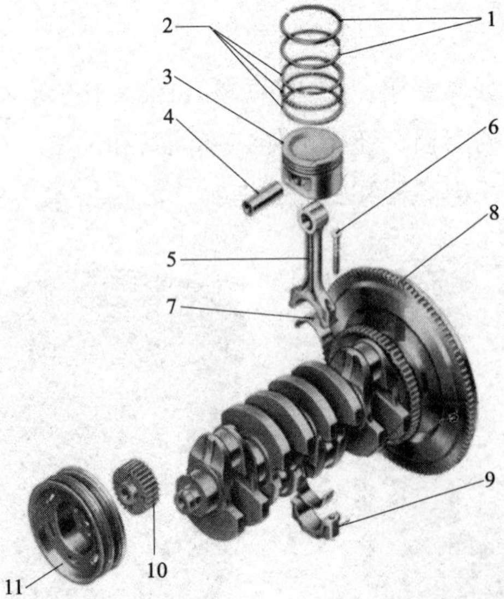 1 2 3 4 5 6 7 8 9 10 11	1. ________ 2. ________ 3. ________ 4. ________ 5. ________ 6. ________ 7. ________ 8. ________ 9. ________ 10. ________ 11. ________

二、配气机构认知

根据图示填写各组成部分的名称（表 2—1—2）。

表 2—1—2　　配气机构认知

图示	构件名称
1 2 3 4 5 6 7 8 9 10 11 12 13	1. ________ 2. ________ 3. ________ 4. ________ 5. ________ 6. ________ 7. ________ 8. ________ 9. ________ 10. ________ 11. ________ 12. ________ 13. ________

训练 2：燃料供给系认知。

一、汽油发动机燃料供给系认知

根据图示填写各组成部分的名称（表 2—1—3）。

表 2—1—3　　汽油发动机燃料供给系认知

图示	构件名称
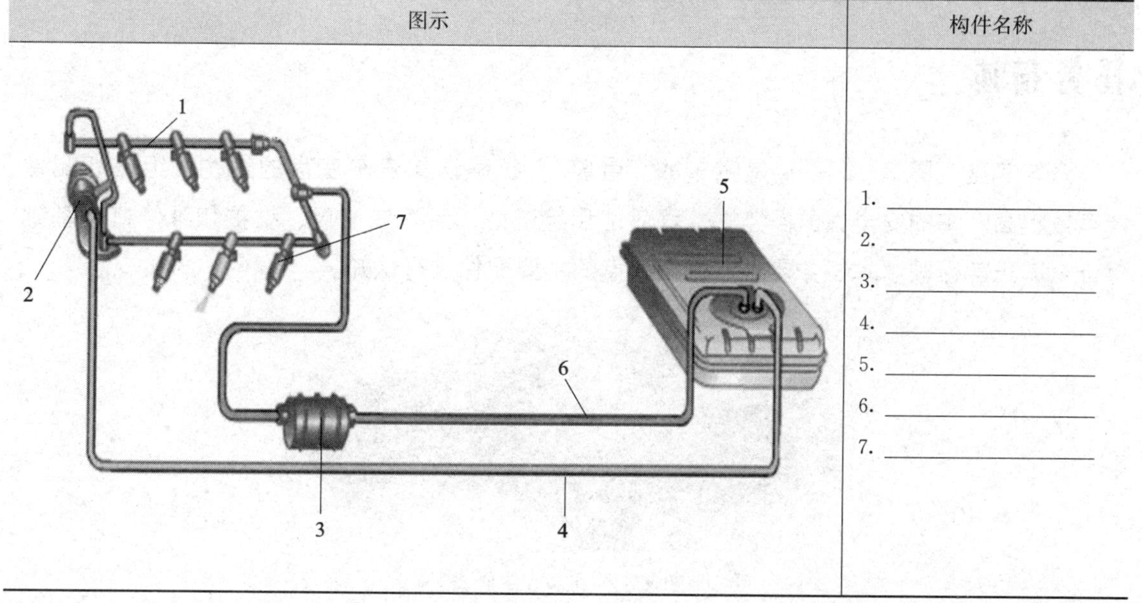	1. ________ 2. ________ 3. ________ 4. ________ 5. ________ 6. ________ 7. ________

二、柴油发动机燃料供给系认知

根据图示填写各组成部分的名称（表 2—1—4）。

表 2—1—4 柴油发动机燃料供给系认知

图示	构件名称
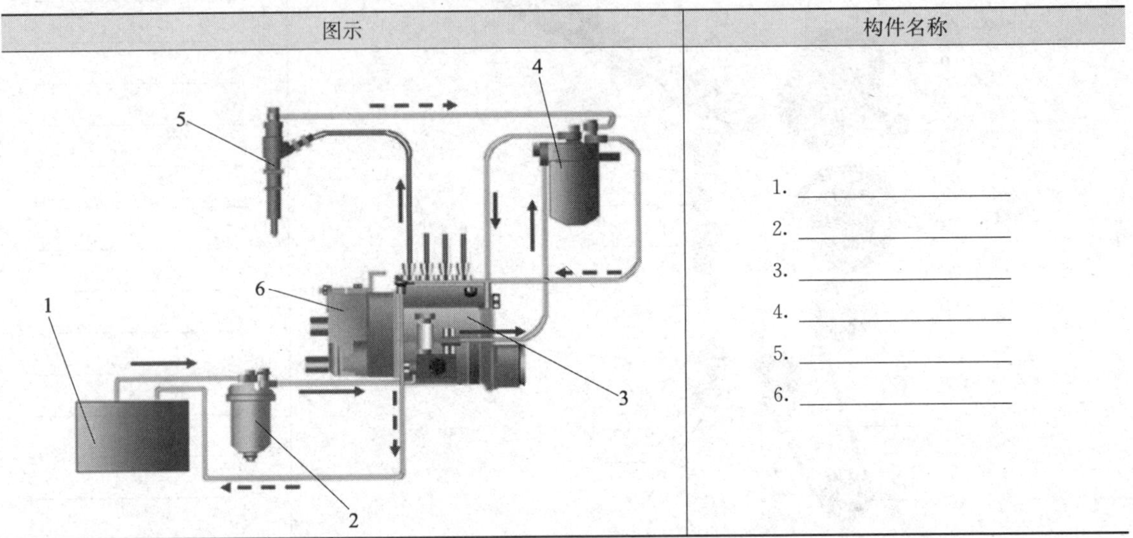	1. ________ 2. ________ 3. ________ 4. ________ 5. ________ 6. ________

任务 2　底盘主要配件的认知

学习目标

1. 掌握汽车底盘主要配件的作用、结构。
2. 掌握汽车底盘主要配件的使用及损耗情况。

任务描述

汽车底盘（图 2—2—1）是汽车的“骨骼”，正确认知汽车底盘的结构、组成和配件，能有效提高汽车的安全性、操控性、舒适性和经济性，为汽车使用、维护和维修打下基础，保证汽车正常行驶。本任务要求对汽车底盘的主要配件进行认知。

图 2—2—1　汽车底盘

相关知识

汽车底盘由传动系、行驶系、转向系和制动系四大部分组成。

一、传动系

1. 离合器

离合器的作用是保证汽车起步平稳和传动系换挡平顺，并防止传动系过载。

离合器主要由主动部分（飞轮、减振器盘、压盘、离合器盖）、从动部分（从动盘、从动盘毂）、压紧机构（压紧弹簧）和操纵机构（离合器踏板、分离叉、分离套筒、分离轴承、分离杠杆）四大部分组成，其中主动部分和从动部分如图 2—2—2 所示。

离合器中的从动盘和分离杠杆、分离轴承属于易损件。

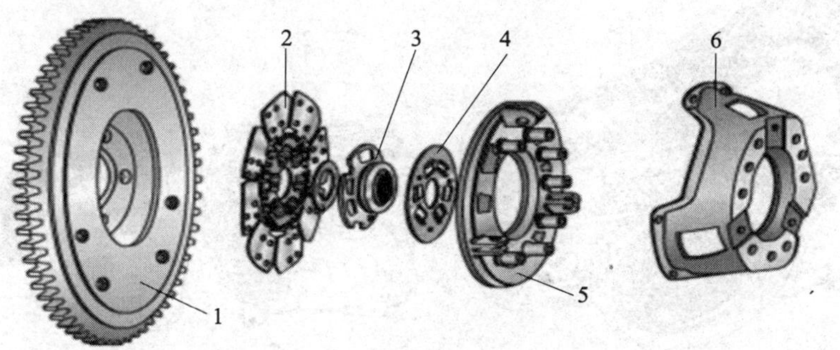

图 2—2—2　离合器的主动部分和从动部分

1—飞轮　2—从动盘　3—从动盘毂　4—减振器盘　5—压盘　6—离合器盖

2. 变速器

(1) 变速器的作用

1) 改变驱动轮转矩和转速，以适应经常变化的行驶条件。

2) 在发动机旋转方向不变的前提下，使汽车能倒退行驶。

3) 利用空挡中断动力传递，以便于启动、怠速、换挡、滑行和停车。

4) 必要时，还可以加装动力输出器进行动力输出。

(2) 变速器的分类

变速器可分为手动变速器、自动变速器和无级变速器等，如图 2—2—3 所示。

(3) 变速器的组成

变速器由变速传动机构和变速操纵机构组成。按传动机构不同分为两轴式变速器和中间轴式变速器（也称三轴式变速器）。目前，所有轿车及绝大部分轻、中型货车的变速器均装有同步器换挡装置，以防止换挡时齿轮发生撞击。

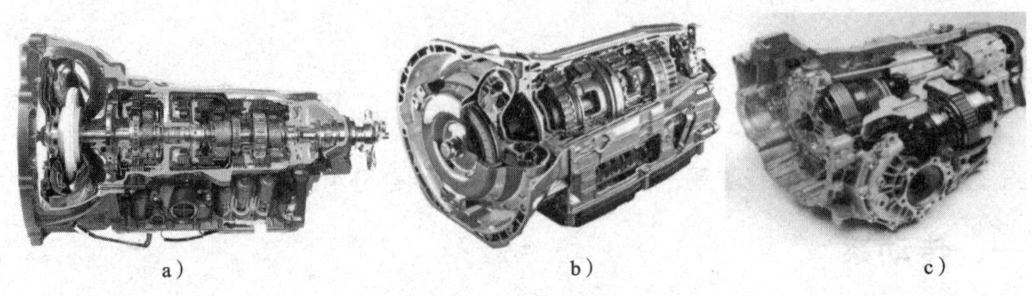

图 2—2—3　变速器

a）手动变速器　b）自动变速器　c）无级变速器

1）变速传动机构。变速传动机构主要由壳体、第一轴（又称输入轴或主动轴）、第二轴（又称输出轴或从动轴）、中间轴、倒挡轴、各挡齿轮和轴承等组成，其作用是改变传动比，获得空挡及倒挡。图 2—2—4 所示为五挡手动机械变速器壳体总成，图 2—2—5 所示为五挡手动变速器输入轴和输出轴总成。

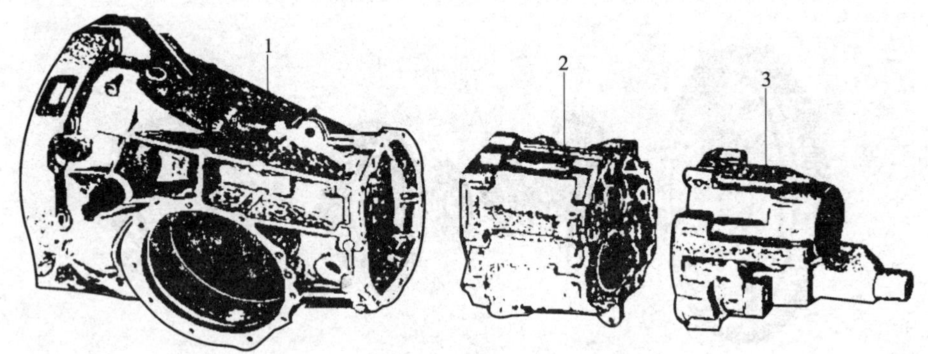

图 2—2—4　五挡手动机械变速器壳体总成

1—变速器前壳体　2—齿轮箱体　3—后壳体（后盖）

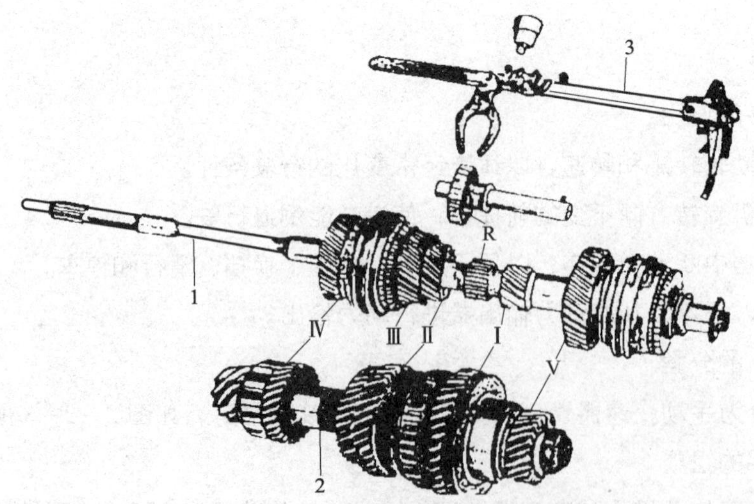

图 2—2—5　五挡手动变速器输入轴和输出轴总成

1—输入轴　2—输出轴　3—内换挡杆

Ⅰ—一挡齿轮　Ⅱ—二挡齿轮　Ⅲ—三挡齿轮　Ⅳ—四挡齿轮　Ⅴ—五挡齿轮　R—倒挡齿轮

2）变速操纵机构。变速操纵机构主要由变速杆、拔叉、自锁装置、互锁装置和倒挡保险装置等组成，其作用是控制传动机构实现变速器传动比和转向的变换，即完成换挡操作。变速操纵机构示意图如图 2—2—6 所示。

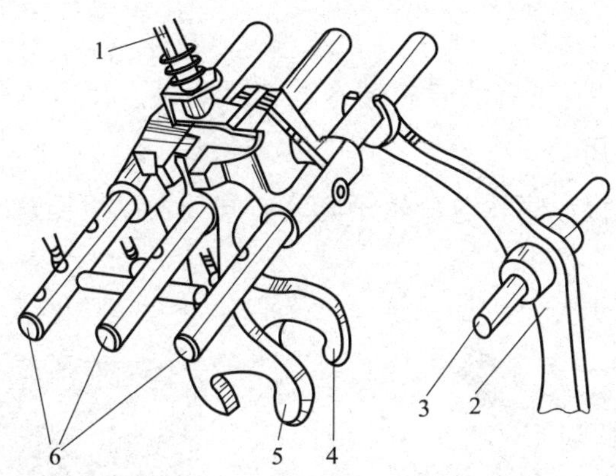

图 2—2—6　变速操纵机构示意图

1—变速杆　2—倒挡拔叉　3—倒挡拔叉导向杆　4—一、二挡拔叉　5—三、四挡拔叉　6—拔叉轴

3. 万向传动装置

万向传动装置一般由万向节和传动轴组成，有时还加装中间支撑。汽车上任何一对轴线相交且相对位置经常变化的转轴之间的动力传递均须使用万向传动装置。货车传动系中普遍采用十字轴式不等速万向节。

现代轿车因采用发动机前置、前轮驱动方式，在变速驱动桥与转向轮之间普遍采用等角速万向传动装置，如图 2—2—7 所示。

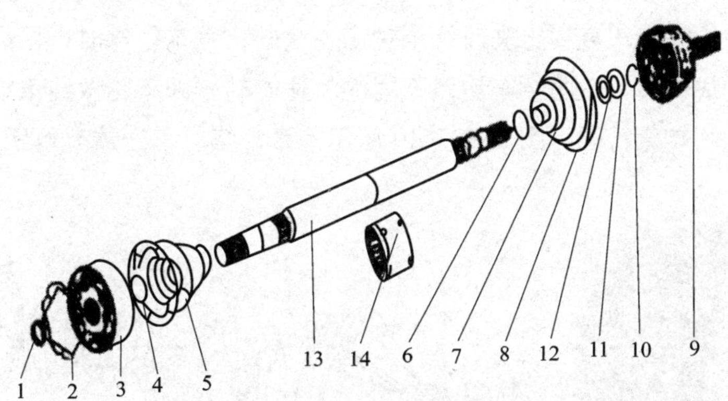

图 2—2—7　等角速万向传动装置

1、10—开口弹性挡圈　2—密封垫圈　3—内等速万向节　4、12—碟形垫圈　5、7—等速万向节防护套　6—卡箍　8—软管卡箍　9—外等速万向节　11—止推垫圈　13—传动轴　14—振动缓冲器（整体式）

万向传动装置作为配件供应时，分为传动轴和传动轴总成两种。前者为单一配件，由花键轴头、轴管和万向节叉组成，轴头和节叉焊于轴管两端。传动轴总成则包括滑动叉、万向节、凸缘叉及传动轴。

传动轴凸缘、凸缘叉、滑动叉、花键轴头都作为维修配件单件供应。

4. 驱动桥

驱动桥由主减速器、差速器和半轴组成，安装在驱动桥壳内，如图 2—2—8 所示。

(1) 主减速器

主减速器（图 2—2—9）的作用是将输入的转矩增大，转速降低，当发动机纵置时还具有改变转矩旋转方向的作用。

发动机纵置时，需用锥形齿轮改变转矩旋转方向；发动机横置时，主减速器使用圆柱形齿轮传动。

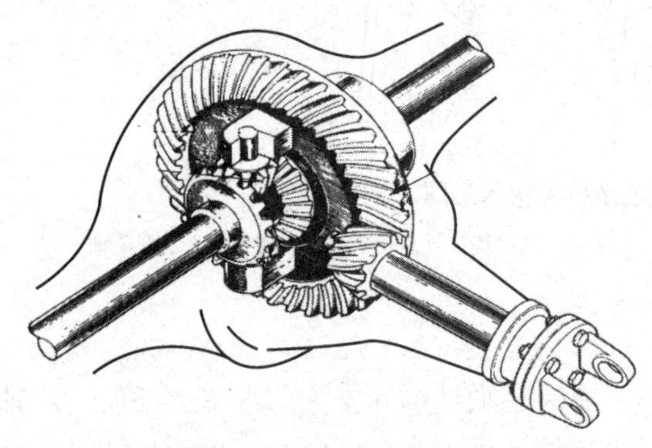

图 2—2—8 驱动桥

图 2—2—9 主减速器

(2) 差速器

差速器由行星齿轮、行星齿轮轴、半轴齿轮和差速器壳体等组成。差速器的作用是防止汽车转弯时因左右驱动轮不同步而造成轮胎与地面之间滑转，使轮胎加速磨损和增大阻力。差速器内的行星齿轮在汽车直线行驶时绕半轴齿轮公转，汽车转弯时行星齿轮既绕半轴齿轮公转，又绕本身轴线自转，使两侧车轮以不同的转速旋转，即车轮做纯滚动，以减小轮胎的磨损，使汽车能顺利转弯行驶。图 2—2—10 所示为锥形齿轮差速器分解图。

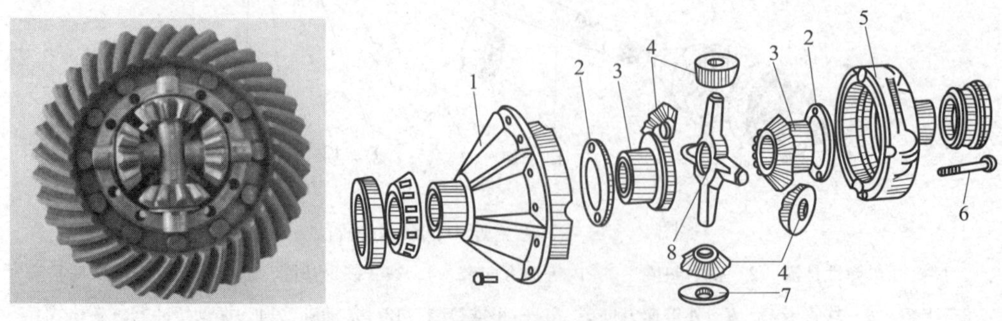

图 2—2—10 锥形齿轮差速器分解图

1、5—差速器壳 2—半轴齿轮止推垫片 3—半轴齿轮 4—行星齿轮 6—螺栓 7—行星齿轮球形垫片 8—十字轴

(3) 半轴

半轴（图 2—2—11）位于驱动桥壳内，是一根实心圆轴。它的内端以花键与半轴齿轮相连接，外端与轮毂相连接。其作用是将转矩从差速器传到驱动车轮。

图 2—2—11 半轴

二、行驶系

汽车底盘行驶系由汽车的悬架、转向桥、车轮和轮胎等组成。

1. 悬架

悬架是车架（或车身）与车桥（或车轮）之间的一切传力装置的总称。悬架的作用是传递作用在车轮与车架之间的力或力矩，缓和并衰减由于路面不平引起的冲击载荷及由冲击载荷引起的振动。

悬架一般由弹性元件、导向装置和减振器三部分组成。

(1) 弹性元件

弹性元件用来承受并传递垂直方向上的载荷，缓和汽车在不平路面上行驶时所受的冲击。常用的弹性元件有钢板弹簧、螺旋弹簧、扭杆弹簧、橡胶弹簧、空气弹簧和油气弹簧等。

钢板弹簧属于应用最多的一种，如图 2—2—12 所示。板簧叶片可以是少片、多片或单片。单片和少片变截面弹簧一般用于轻型车和轿车上。

钢板弹簧的供应单位分为总成和零片。通常情况下，可用更换零片的方法修复，故零片的耗量较大，特别是第一至第三片最易断裂。钢板弹簧片、销、衬套及 U 形螺栓是易损件。

(2) 导向装置

导向装置用来传递纵向力、侧向力和由此产生的力矩，并保证车轮相对于车架（或车身）正确运动。

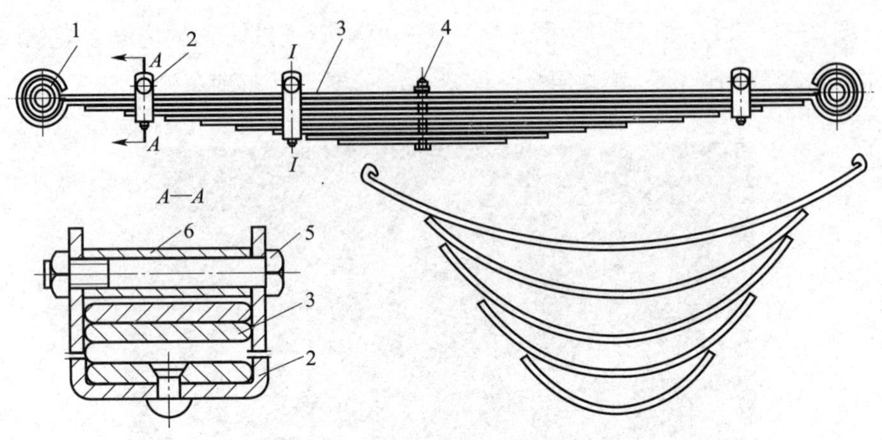

图 2—2—12 钢板弹簧

1—卷耳 2—钢板夹 3—钢板 4—中心螺栓 5—U形螺栓 6—套管

(3) 减振器

减振器用于衰减由于冲击载荷引起的车身振动。减振器与弹性元件的安装示意图如图 2—2—13 所示。

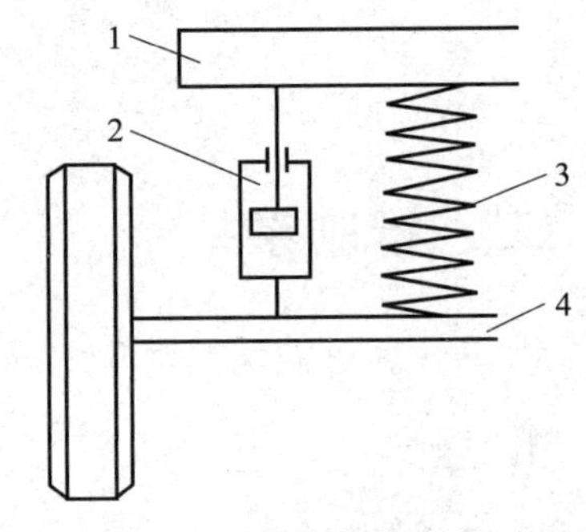

图 2—2—13 减振器与弹性元件的安装示意图

1—车架 2—减振器 3—弹性元件 4—车轴

2. 转向桥

普通后驱式汽车的转向桥是从动桥，前驱式汽车的前桥既是转向桥又是驱动桥（越野车的全部车桥都是驱动桥)。转向桥利用转向节使车轮偏转一定角度，以实现汽车的转向。

转向桥通常位于汽车前部（也有后轮转向的)，因此常称为前桥。各种车型的转向桥结构基本相同，主要由前梁、转向节、轴承和主销等组成。转向桥使用寿命较长，一般在行程 3×10^5 km 以上，作为总成件更换的情况较少见。主销和轴承是转向桥中的易损件。

3. 车轮

车轮由轮毂、轮辋以及它们之间的连接部分组成。轮辋上安装轮胎，轮毂则与转向节或半轴相连。按照连接部分的构造不同，车轮可分为轮盘式和轮辐式两种。目前，轮盘式车轮被广泛应用于轿车和货车上。图 2—2—14 所示为车轮总成。

4. 轮胎

轮胎的作用是支撑汽车的总质量，缓和并吸收汽车行驶时由于道路不平引起的振动和冲击，保证轮胎与路面间有良好的附着性，以提高汽车的牵引性和制动性。汽车上多采用充气轮胎。

(1) 充气轮胎的类别（表 2—2—1)

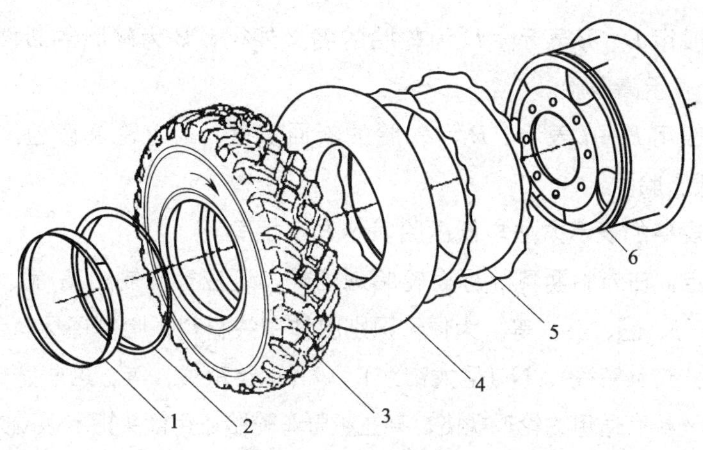

图 2—2—14　车轮总成

1—车轮锁圈　2—车轮挡圈　3—外胎　4—内胎　5—内胎垫带　6—轮辋及轮盘总成

表 2—2—1　**充气轮胎的类别**

分类标准	类别	备注
充气压力不同	高压胎	汽车上广泛使用的是低压胎
	低压胎	
	超低压胎	
组成结构不同	有内胎轮胎	无内胎轮胎没有内胎和垫带，空气直接充入外胎，由外胎轮辋来保证密封，目前在轿车上应用较多
	无内胎轮胎	
胎面花纹不同	普通花纹轮胎	普通花纹轮胎操纵稳定性好，转向阻力小，噪声低；越野花纹轮胎专用于越野车上；混合花纹轮胎的性能介于两者之间
	越野花纹轮胎	
	混合花纹轮胎	
胎体中帘线排列方向不同	普通斜线轮胎	子午线轮胎与普通斜线轮胎相比，具有耐磨性好、滚动阻力小、减振和附着性好、质量轻、承载能力强等优点，故应用广泛
	子午线轮胎	

(2) 轮胎规格的表示方法

我国同大多数国家一样都采用英制单位表示轮胎的规格。轮胎的尺寸标记如图 2—2—15 所示。

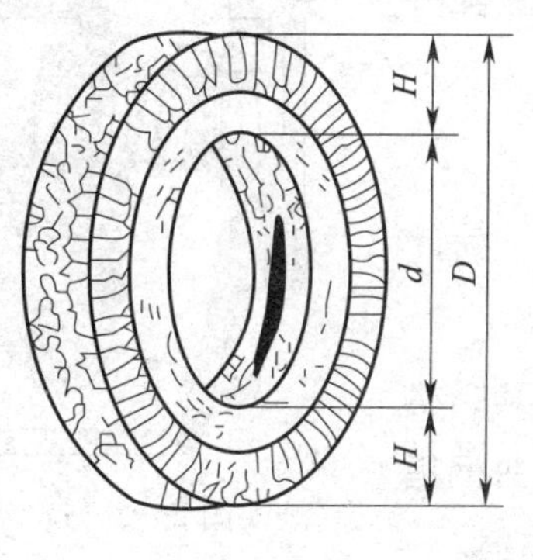

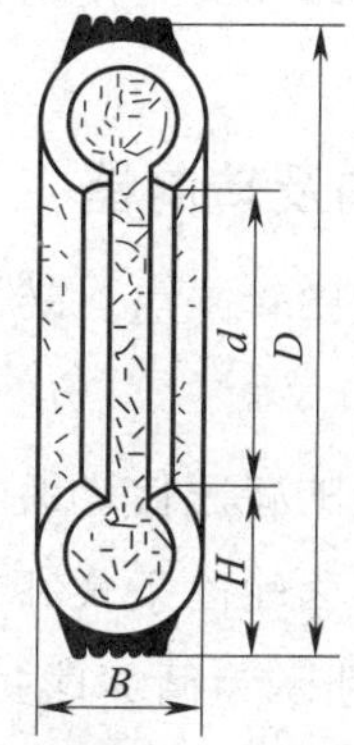

图 2—2—15　轮胎的尺寸标记

1）高压胎一般用 $D \times B$ 表示。D 为轮胎的名义外径，B 为轮胎的断面宽度，单位均为 in（英寸）；“×”表示高压胎。

2）低压胎一般用 $B—d$ 表示。B 为轮胎的断面宽度，d 为轮辋直径，单位均为 in（英寸）；“—”表示低压胎。

3）超低压胎规格的表示方法与低压胎表示方法相同。

4）国标中规定，在外胎两侧除标有轮胎规格外，还应标有制造商标、最大负荷、气压、编号及平衡标志（○、□、△）等。为便于识别胎体帘线材料，胎侧还标有汉语拼音字母，如 M（棉帘线）、R（人造丝帘线）、N（尼龙帘线）、G（钢丝帘线）等，这些字母一般标在规格尺寸后面。有的胎侧还标有适用的轮辋规格，某些越野车轮胎还用箭头指示滚动方向。

5）子午线轮胎一般标注有字母“Z”，但有的用英文缩写字母“R”表示。

子午线轮胎用 ISO 新标准表示时，轮胎宽用 mm 表示，车轮轮辋直径用 in 表示，轮胎强度用字母或数字表示，扁平轮胎还应表示扁平率（高宽比）。

例如，上海桑塔纳轿车装用的子午线轮胎的规格为 185/70SR14 或 195/60SR14，其含义如图 2—2—16 所示。

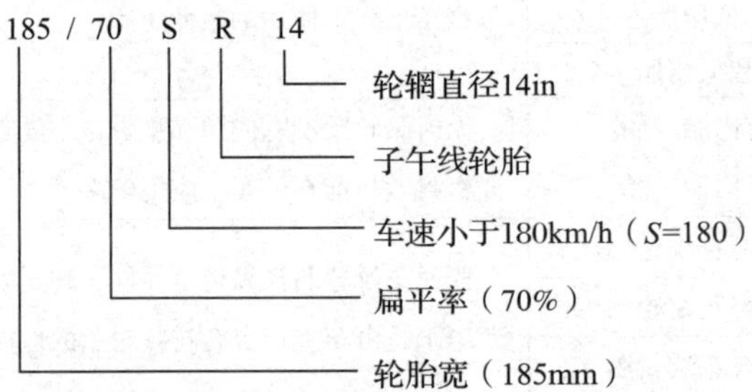

图 2—2—16 上海桑塔纳轿车轮胎规格的含义

轿车用轮胎的规格中除表示轮胎的宽度、轮辋直径外，还应表示轮胎结构和允许的最高车速。

三、转向系

转向系的作用是控制汽车的行驶方向，一般由转向操纵机构、转向器和转向传动机构三部分组成。

1. 转向操纵机构及转向器

转向操纵机构主要由转向盘、转向轴、转向柱管和衬套等组成。

转向器是转向系中的减速传动装置，其结构形式主要有循环球式、齿轮齿条式和蜗杆曲柄指销式等。图 2—2—17 所示为循环球式转向器。

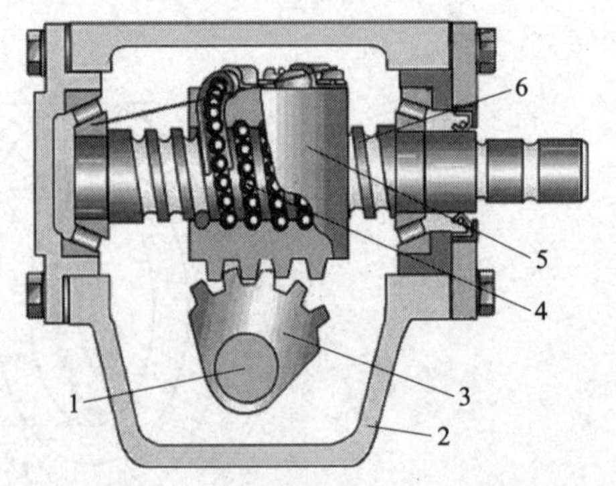

图 2—2—17 循环球式转向器

1—摇臂轴 2—壳体 3—扇齿
4—钢球 5—转向螺母 6—转向螺杆

货车上大部分采用循环球式转向器，而轿车

上普遍采用齿轮齿条式转向器（图 2—2—18）。为使转向轻便，在转向系统中装有转向助力装置。

转向器、转向助力器损坏时多需更换总成。

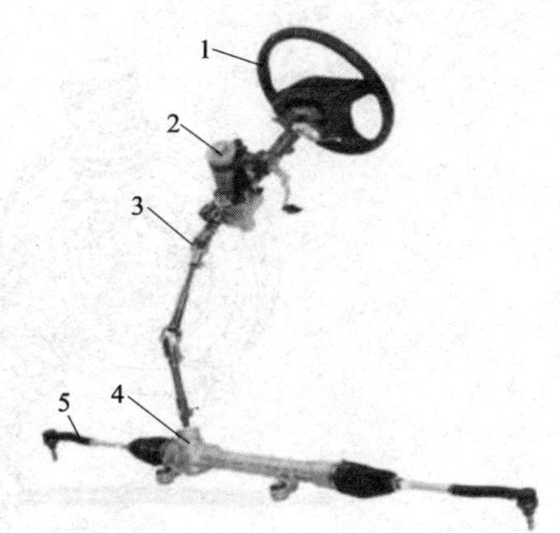

图 2—2—18　齿轮齿条式转向器
1—转向盘　2—转向电动机　3—转向轴
4—转向器　5—转向横拉杆

2. 转向传动机构

与非独立式悬架配用的转向传动机构主要由转向摇臂、转向节臂、转向直拉杆（纵拉杆）、转向横拉杆和转向节等组成，如图 2—2—19 所示。货车及大客车大都采用这种转向传动机构。

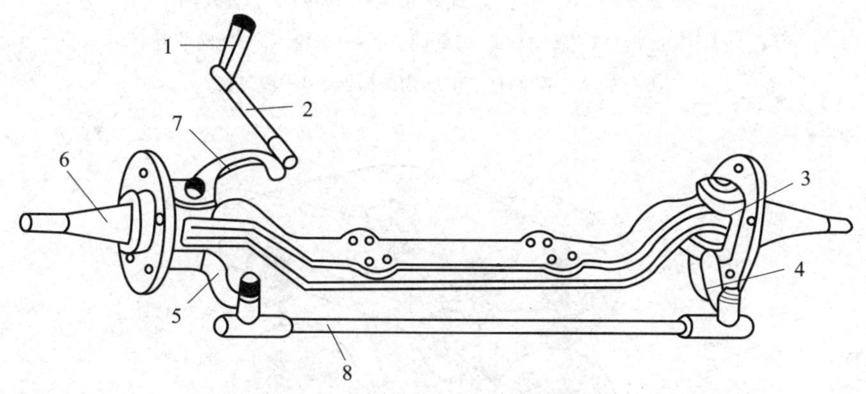

图 2—2—19　与非独立式悬架配用的转向传动机构
1—转向摇臂　2—转向直拉杆　3—右转向节　4、5—梯形臂
6—左转向节　7—转向节臂　8—转向横拉杆

图 2—2—20 所示为与独立悬架配用的转向传动机构。当转向轮独立于悬架时，每个转向轮都需要相对于车架做独立运动，因而转向桥必须是断开式的。与此相对应，转向传动机构中的转向梯形臂也必须是断开式的。轿车大都采用这种转向传动机构。与独立式悬架配用的转向传动机构包括转向器，左、右横拉杆，转向节臂和转向节等。

转向传动机构通过转向节主销、主销衬套、主销轴承、主销销钉及螺母、调整垫片等与转向轮组装在一起。主销、主销衬套、主销轴承、主销销钉及螺母、调整垫片消耗量较大。

四、制动系

汽车的制动系统由制动操纵机构、制动传动机构和制动器三部分组成，如图 2—2—21 所示。

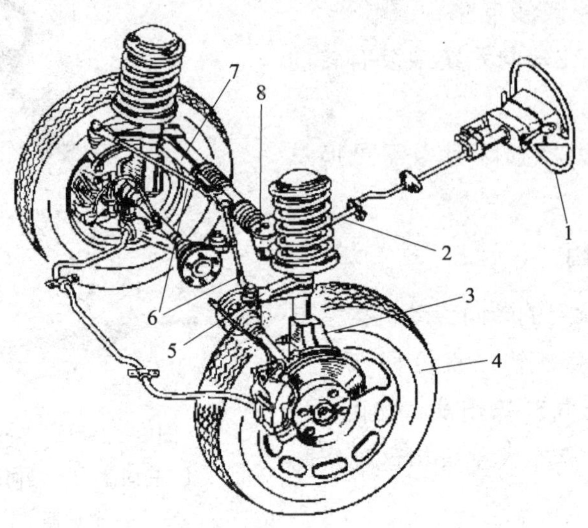

图 2—2—20　与独立式悬架配用的转向传动机构

1—转向盘　2—转向柱　3—转向节　4—车轮　5—转向节臂

6—左、右横拉杆　7—转向减振器　8—转向器

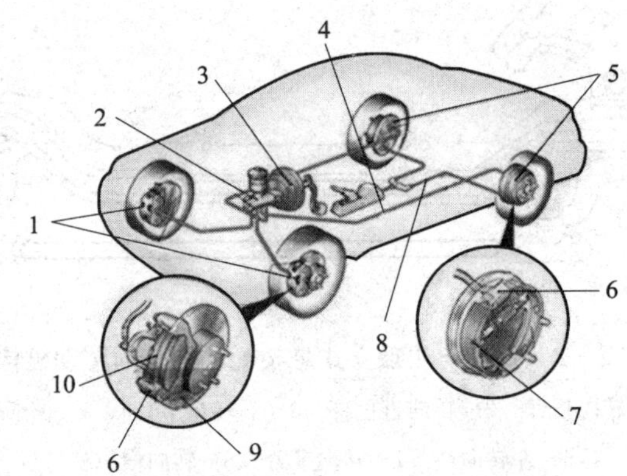

图 2—2—21　汽车制动系统的组成

1—盘式制动器　2—制动总泵　3—真空助力器　4—制动油管　5—鼓式制动器

6—制动分泵　7—制动蹄片　8—驻车制动线　9—制动盘　10—制动片

1. 制动操纵机构

制动操纵机构包括制动踏板、拉杆、操纵臂、传动杆、回位弹簧、踏板支架、踏板轴等。

2. 制动传动机构

制动传动机构按传力媒介不同分为液压式和气压式两类。

(1) 液压制动

液压制动系统由总泵、分泵、制动液软管、软管接头等组成。

(2) 气压制动

气压制动系统由总泵、气室、储气筒等组成。

总泵、分泵、制动液软管、软管接头等都是易耗件，用户更换总成所占的比例较多。

3. 制动器

制动器根据作用不同可分为行车制动器和驻车制动器两类。

（1）行车制动器

行车制动器根据结构不同可分为鼓式制动器和盘式制动器两种。鼓式制动器（图 2—2—22）中的运动件为制动鼓，工作表面为圆柱面。盘式制动器（图 2—2—23）中的运动件为制动盘，工作表面为平面。

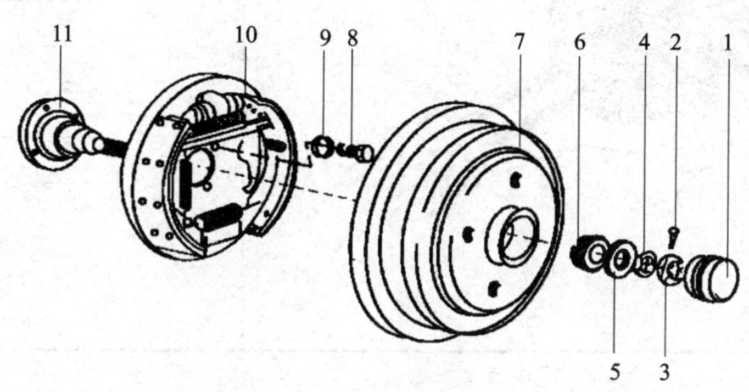

图 2—2—22　鼓式制动器

1—润滑脂盖　2—开口销　3—锁止环　4—六角螺母　5—止推垫圈　6—车轮外轴承　7—制动鼓　8—六角螺栓　9—碟形垫圈　10—制动底板和制动蹄片　11—短轴

制动器因工作条件恶劣及使用频繁，故其中的零件都是易耗件，尤以摩擦衬片消耗量最大。

（2）驻车制动器

驻车制动器又称手制动器，其组成和易损零件有蹄片轴、锁片、回位弹簧、蹄片滚轮、滚轮轴、蹄臂、凸轮轴、凸轮臂、拉杆、拉杆弹簧等。驻车制动器的操纵机构由操纵杆、支架、摇臂、摇臂轴、棘爪、棘爪拉杆、拉杆弹簧、扇形齿板和传动杆等组成。

在购销活动中，用户以更换总成为多。

图 2—2—23　盘式制动器

1—制动盘　2—减振片　3—摩擦片　4—支架　5—活塞防尘圈　6—矩形圈　7—制动钳体　8—分泵活塞

任务实施

训练 1：传动系主要配件认知。

根据图示填写各组成部分的名称（表 2—2—2）。

表 2—2—2　　传动系主要配件认知

图示	构件名称
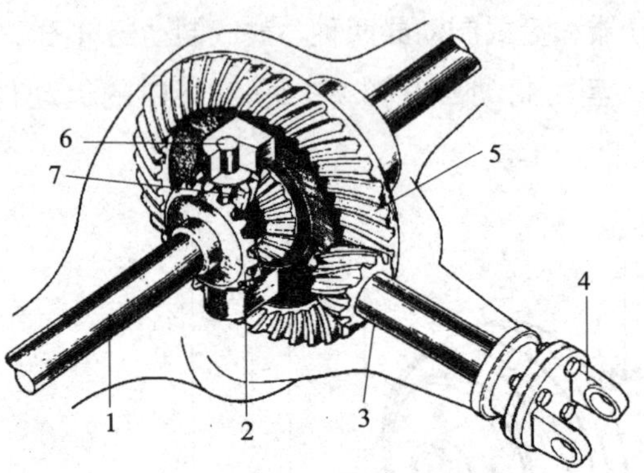 6 7 5 4 1 2 3	1. ________ 2. ________ 3. ________ 4. ________ 5. ________ 6. ________ 7. ________

训练 2：行驶系主要配件认知。

根据图示填写各组成部分的名称（表 2—2—3）。

表 2—2—3　　行驶系主要配件认知

图示	构件名称
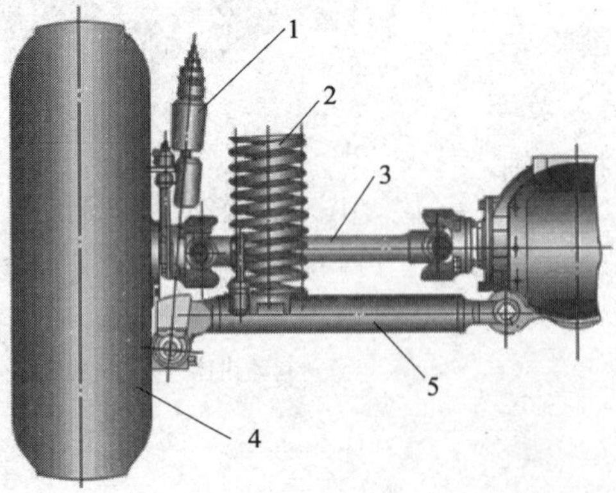 1 2 3 5 4	1. ________ 2. ________ 3. ________ 4. ________ 5. ________

训练 3：转向系主要配件认知。

根据图示填写各组成部分的名称（表 2—2—4）。

表 2—2—4　　转向系主要配件认知

图示	构件名称
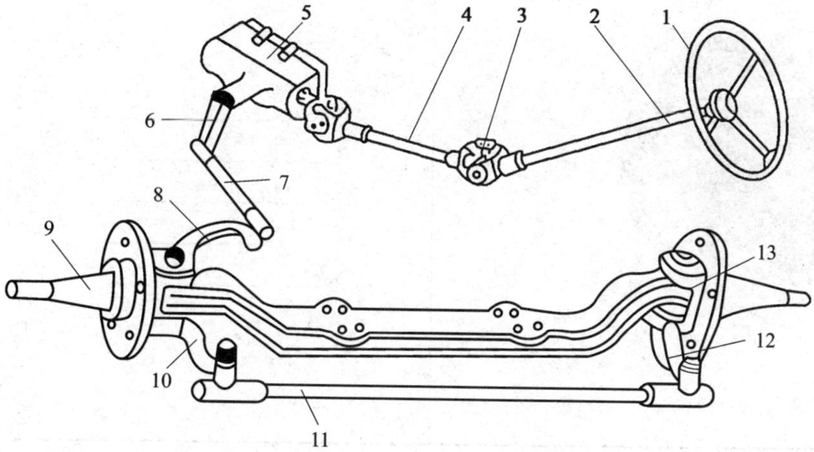 5 4 3 2 1 6 7 8 9 13 12 10 11	1. ______ 2. ______ 3. ______ 4. ______ 5. ______ 6. ______ 7. ______ 8. ______ 9. ______ 10. ______ 11. ______ 12. ______ 13. ______

训练 4：制动系主要配件认知。

一、盘式制动器认知

根据图示填写各组成部分的名称（表 2—2—5）。

表 2—2—5　　盘式制动器认知

图示	构件名称
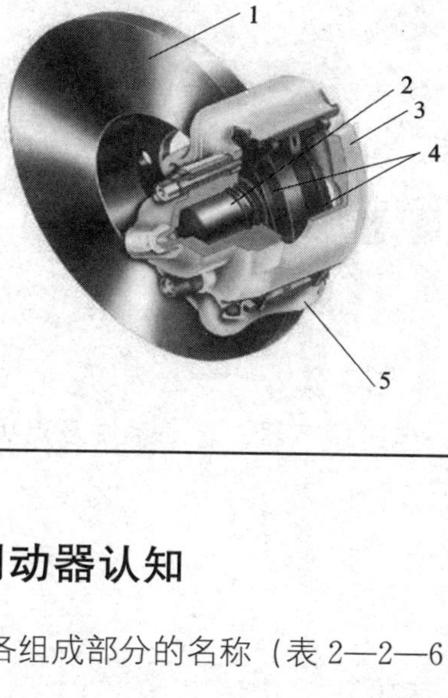 1 2 3 4 5	1. ______ 2. ______ 3. ______ 4. ______ 5. ______

二、鼓式制动器认知

根据图示填写各组成部分的名称（表 2—2—6）。

表 2—2—6　　鼓式制动器认知

图示	构件名称
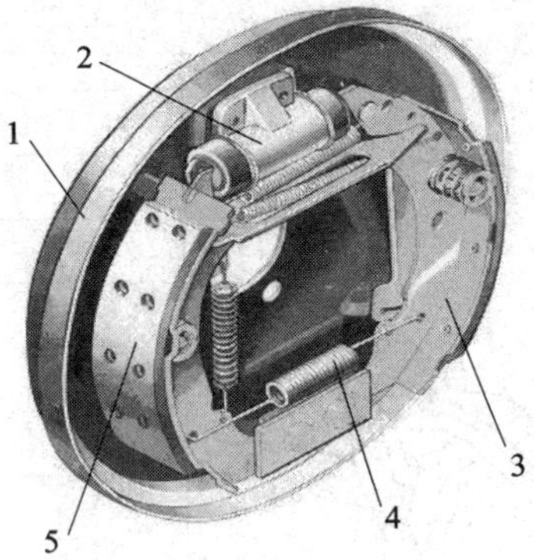 2 1 3 4 5	1. ________ 2. ________ 3. ________ 4. ________ 5. ________

任务 3　电气设备主要配件的认知

学习目标

1. 掌握汽车电气设备主要配件的作用、结构。
2. 掌握汽车电气设备主要配件的使用及损耗情况。

任务描述

汽车在使用时，为满足车辆正常运行，提高其安全性和舒适性，需对整车进行检查和维护，因此，了解汽车整车各电源系、点火系、起动系、照明系等的结构，认知各电气部件的名称非常重要。本任务要求对汽车电气设备的主要配件进行认知。

相关知识

汽车电气设备主要由蓄电池、发电机、电压调节器、起动系统及点火系统等组成。

一、蓄电池

蓄电池与发电机并联为用电设备供电。

1. 蓄电池的作用

蓄电池如图 2—3—1 所示，其作用是：发动机启动时，向起动机和点火系统供电；发动机低速运转和电压较低时，向用电设备和交流发电机磁场绕组供电；汽车停车或发电机不发电时，向用电设备供电；发电机过载时，协助发电机向用电设备供电。

图 2—3—1 蓄电池

此外，蓄电池还有一些辅助功能。因为蓄电池相当于一只大电容，所以它不仅能够保持汽车电气系统的电压稳定，而且还能吸收电路中产生的瞬时电能，从而保护电子元件不被损坏。

2. 普通型蓄电池的构造

现代汽车用的普通铅蓄电池由 3 只或 6 只单格电池串联而成，每只单格电池的电压约为 2 V，串联后蓄电池电压为 6 V 或 12 V，以供不同汽车选用。目前，国内外汽油机汽车均选用 12 V 蓄电池；柴油机汽车电源电压设计为 24 V，用两只 12 V 蓄电池串联供电。现代汽车用普通铅蓄电池的结构如图 2—3—2 所示，其组成主要有极板、电解液、外壳、联条、接线柱等。

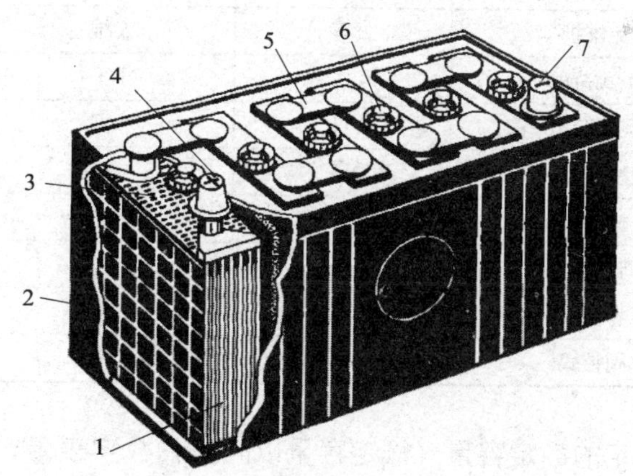

图 2—3—2 现代汽车用普通铅蓄电池的结构

1—极板组 2—外壳 3—防护板 4—正接线柱 5—联条 6—加液孔盖 7—负接线柱

3. 蓄电池的型号

国家标准 JB/T 2599—2012《铅酸蓄电池名称、型号编制与命名办法》中规定，蓄电池的型号由三部分组成。

第一部分为串联的单体蓄电池数（串联的单体蓄电池数是指在一个整体蓄电池槽或一个组装箱内所包含的串联蓄电池数目）。

第二部分为蓄电池用途、结构特征代号（蓄电池用途、结构特征代号应符合表 2—3—1 和表 2—3—2 的规定）。

表 2—3—1 蓄电池按用途分类

序号	蓄电池类型（主要用途）	型号	汉字及拼音或英语字头		
			汉字	拼音	英语
1	启动型	Q	启	qi	—
2	固定型	G	固	gu	—
3	牵引（电力机车）用	D	电	dian	—
4	内燃机车用	N	内	nei	—
5	铁路客车用	T	铁	tie	—
6	摩托车用	M	摩	mo	—
7	船舶用	C	船	chuan	—
8	储能用	CN	储能	chu neng	—
9	电动道路车用	EV	电动车辆	—	electric vehicles
10	电动助力车用	DZ	电助	dian zhu	—
11	煤矿特殊	MT	煤特	mei te	—

表 2—3—2 蓄电池按结构特征分类

序号	蓄电池特征	型号	汉字及拼音	
			汉字	拼音
1	密封式	M	密	mi
2	免维护	W	维	wei
3	干式荷电	A	干	gan
4	湿式荷电	H	湿	shi
5	微型阀控式	WF	微阀	wei fa
6	排气式	P	排	pai
7	胶体式	J	胶	jiao
8	卷绕式	JR	卷绕	juan rao
9	阀控式	F	阀	fa

第三部分为标准规定的额定容量（额定容量以阿拉伯数字表示，其单位为 A·h，在型号中单位可以省略）。

例：型号 6—QA—100 表示 6 个单体串联的额定容量为 100 A·h 的干式荷电启动型蓄电池（图 2—3—3）。

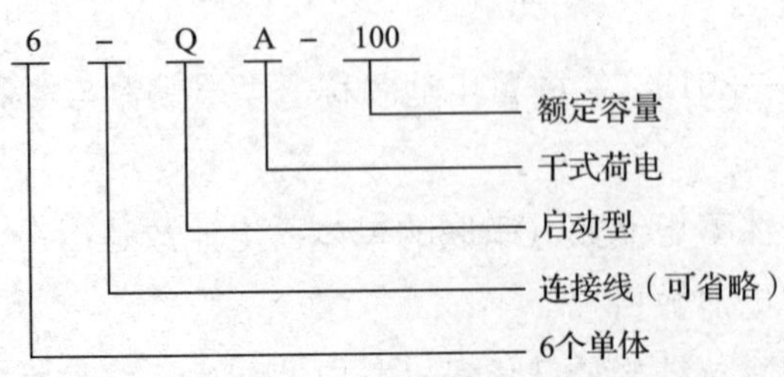

图 2—3—3 蓄电池的型号构成

蓄电池的外壳一般不易损坏，其中极板和隔板（橡胶或塑料材质）的正常使用寿命为汽车行驶 3×10^4 km 左右。现在除了专业修理厂外，一般均更换蓄电池总成件。

二、交流发电机

交流发电机（图 2—3—4）是汽车的主电源，与蓄电池并联。在发动机正常工作转速范围内，汽车上的用电设备主要由发电机供电，当蓄电池存电不足时，发电机还向蓄电池充电。

图 2—3—4　交流发电机

国产车用交流发电机的型号构成如图 2—3—5 所示。例如，发电机型号 JF152D 中的 JF 表示交流发电机，1 表示电压为 12 V，5 表示功率为 500 W，2 表示设计序号，D 表示变型代号。

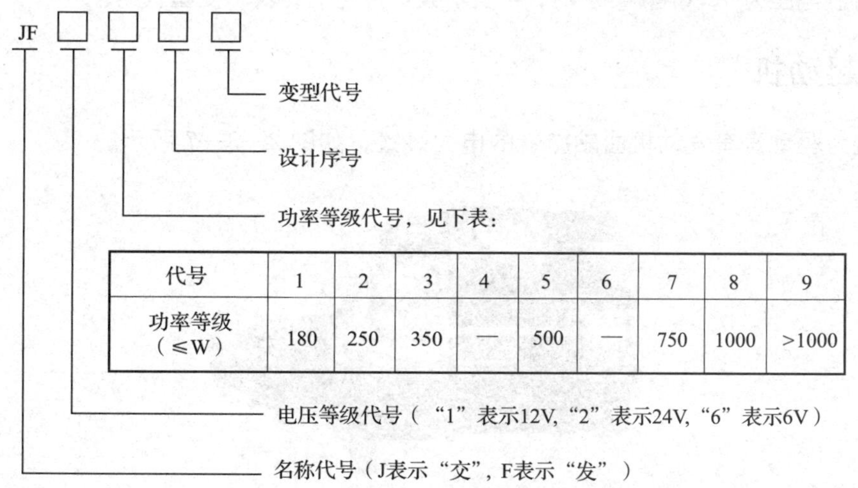

代号	1	2	3	4	5	6	7	8	9
功率等级（≤W）	180	250	350	—	500	—	750	1000	>1000

图 2—3—5　国产车用交流发电机的型号构成

硅整流发电机中最容易磨损及消耗的是电刷，其次是电刷弹簧，其他配件均不再单独进行修复或更换，一般均更换总成。使用寿命：硅整流发电机为行程 1.5×10^5 km，电刷为行程（4～5）$\times10^4$ km，电刷弹簧为行程（4～6）$\times10^4$ km。

发电机的传动带是易损件。

三、电压调节器

由于交流发电机的转子由汽车发动机驱动，而发动机的转速是经常变化的，这必然造成发电机的输出电压很不稳定，若不加以调节，将损坏其他用电设备，故必须配用电压调节器。

电压调节器型号编制规定为：名称代号为 FT，F 表示发电机，T 表示调节器；晶体管式电压调节器在 FT 之前加 J，J 表示晶体管。如果在 F 与 T 之间插入 D，即 FDT，则表示为无触点式电压调节器。电压调节器的型号构成如图 2—3—6 所示。

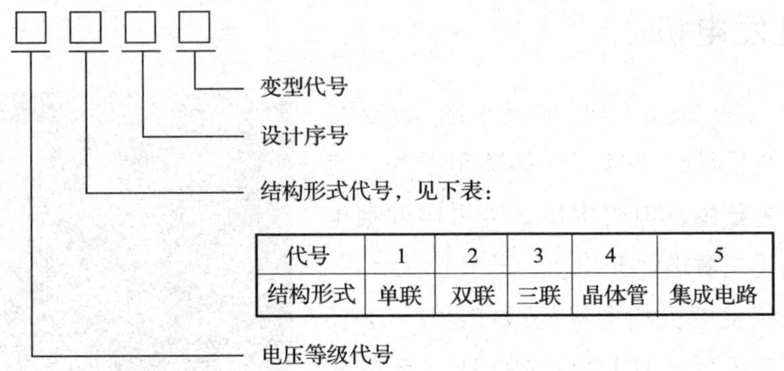

代号	1	2	3	4	5
结构形式	单联	双联	三联	晶体管	集成电路

图 2—3—6　电压调节器的型号构成

例如，电压调节器 JFT106 中的 JFT 表示晶体管交流发电机用调节器，1 表示单联、外搭铁式（调节电压为 13.8～14.6 V），0 表示设计序号，6 表示变型代号。

四、起动机

起动机为驱动汽车发动机曲轴旋转的电力装置，如图 2—3—7 所示。

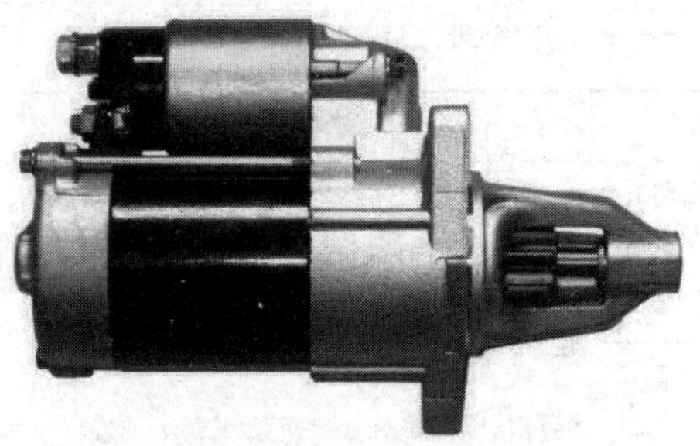

图 2—3—7　起动机

起动机的型号构成如图 2—3—8 所示。

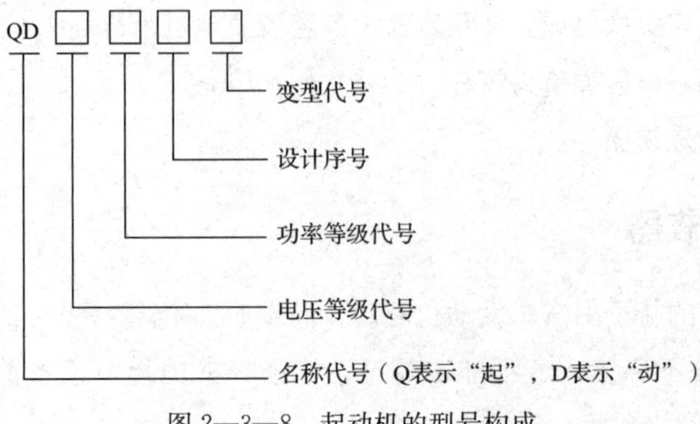

图 2—3—8　起动机的型号构成

例如，起动机型号 QD122A 中的 QD 表示起动机，1 表示额定电压为 12 V，2 表示功率为 2 马力（1 马力＝735 W），2 表示第二次设计，A 表示变型一次。

起动机的输入电流大（360～1 000 A），负荷大，振动大，冲击大，为易损件。但只要起动机使用、调整和润滑得当，可延长其工作寿命。及时更换已损坏零件，即可恢复起动机原有的工作性能。其主要易损件有电枢、电刷、电刷弹簧、衬套、起动机齿轮、齿轮弹簧、起动机开关等。起动机正常使用寿命一般为行程（1～1.5）$\times 10^5$ km。

五、点火线圈

点火线圈是产生点火所需高压电的装置。蓄电池的 12 V 低压电由点火线圈转换成 20 000 V 左右的感应高压电，利用中心高压线将高压电送至分电器，再由分电器分配给各火花塞点火。点火线圈主要由铁芯、一次绕组、二次绕组、胶木盖、瓷座、接线柱、外壳等组成，其结构如图 2—3—9 所示。

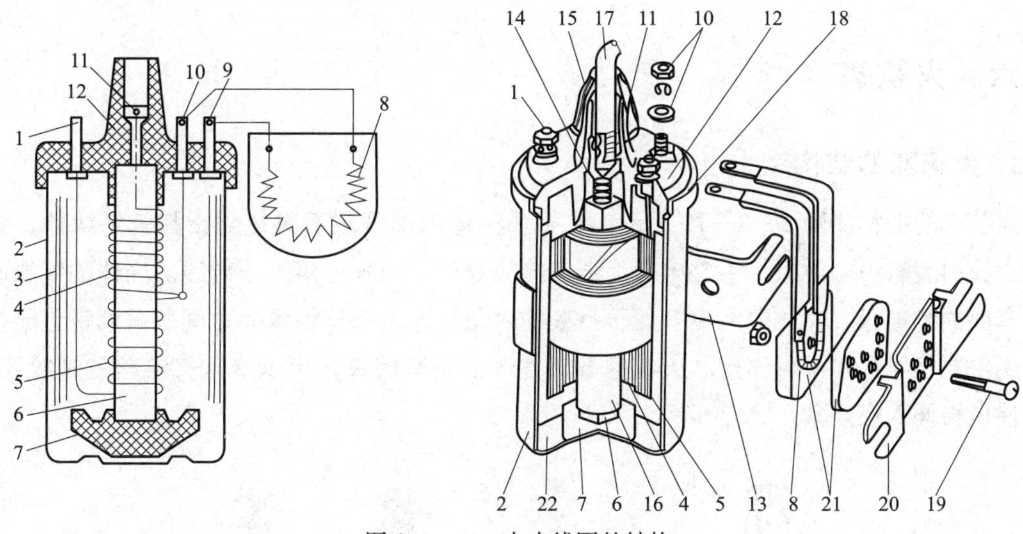

图 2—3—9　点火线圈的结构

1—一次接线柱　2—外壳　3—导磁钢套　4—二次绕组　5—一次绕组　6—铁芯　7—绝缘座　8—附加电阻
9—接线柱（接电源，并接附加电阻）　10—接线柱（接附加电阻，并接短路开关）　11—高压线插孔
12—胶木盖　13—固定夹　14—弹簧　15—橡胶罩　16—绝缘纸　17—高压阻尼线　18—绝缘瓷体
19—螺钉　20—附加电阻盖　21—附加电阻瓷质绝缘体　22—沥青封料

点火线圈的型号构成如图 2—3—10 所示。

例如，点火线圈型号 DQ134 中的 DQ 表示点火线圈，1 表示电压等级为 12 V，3 表示用途代号（带有附加电阻的四、六缸发动机），4 表示第 4 次设计。

点火线圈型号 DQ125 中的 DQ 表示点火线圈，1 表示电压等级为 12 V，2 表示用途代号（四、六缸发动机），5 表示第 5 次设计。

点火线圈工作电压很高，承受高温、振动，使用寿命为行程（2～3）$\times 10^4$ km。

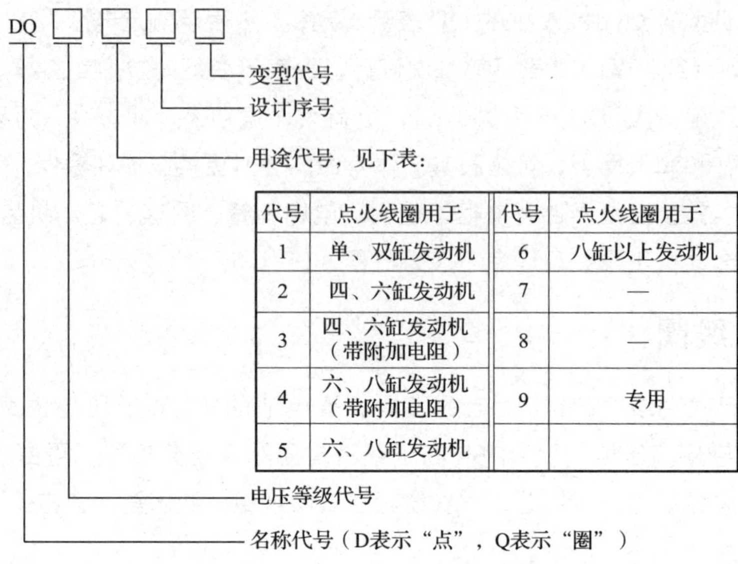

代号	点火线圈用于	代号	点火线圈用于
1	单、双缸发动机	6	八缸以上发动机
2	四、六缸发动机	7	—
3	四、六缸发动机（带附加电阻）	8	—
4	六、八缸发动机（带附加电阻）	9	专用
5	六、八缸发动机		

图 2—3—10　点火线圈的型号构成

六、火花塞

1. 火花塞的结构

火花塞的结构如图 2—3—11 所示。在钢质壳体内部固定着高氧化铝陶瓷绝缘体，绝缘体中心孔内装有中心电极，中心电极上端有接线螺母，用来连接高压导线。壳体的下端面固定有弯曲的侧电极。壳体的上端有便于拆装的六角柱面，它与绝缘体之间装有紫铜垫圈，紫铜垫圈主要起导热和密封作用。火花塞下部壳体上制有螺纹，用以旋入气缸盖的螺纹孔中，从而使电极伸入燃烧室。

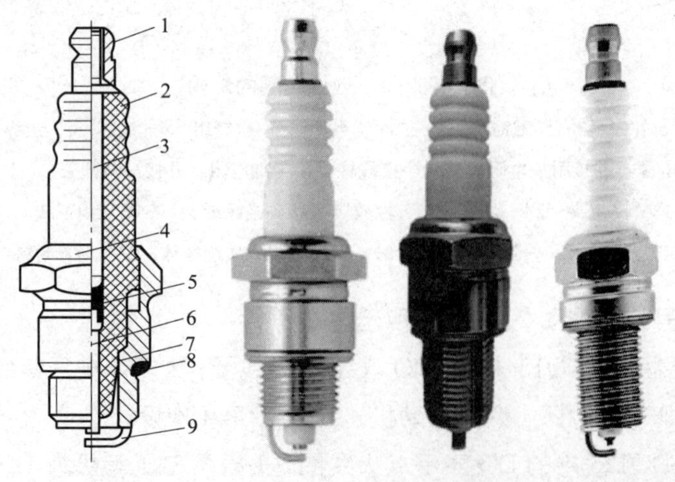

图 2—3—11　火花塞的结构

1—接线螺母　2—绝缘瓷体　3—导电金属杆　4—壳体　5—导电玻璃
6—中心电极　7—紫铜垫圈　8—密封垫圈　9—侧电极

火花塞的电极间隙一般为 0.7～0.9 mm。近年来为适应发动机排气净化的要求，采用稀混合气燃烧，火花塞的电极间隙有增大的趋势，有的已增大至 1.0～1.2 mm。

2. 火花塞的热特性

火花塞裙部绝缘体的工作温度取决于其受热情况和散热条件（图 2—3—12）。影响火花塞裙部温度的主要因素是裙部的长度。对于裙部较长的火花塞，在燃烧室内吸热面积大，传热距离长，散热困难，因而裙部温度高，称为“热型”火花塞；而对于裙部较短的火花塞，其吸热面积小，传热距离短，散热容易，因而裙部温度较低，称为“冷型”火花塞（图 2—3—13）。

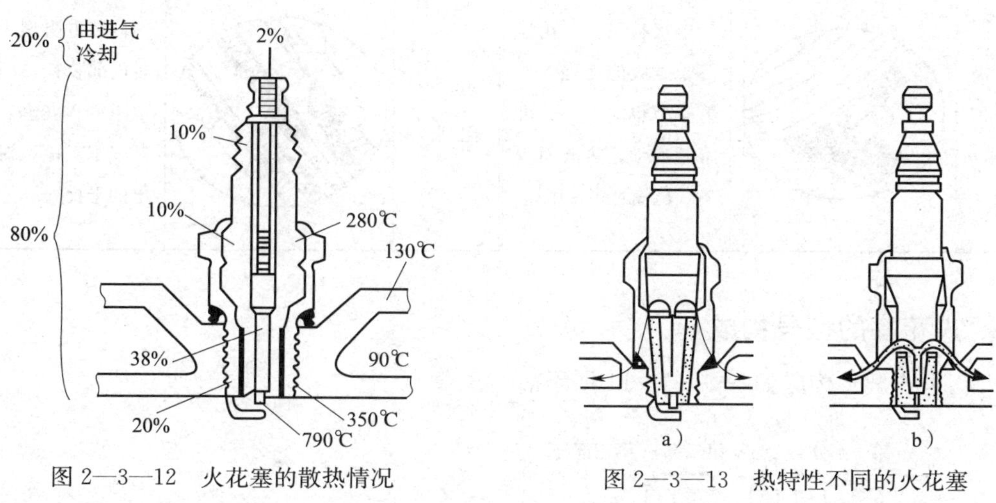

图 2—3—12　火花塞的散热情况

图 2—3—13　热特性不同的火花塞

a）热型　b）冷型

由于发动机的技术性能不同，气缸内的工作温度也不相同。大功率、高转速、高压缩比的发动机，其气缸温度高，为使火花塞不致因炽热点火，应选用“冷型”火花塞；相反，对于功率小、转速和压缩比低的发动机来说，为了不致形成积炭，应采用“热型”火花塞。

3. 常用火花塞的类型

常用火花塞的类型见表 2—3—3。

表 2—3—3　　**常用火花塞的类型**

类型	图示	说明	类型	图示	说明
标准型		其绝缘体裙部略缩入壳体端面，侧电极在壳体端面以外	多极型		侧电极一般为两个或两个以上。优点是点火可靠，间隙不需要经常调整，故在极易烧蚀和火花间隙不能经常调节的一些汽油机上被广泛采用

续表

类型	图示	说明	类型	图示	说明
电极凸出型		裙部较长，凸出于壳体端面之外，能直接使用进气冷却，热适应范围宽，是使用最广泛的类型	铜芯电极型		高速发动机普遍采用这种类型。其传导性能好，能使热值提高10%～40%。因裙部加长，提高了电极耐油污、抗烧蚀的能力
细电极型（带U形槽）		电极很细，火花强烈，点火能力强，严寒季节也能迅速、可靠地启动，热范围较宽，能满足多种用途	内装电阻型		内装电阻型火花塞是内部装有5～10 kΩ电阻的火花塞，可抑制汽车点火系对无线电的干扰

4. 火花塞的型号构成

火花塞的型号构成如图2—3—14所示。

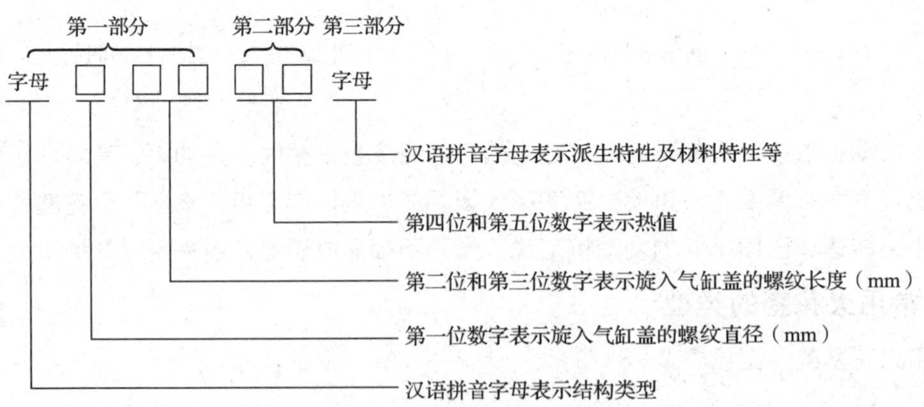

图2—3—14　火花塞的型号构成

第一部分用汉语拼音字母表示结构类型，或用数字表示主要尺寸，火花塞的结构类型及主要形式和尺寸见表2—3—4。

表2—3—4　　火花塞的结构类型及主要形式和尺寸

字母	螺纹规格（mm）	安装座形式	螺纹旋入长度（mm）	壳体六角对边（mm）
A	M10×1	平座	12.7	16
C	M12×1.25	平座	12.7	17.5
D	M12×1.25	平座	19	17.5

续表

字母	螺纹规格（mm）	安装座形式	螺纹旋入长度（mm）	壳体六角对边（mm）
E	M14×1.25	平座	12.7	20.8
F	M14×1.25	平座	19	20.8
G	M14×1.25	平座	9.5	20.8
H	M14×1.25	平座	11	20.8
Z	M14×1.25	平座	11	19
J	M14×1.25	平座	12.7	16
K	M14×1.25	平座	19	16
L	M14×1.25	矮型平座	9.5	19
M	M14×1.25	矮型平座	11	19
N	M14×1.25	矮型平座	7.8	19
P	M14×1.25	锥座	11.2	16
Q	M14×1.25	锥座	17.5	16
R	M18×1.25	平座	12	20.8
S	M18×1.25	平座	19	22
T	M18×1.25	锥座	10.9	20.8

注：火花塞的螺纹旋合直径为10～20 mm，常用类型主要有12、14和18 mm三种，故当用数字表示螺纹旋合直径时一般只用个位的数字。例如，2代表螺纹旋合直径为12 mm，4代表螺纹旋合直径为14 mm。

第二部分用阿拉伯数字表示火花塞的热值。目前各国对火花塞热特性的表示方法不完全相同，一般常用“热值”表示。所谓热值，是指火花塞散掉所吸热量的程度。它是一个相对概念，国产火花塞分别用1、2、3、4、5、6、7、8、9、10等阿拉伯数字表示。热值数越大，表示散热性能越好。因此，小数字为热型火花塞，大数字为冷型火花塞。

第三部分为汉语拼音字母，表示火花塞产品结构特征、材料特性及特殊技术要求等。火花塞产品的特征与特性排列顺序见表2—3—5。无字母者为普通型火花塞，该部分如需用两个以上汉语拼音字母时，则应按表中所示的先后顺序排列。

表2—3—5　　火花塞产品的特征与特性排列顺序

顺序	字母	特征与特性	顺序	字母	特征与特性
1	P	屏蔽型火花塞	7	H	环状电极火花塞
2	R	电阻型火花塞	8	U	电极缩入型火花塞
3	B	半导体型火花塞	9	V	V形电极火花塞
4	T	绝缘体凸出型火花塞	10	C	镍铜复合电极火花塞
5	Y	沿面跳火型火花塞	11	G	贵金属火花塞
6	J	多电极型火花塞	12	F	非标准火花塞

例如，4115型火花塞表示螺纹旋合直径为14 mm，旋入长度为11 mm，热值为5（中热值）。

F5 RTC型火花塞表示螺纹旋合直径为14 mm，旋入长度为19 mm，热值为5的M14×

1.25 带电阻及镍铜复合电极绝缘体凸出型平座火花塞。

E4T 型火花塞表示螺纹旋合直径为 14 mm，旋入长度为 12.7 mm，热值为 4 的 M14×1.25 绝缘体凸出型平座火花塞。

火花塞在高压、高温下工作，很容易积炭污染或损坏，是随车必备配件之一。

火花塞的正常使用寿命为行程（1.2～1.5）$\times10^4$ km 或行驶时间 500～600 h。随着科学技术的发展，目前已经出现了使用寿命更长的火花塞。

任务实施

训练 1：发电机主要配件认知。

根据图示填写各组成部分的名称（表 2—3—6）。

表 2—3—6　　发电机主要配件认知

图示	构件名称
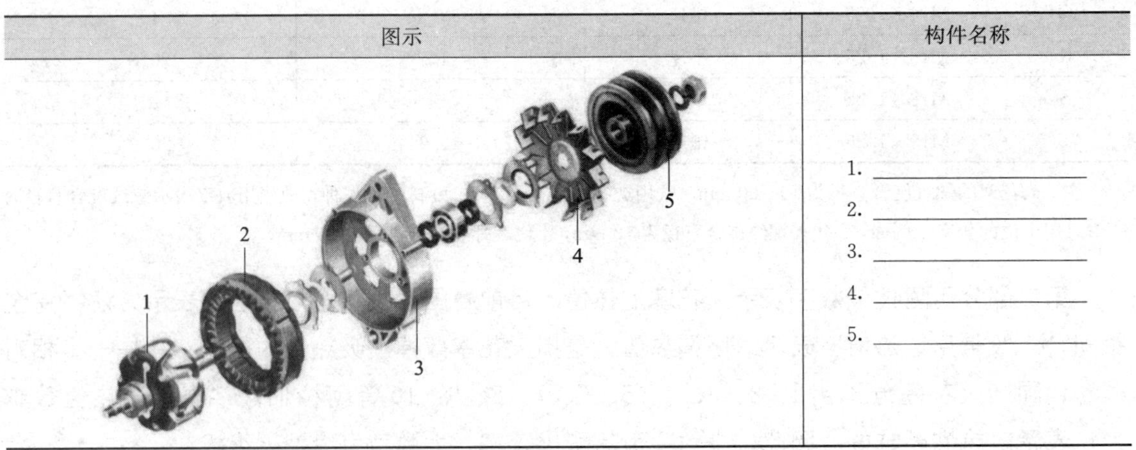	1. ________ 2. ________ 3. ________ 4. ________ 5. ________

训练 2：起动系统主要配件认知。

根据图示填写各组成部分的名称（表 2—3—7）。

表 2—3—7　　起动系统主要配件认知

图示	构件名称
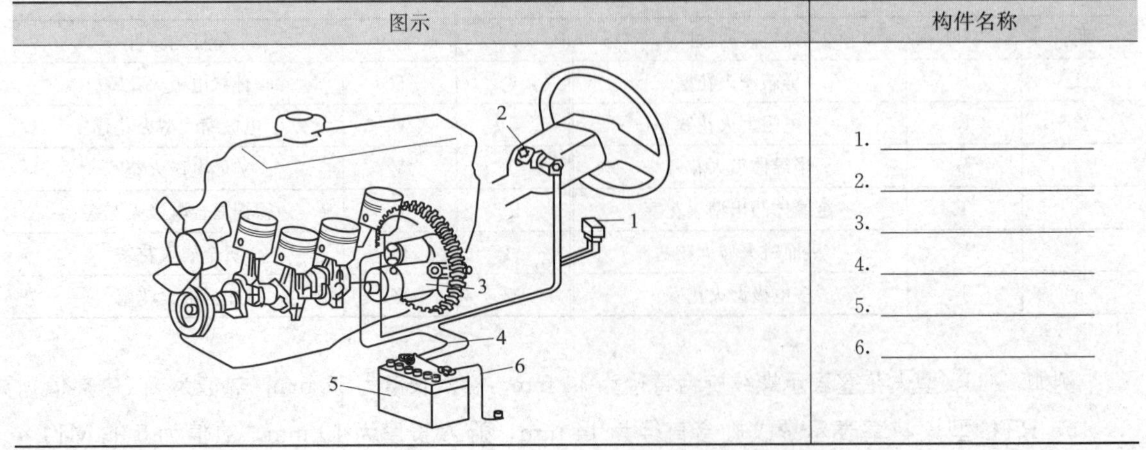	1. ________ 2. ________ 3. ________ 4. ________ 5. ________ 6. ________

任务 4　车身饰品的认知

学习目标

1. 掌握车身饰品的作用、结构。
2. 掌握车身饰品的使用及损耗情况。

任务描述

随着汽车的普及，人们对汽车消费的观念发生了很大的变化，对汽车外观、内饰等方面的舒适性、可视化、个性化程度要求越来越高，因此，正确认知车身饰品非常有必要。图 2—4—1 所示为装饰后的汽车。本任务要求正确选用车蜡、车釉、氙气灯和真皮座椅等车身饰品。

图 2—4—1　装饰后的汽车

相关知识

随着汽车保有量的不断增加，人们对汽车环保性、安全性、舒适性等方面的要求也越来越高，能满足相应需求的各类精细化学品便应运而生，以便更好地满足人们对汽车的需要。

一、车身美容材料

1. 车蜡

车蜡（图 2—4—2）可以保持车身漆面亮丽、整洁，保护车漆。现代轿车越来越广泛地采用金属漆，金属漆的涂装系统是色漆（基漆）＋清罩漆。基漆随着使用时间的增加，其颜色会变淡，进而影响汽车的外观；另外，还会使全车产生色差。车蜡可将部分入射光反射回去，能减缓基漆的颜色变淡。

图 2—4—2 车蜡

(1) 车蜡的主要作用

车蜡具有防水、抗高温、防静电、防紫外线、上光、研磨抛光、防划伤、防氧化、防酸雨、防雾等作用。

(2) 车蜡的主要成分

车蜡的主要成分是聚乙烯乳液或硅酮类高分子化合物，并含有油脂和添加剂成分。

(3) 车蜡的分类

1) 按物理状态分为固体蜡和液体蜡，液体蜡应用相对较广泛。

2) 按生产国别分为国产蜡和进口蜡。

3) 按功能分为防水蜡、防高温蜡、防静电蜡及防紫外线蜡。

(4) 车蜡的选择

1) 根据车蜡的功能选择。由于车辆的运行环境千差万别，在车蜡的选择上对汽车漆面的保护应该有所侧重。例如，沿海地区宜选用防盐雾功能较强的车蜡；化学工业区宜选用防酸雨功能较强的车蜡；多雨地区宜选用防水性能优良的车蜡；光照好的地区宜选用防紫外线、抗高温性能优良的车蜡。

2) 根据漆面的质量选择。对于中高档轿车，其漆面质量较好，宜选用高档车蜡；对于普通轿车或其他轿车，可选用一般车蜡。

3) 根据漆面的新旧程度选择。新车或新喷漆的车辆，应选用上光蜡，以保持车身的光泽和颜色；对旧车或漆面有漫反射光痕的车辆，可选用研磨蜡对其进行抛光处理后，再用上光蜡上光。

4) 根据季节不同选择。夏季一般光照较强，宜选用防高温、防紫外线能力强的车蜡。

5) 根据车辆行驶环境选择。如果汽车经常行驶在泥泞、尘土、砾石等恶劣道路，应选用保护功能较强的硅酮树脂蜡。

6) 根据车漆颜色选择。一般深色车漆选用黑色、红色、绿色系列的车蜡，浅色车漆选用银色、白色、珍珠色系列的车蜡。

2. 封釉

封釉是指将高分子釉振入漆面的毛孔中，形成一种牢固的网状保护层，附在车漆的表面，提高原车漆面的光泽度、硬度，使车漆能更好地抵挡外界环境的侵袭，有效减少划痕，保持车漆亮度，从而达到保护漆面的目的。封釉产品如图 2—4—3 所示。

图 2—4—3　封釉产品

（1）封釉周期

封釉周期与汽车的使用率、空气环境和洗车次数有直接关系。一般的车一年封一次釉。

（2）封釉注意事项

1）封釉后 8 h 内切记不要用水冲洗汽车，因为在这段时间内，釉层还未完全凝结，若冲洗将会冲掉未凝结的釉。

2）做完封釉美容后尽量避免洗车，一般的灰尘用干净、柔软的布条擦去即可。

3）做完封釉美容后不要再打蜡，因为蜡层可能会黏附在釉层表面，在追加上釉时会因蜡层的隔离而影响封釉效果。

4）封釉并不是永久有效的美容方法，还需要根据经常行使的路况定期追加上釉，才能长久保持车漆如出厂般光滑和亮泽。

二、车身装饰材料

1. 车膜

车膜的基本结构如图 2—4—4 所示，包括耐磨保护层、安全基层（聚氨酯薄膜）、隔热层（金属溅射层）、防紫外线层、感压式胶粘层、胶磨层和透明基材。

高品质的车膜看似一张薄薄的塑料膜，实际上为了实现隔热、隔紫外线、反射、透光、耐磨等功能，其内部结构非常复杂，生产工艺要求极高，能够生产的厂家屈指可数。

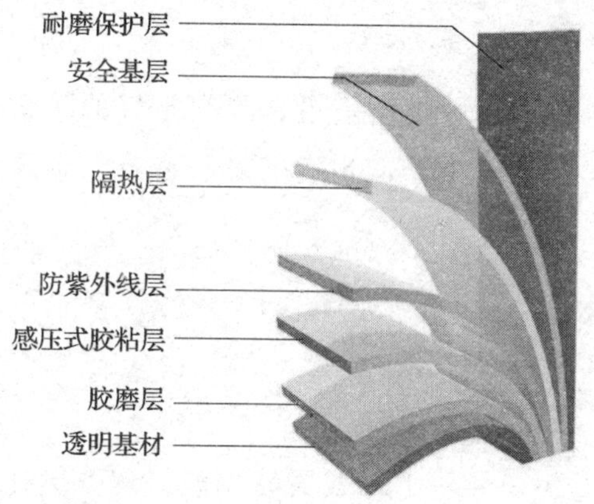

图 2—4—4　车膜

车膜具有隔热、抗紫外线、保护隐私、降低强光刺激、提升玻璃强度、保护车内物件和美化玻璃外观等作用。

车膜根据制造工艺大致分为染色黑膜、传统吸热车膜、复合染色磁控溅射单层金属膜（单层反射膜）和原色磁控溅射多层金属膜（多层反射膜）四类。

2. 车贴

汽车车贴即贴在汽车上起美化作用的贴纸，其已经普遍应用于现代家庭轿车中。贴纸的文字内容、色彩图案类别繁多，以满足不同人群的需求，是现代汽车不可或缺的装饰元素。汽车车贴如图 2—4—5 所示。

图 2—4—5 汽车车贴

汽车车贴可分为运动车贴、改装车贴和个性车贴（图 2—4—6）三类。

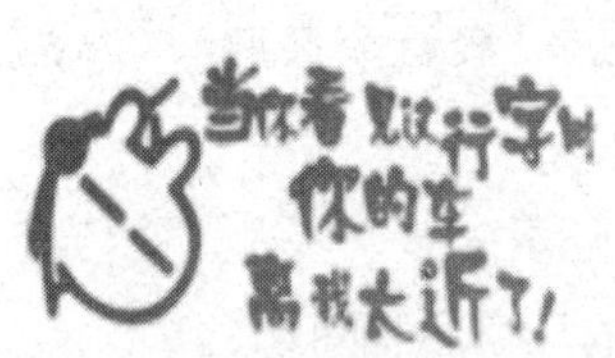

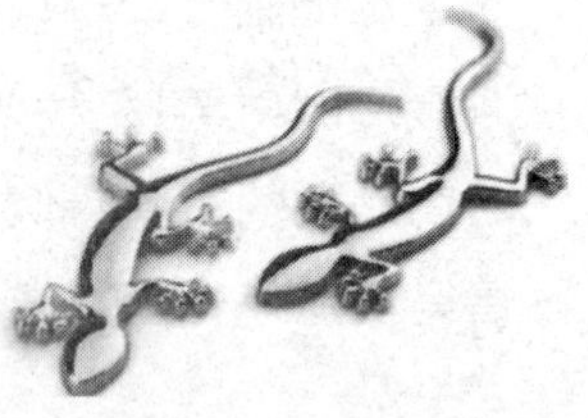

图 2—4—6 个性车贴

车贴的材料主要是 PVC，它要求比普通的广告级材料更具耐磨性，具有更好的防紫外线功能等。PVC 的材质和色彩虽然没有服装类面料那么丰富，但也有普通、夜光、金属反光、金属拉丝等多种选择。

三、车身电子设备

1. 车载导航仪

车载导航功能是 GPS 全球卫星定位系统的应用之一，利用车载导航功能，驾驶员在驾驶汽车时能随时知晓自己的确切位置。车载导航仪（图 2—4—7）可根据驾驶员的设置选择最佳的行车路线，并进行自动语音导航。

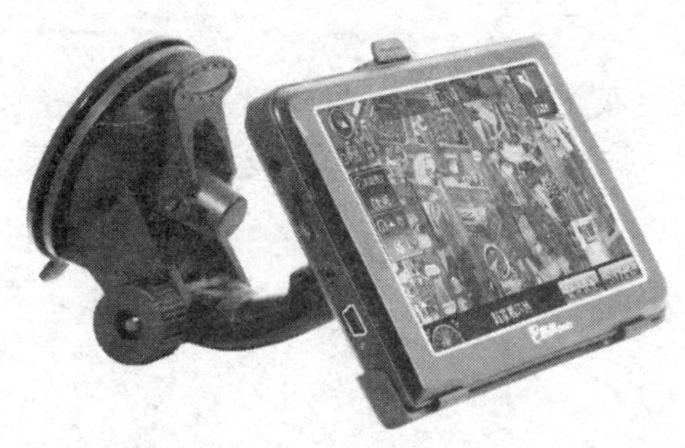

图 2—4—7　车载导航仪

(1) 分类

车载导航仪分为便携式和嵌入式两类。便携式功能简单，安装方便，放在托架上并从点烟器上引出电源即可使用。

(2) 构成

GPS 接收设备要想实现路线导航功能，还需要具备一套完善的包含硬件设备、电子地图、导航软件在内的汽车导航系统。车载导航仪硬件部分包括芯片、天线、处理器、内存、显示屏、扬声器、按键、扩展功能插槽，软件部分主要是地图导航软件。

2. 行车记录仪

汽车行车记录仪（图 2—4—8）类似于应用于飞机上的“黑匣子”，它的工作原理是通过数字视频记录并循环更新车前或周围的路面情况，甚至连车内声音、汽车的加速度、转向和制动等数据信息也会被记录下来，以备调查交通事故责任时使用。

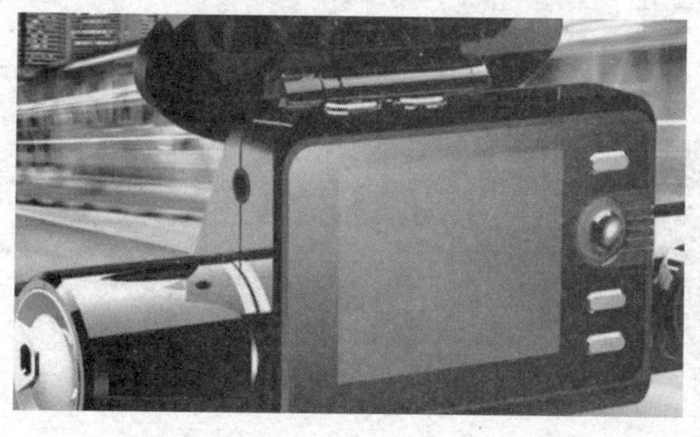

图 2—4—8　行车记录仪

(1) 作用

1）还原经过。车辆碰撞、违规超车导致追尾、伤及行人等交通事故时，行车记录仪提供证据记录材料，通过车内的屏幕、手机等载体进行画面回播。

2）避免疲劳驾驶。行车记录仪监督司机驾车行驶的时间，以免疲劳驾驶。

3）安全监控。行车记录仪时刻监控车辆情况，并结合远程网络控制，在车辆丢失时可通过指令拍摄车内外的情况，为找回失窃车辆提供线索。

(2) 分类

行车记录仪可分为纯行车记录仪和一体机行车记录仪。

1) 纯行车记录仪。纯行车记录仪主要分为后视镜行车记录仪和数据行车记录仪两种，具有隐蔽性好、使用简单等特点。

2) 一体机行车记录仪。一体机行车记录仪的特点是集成度较高，功能强大，在汽车有限的空间内，充分发挥了集成优势。

3. 倒车雷达

倒车雷达由超声波传感器（探头）、控制器（主机）和显示器等组成（图 2—4—9）。现在市场上的倒车雷达大多采用超声波测距原理，驾驶者在倒车时(挡位推到 R 挡)，倒车雷达启动，由装于车尾的探头向车后方发送超声波，遇到障碍物时产生回波信号，传感器接收到回波信号后经控制器进行数据处理，判断出障碍物的位置和距离，最后由显示器或蜂鸣器发出图像或声音警示，从而使驾驶者倒车时心中有数，使倒车变得更加安全和轻松。

图 2—4—9 倒车雷达

倒车雷达根据探头的数量可分为 2、3、4、6、8 及 10 探头雷达等，根据显示方式可分为数码波段显示雷达、LCD 距离显示雷达、HUD 投射显示雷达等，根据声音提示方式可分为蜂鸣声提示报警雷达、语音提示报警雷达等，此外还有探头自动检测雷达、倒车影像显示雷达、无线连接雷达、七彩发光雷达等特殊类型，具体如图 2—4—10 所示。

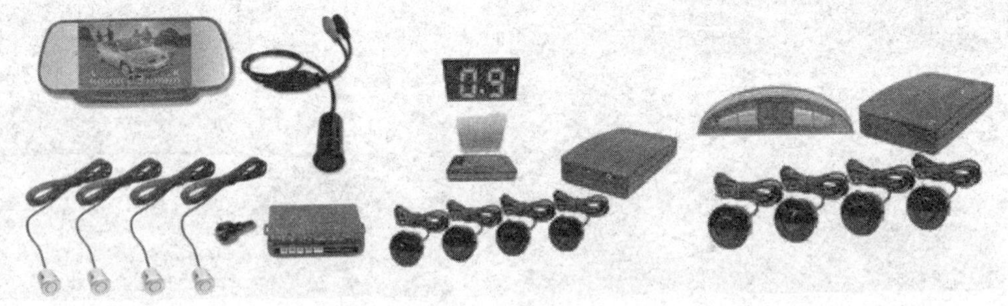

图 2—4—10 倒车雷达的种类

四、精品材料

1. 氙气灯

(1) 组成及原理

氙气灯（HID）一般由灯头、电子安定器和线组等组成，如图 2—4—11 所示。

氙气灯又称为高压气体放电灯，在其灯管内的玻璃球中灌满了氙气及少许稀有金属，利

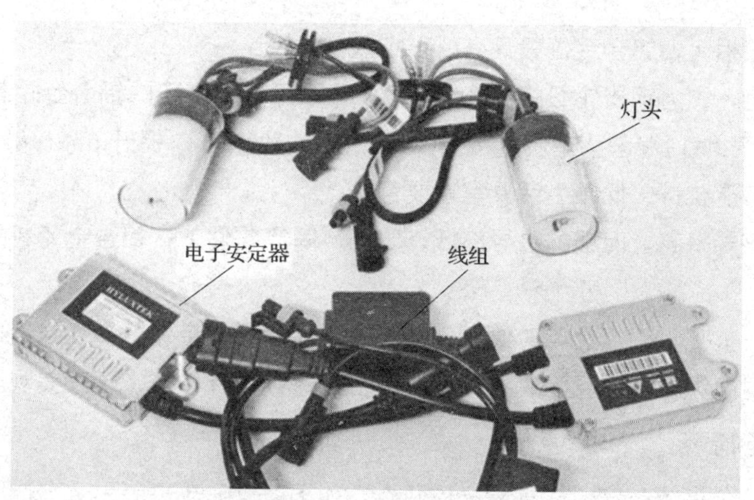

图 2—4—11　氙气灯的组成

用电流刺激氙气与稀有金属发生化学反应而发光（图 2—4—12）。氙气灯在工作时必须配备一台变压器以产生电流。

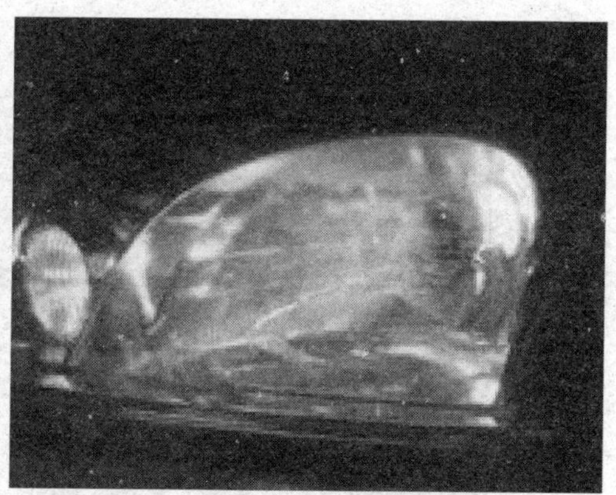

图 2—4—12　氙气灯发光

（2）特点

1）输出亮度高。35 W 氙气灯能产生 3 200 lm（流明）的强光，亮度提升 300%，并拥有清晰、超长及超广角的视野，可大大减少行车事故率。

2）使用寿命长。氙气灯利用电子激发气体发光，并无钨丝存在，所以使用寿命较长，约为 3 000 h（卤素灯只有 500 h）。

3）节能环保。氙气灯的电力损耗比普通灯节省了 40%。

4）色温舒适度高。色温范围为 4 300～12 000 K，其中 6 000 K 色温接近日光。

2. 铝合金轮毂

轮毂别名轮圈，即轮胎内廓用以支撑轮胎的部件。常见的汽车轮毂有钢质轮毂及铝合金轮毂。钢质轮毂的强度高，常用于大型载重汽车，但质量重，外形单一，不符合如今低碳、时尚的理念，正逐渐被铝合金轮毂替代。

与钢质轮毂相比，铝合金轮毂具有以下特点:

(1) 密度小，约为钢质轮毂的 1/3。这意味着采用相同体积的铝合金轮毂将比钢质轮毂轻 2/3。有统计表明，汽车整车质量减少 10%，燃油效率可以提升 6%～8%，因而推广铝合金轮毂对于节能减排、低碳生活具有重要意义。

(2) 铝的热导率高，而钢的热导率低，因此，同等条件下，铝合金轮毂的散热性能优于钢质轮毂。

(3) 时尚、美观。铝合金能时效强化，而时效前的铝合金轮毂铸坯强度低，易于加工成形，并且经过耐腐蚀处理以及涂装着色后的铝合金轮毂色泽多样、精致美观。

3. 汽车座椅

汽车座椅可分为绒布座椅和真皮座椅两类，如图 2—4—13 所示。

(1) 绒布座椅

绒布座椅表面不易破损，坐感稳固、防滑，且价格低，质量轻，但易藏污垢，不易清洁，散热性差。

a)

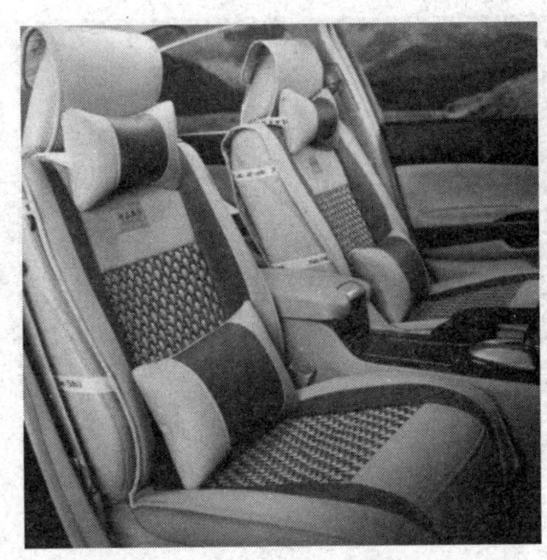

b)

图 2—4—13　汽车座椅

a) 绒布座椅　b) 真皮座椅

(2) 真皮座椅

真皮座椅不仅能提高汽车档次，容易清洁，透气性和散热性好，而且节约拆洗费用和时间，但表面易损，坐感过滑。正常情况下，真皮座椅一般使用 5～8 年。

1) 真皮座椅的选择。好的真皮座椅皮面光滑，皮纹细致，有细小的毛孔，且质地柔软，有弹性。用湿纱布在皮面上擦拭，若有脱色，说明质量不过关。

2) 真皮座椅的清洁与养护

①尽量远离热源，否则会导致干裂。

②不要长时间暴晒，避免皮革褪色。

③要经常清洁保养，吸尘去灰。

④不要用吹风机吹干皮革，应用纸巾或软毛巾擦干，避免刮伤真皮。

⑤切忌用化学清洗剂清洗。

任务实施

训练 1：车蜡的正确选用。

将车蜡的选择因素填写完整（表 2—4—1）。

表 2—4—1　　车蜡的选用

图示	说明
	车蜡的选择因素： 1. ________ 2. ________ 3. ________ 4. ________ 5. ________ 6. ________

训练 2：车釉的正确选用。

将封釉的相关信息填写完整（表 2—4—2）。

表 2—4—2　　封釉的使用

图示	说明
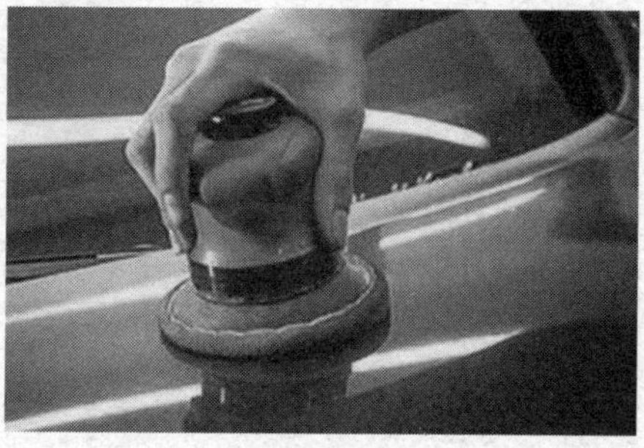	1. 封釉的周期是________ ________ 2. 如何正确使用封釉？ (1) ________ ________ (2) ________ ________ (3) ________ ________ (4) ________ ________

训练 3：氙气灯的正确选用。

将氙气灯的相关信息补充完整（表 2—4—3）。

表 2—4—3　　氙气灯的组成及伪劣氙气灯的使用表现

图示	说明
	1. 氙气灯一般由________、________和________组成 2. 伪劣氙气灯的使用表现主要是________、________、________和________

训练 4：真皮座椅的正确选用。

将真皮座椅的保养注意事项补充完整（表 2—4—4）。

表 2—4—4　　真皮座椅的保养注意事项

图示	说明
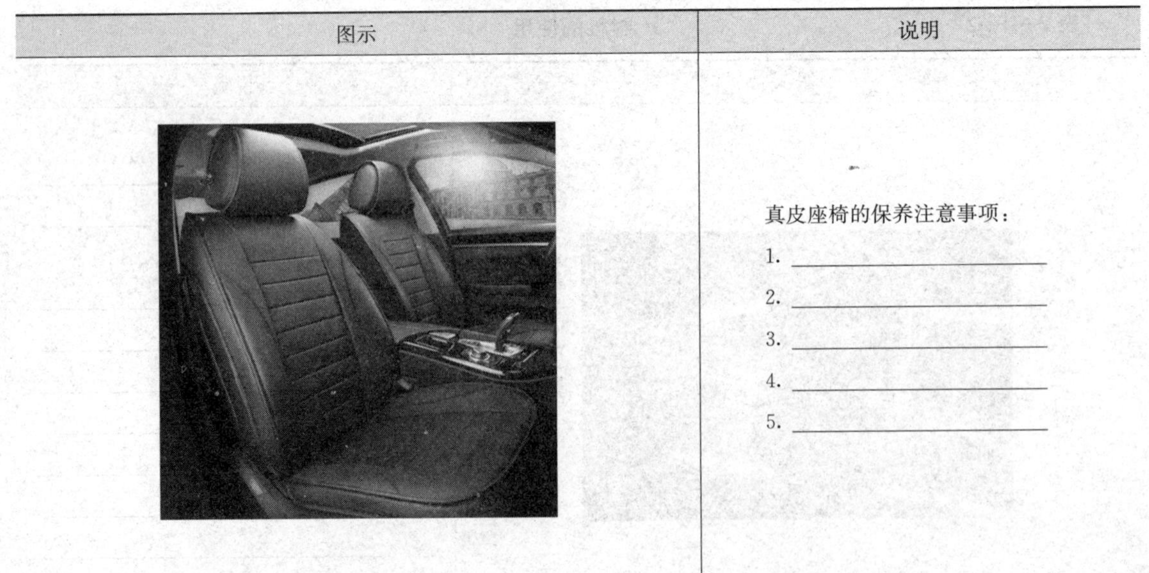	真皮座椅的保养注意事项： 1. ________ 2. ________ 3. ________ 4. ________ 5. ________

项目三　汽车配件编号识别与检索

任务 1　汽车配件编号识别

学习目标

1. 掌握国产汽车配件、汽车标准件的编号及编号规则。
2. 掌握进口汽车配件的编号规则。

任务描述

一辆汽车由成千上万个零部件组成，在使用过程中需要不断补给各种零部件，维修时需要更换耗材及零部件。为了方便汽车的售后维修、配件的生产和供应，各个汽车制造厂商均有一套自己的配件编号体系。作为汽车配件营销人员、管理人员以及汽车服务人员，应该具备较强的汽车配件编号识别能力。图 3—1—1 所示为汽车配件编号示例。本任务要求能正确识别汽车配件的编号。

图 3—1—1　汽车配件编号示例

相关知识

一、国产汽车配件编号规则

在我国，汽车零部件编号按 QC/T 265—2004《汽车零部件编号规则》统一进行编制。

1. 汽车零部件编号

汽车零部件编号有三种表达式，分别由企业名称代号、组号、分组号、零部件顺序号、源码、变更代号组成，具体如图 3—1—2 所示。零部件编号表达式根据其隶属关系可分别从中进行选择。

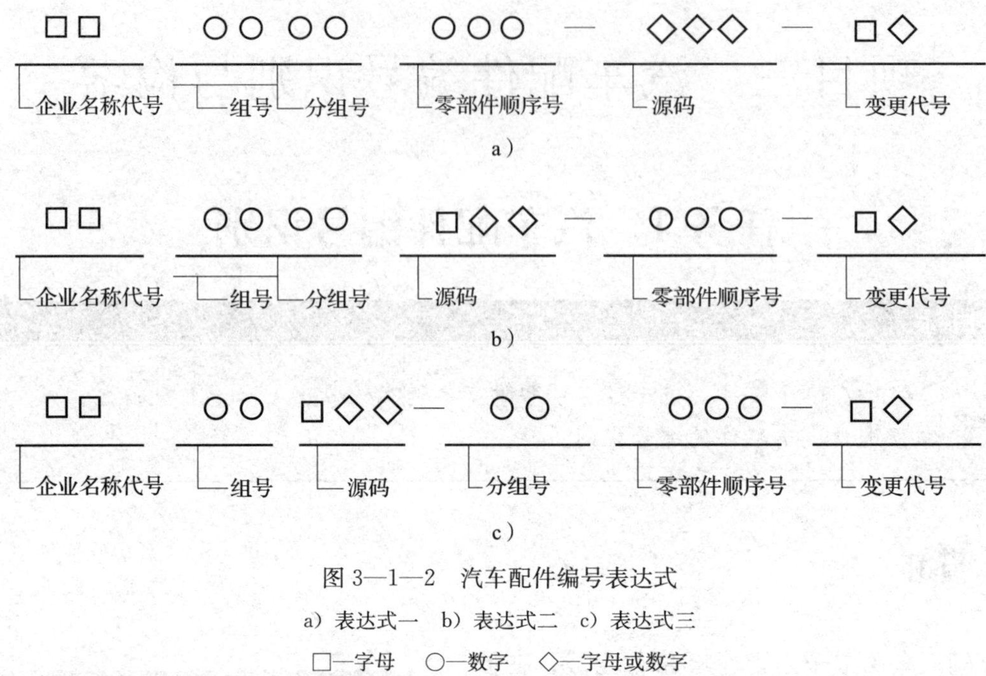

图 3—1—2　汽车配件编号表达式

a）表达式一　b）表达式二　c）表达式三

□—字母　○—数字　◇—字母或数字

2. 汽车配件组合模块编号

汽车配件组合模块的组合功能码由组号合成，前两位组号描述模块的主要功能特征，后两位组号描述模块的辅助功能特征。汽车配件组合模块组合功能码见表 3—1—1，编号表达式如图 3—1—3 所示。

表 3—1—1　　汽车配件组合模块组合功能码

组合模块号	组合模块名称
10×17	发动机带变速器组合模块
10×16	发动机带离合器组合模块
17×35	变速器带驻车制动器组合模块
18×35	分动器带驻车制动器组合模块
50×38	驾驶室带仪表盘组合模块

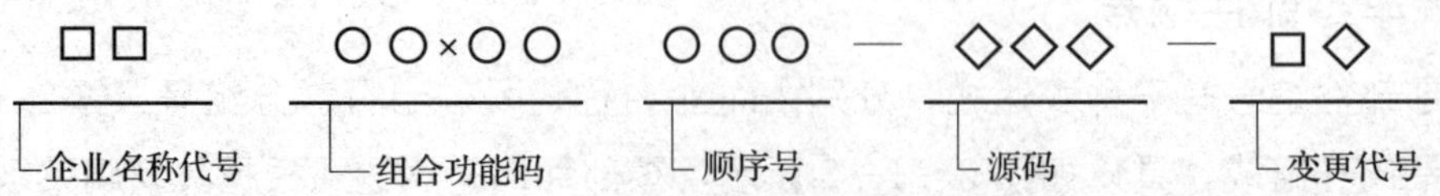

图 3—1—3　汽车配件组合模块编号表达式

例如，组合码 10×16 表示发动机带离合器组合模块；组合码 10×17 表示发动机带变速器组合模块；组合码 17×35 表示变速器带驻车制动器组合模块。

二、国产汽车配件编号规则说明

1. 规则的内容及适用范围

国产汽车配件编号规则规定了各类汽车、半挂车的总成和装置以及零件号编制的基本规则和方法。

该规则适用于各类汽车和半挂车的零件、总成和装置的编号，不适用于专用汽车和专用半挂车的专用装置部分的零件、总成和装置的编号以及汽车标准件和轴承的编号。

2. 规则的术语

(1) 企业名称代号

当汽车零部件图样使用涉及知识产权或产品研发过程中需要标注企业名称代号时，可在最前面标注经有关部门批准的企业名称代号。一般企业内部使用时，允许省略。企业名称代号由 2 位或 3 位汉语拼音字母表示，表 3—1—2 给出了部分企业的名称代号。

表 3—1—2　企业名称代号

企业名称	企业代号	企业名称	企业代号
中国第一汽车集团有限公司	CA	重庆红岩汽车有限公司	CQ
东风汽车集团有限公司	EQ	陕西汽车控股集团有限公司	SX
北京汽车集团有限公司	BJ	北京现代汽车有限公司	BH
天津一汽夏利汽车股份有限公司	TJ	天津一汽丰田汽车有限公司	TV
跃进汽车集团公司	NJ	沈阳华晨金杯汽车有限公司	SY
丹东黄海汽车有限公司	DD	江西昌河汽车有限公司	CH
东南汽车工业有限公司	DN	湖南长丰汽车制造股份有限公司	CJY
江铃汽车集团公司	JX	一汽大众汽车有限公司	FV
哈飞汽车制造有限公司	HFJ	神龙汽车有限公司	DC
上海通用汽车有限公司	SGM	上海大众汽车有限公司	SVW
中国长安汽车集团股份有限公司	SC	广州本田汽车有限公司	HG

(2) 组号

组号由 2 位数字组成，表示汽车各功能系统分类代号，按顺序排列，共 64 个。汽车零部件编号中的组号见表 3—1—3。

表 3—1—3　汽车零部件编号中的组号

组号	名称	组号	名称
10	发动机	13	冷却系
11	供给系	15	自动液力变速器
12	排气系	16	离合器

续表

组号	名称	组号	名称
17	变速器	54	侧围
18	分动器	55	车身装饰件
20	超速器	56	后围
21	电动汽车驱动系统	57	顶盖
22	传动轴	58	乘客安全约束装置
23	前桥	59	客车舱体与舱门
24	后桥	60	车篷及侧围
25	中桥	61	前侧面车门
27	支撑连接装置	62	后侧面车门
28	车架	63	后车门
29	汽车悬架	64	驾驶员侧车门
30	前轴	66	安全门
31	车轮及轮毂	67	中侧面车门
32	附加桥（附加轴）	68	驾驶员座
33	后轴	69	前座
34	转向系统	70	后座
35	制动系	71	乘客单人座
36	电子装置	72	乘客双人座
37	电气设备	73	乘客三人座
38	仪器、仪表	74	乘客多人座
39	随车工具及组件	75	折合座
40	电线束	76	卧铺
41	汽车灯具	78	中间隔墙
42	特种设备	79	车用信息通信与声像设备
45	绞盘	81	空气调节系统
50	车身	82	附件
51	车身地板	84	车前、后钣金件
52	风窗	85	车厢
53	前围	86	车厢倾斜机构

(3) 分组号

分组号由 4 位数字组成，用于表示总成和总成装置图的分类代号，前 2 位数字代表它所隶属的组号，后 2 位数字代表它在该组内的顺序号。部分配件的组号、分组号及图号见表 3—1—4。

表 3—1—4　　部分配件的组号、分组号及图号

组号	组号名称	分组号	分组号名称	零件名称	一汽图号（CA151/9）	二汽图号（EQ153）
10	发动机	1001	发动机悬置	后悬置软垫总成	1001015—D1	10N—01050
11	供给系	1101	燃油箱	燃油箱总成	1101010—15B1	1101E—010—B
12	排气系	1201	消声器	消声器总成	1201010—A06	1201N—010
13	冷却系	1301	散热器	散热器总成	1301010—4GB1	1301N08—010
16	离合器	1601	离合器	离合器片	1601210—09	1601N—130
17	变速器	1701	变速器	变速箱后盖	1701429—11	1700N—150
22	传动轴	2201	后桥传动轴	传动轴总成	2201010—5R	2201GN—010—A
23	前桥	2301	前桥壳及半轴套管	前桥	3001011—G8E	30N—01011—B
24	后桥	2401	后桥壳及半轴套管	后桥	2401010—7R	2401N—010
28	车架	2801	车架	车架总成	2800010—5G	28N—00010
29	汽车悬架	2901	前悬架总成	前钢板总成	2902010—8E	2912N2—010

（4）源码

源码用 3 位字母、数字或字母与数字混合表示，由企业自定，其作用如下：

1）描述设计来源。指设计管理部门或设计系列代码，由 3 位数字组成。

2）描述车型中的构成。指车型代号或车型系列代号，由 3 位字母与数字混合组成。

3）描述产品系列。指大总成系列代号，由 3 位字母组成。

（5）零部件顺序号

用 3 位数字表示功能系统内总成、分总成、子总成、单元体、零件等的顺序号，零部件顺序号表述应符合下列规则：

1）总成的第 3 位应为 0。

2）零件的第 3 位不得为 0。

3）3 位数字为 001～009 时，表示功能图、供应商图、装置图、原理图、布置图、系统图等为了技术、制造和管理的需要而编制的产品号和管理号。

4）对称零件其上、前、左件应先编号且为奇数，下、后、右件应后编号且为偶数。

5）共用图（包括表格图）的零部件顺序号一般应连续。

（6）变更代号

变更代号为 2 位，可由字母、数字或字母与数字混合组成，由企业自定。

（7）代替图零部件编号

对零件变化差别不大，或总成通过增加或减少某些零部件并构成新的零件和总成后，在不影响其分类和功能的情况下，其编号一般在原编号的基础上仅改变源码。

三、国产汽车标准件编号规则

国产汽车标准件编号按照汽车行业标准 QC/T 326—2013《汽车标准件产品编号规则》

进行编制。

汽车标准件的编号由汽车标准件特征代号、品种代号、变更代号、尺寸规格代号、机械性能代号（材料代号）、表面处理代号、分型代号七部分组成，具体如图 3—1—4 所示。

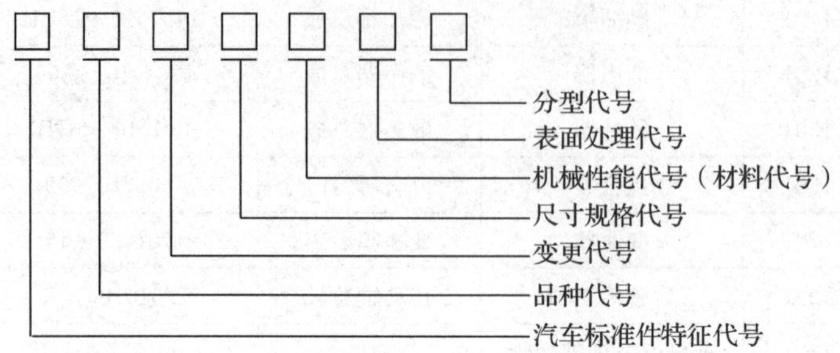

图 3—1—4　汽车标准件编号的构成

1. 编号各部分的表示方法及含义

（1）汽车标准件特征代号

汽车标准件特征代号以“汽”字汉语拼音首位大写字母“Q”表示。

（2）品种代号

品种代号由 3 位数字或字母组成，首位表示汽车标准件产品品种，用数字表示，其含义见表 3—1—5；第 2 位为产品类别的品种分组号，用数字或字母表示，仅当该类别的品种数大于 10 时，才可以使用字母，并从“A”（不使用字母“Q”）开始顺序使用；第 3 位为品种的组内序号，用数字或字母表示，编号规则与分组号相同。结构、功能相近的品种应尽可能编入同一分组。以螺纹为主要功能特征的同一产品的粗牙和细牙螺纹系列视为不同品种，通常情况下粗牙螺纹产品序号为偶数，细牙螺纹产品序号为奇数。

淘汰产品的品种代号 10 年内不允许分配给其他产品。

表 3—1—5　　汽车标准件产品品种代号的含义

品种	类别代号								
	1	2	3	4	5	6	7	8	9
	螺柱/螺栓	螺钉	螺母	垫圈/挡圈/铆钉	销/键	螺塞/管箍/管接件/管夹/卡扣	润滑件/密封件/连接件	管接件	通气塞/保险阀/铅封

（3）变更代号

由于产品标准修订，虽然产品结构形式基本相同，但尺寸、精度、性能及材料等标准内容变更以至于影响产品的互换性时，应给出变更代号。变更代号用一个大写字母表示，由字母“B”（不能使用字母“Q”）开始顺序使用。产品首次纳入或从未发生影响互换的变更时，变更代号默认省略。

当标准内容的修订不影响产品的互换性，但涉及制造、验收的依据存在差异需加以区别时，在新、旧标准替代的过渡期内，由制造商同用户协商过渡性编号的区分方式。

(4) 尺寸规格代号

尺寸规格代号直接用产品的主要尺寸参数表示，不便直接表示的用主要尺寸参数折算的相应整数表示，仍不便表示的用该品种内规格系列的顺序号表示。应用最少的尺寸参数表示产品规格，且应能与规格一一对应。

当产品主要参数含有带小数规格时，应用该小数规格 10 倍的整数表示，若与其余整数规格混淆时，则用该参数全部规格 10 倍的整数表示。

1）由一个主要尺寸参数即可表示产品规格代号时，直接用该参数值的 2～3 位数字表示。当参数仅为 1 位数时，应以 2 位数字表示，在参数左边加“0”补足 2 位。当参数以英寸为单位时，以 2 位数字表示，其首位为整英寸数，末位为 1/8 in 的整倍数。当参数小于 1 in 时，在参数左边加“0”补足 2 位。

2）需要由 2 个或 2 个以上主要尺寸参数（一般为标称直径和杆部公称长度）表示产品规格代号时，应按主次及习惯顺序直接以参数表示。其中第一参数值仅 1 位数的，在参数左边加“0”补足 2 位，其余参数直接表示，不补位。

(5) 机械性能代号（材料代号）

机械性能代号（材料代号）由字母或字母与数字的组合进行表示。

一个品种仅有一种代号时，默认省略该代号；若有两个或两个以上的代号，则省略推荐采用的基本代号，其他代号应在编号中注明。汽车行业已采用的机械性能代号（材料代号）、采用标准及适用品种见表 3—1—6。

表 3—1—6　机械性能代号（材料代号）、采用标准及适用品种

代号	机械性能代号（材料代号）	采用标准	适用品种
T	钢 10.9	GB/T 3098.1	螺柱、螺栓、螺钉
T1	钢 8.8	GB/T 3098.1	螺柱、螺栓、螺钉
T2	钢 8	GB/T 3098.2、GB/T 3098.4、GB/T 3098.9	螺母
T3	钢 9	GB/T 3098.2、GB/T 3098.9	螺母
T4	黄铜 H62	GB/T 5231	铆钉、管接头、垫圈
T5	纯铜 T3	GB/T 5231	铆钉、垫圈
T6	2A01	GB/T 3195	铆钉
T7	1035	GB/T 3195	铆钉
T9	钢 22H	GB/T 3098.3	紧定螺钉

续表

代号	机械性能代号（材料代号）	采用标准	适用品种
T10	钢 33H	GB/T 3098.3	紧定螺钉
T11	钢 5	GB/T 3098.2、GB/T 3098.9	螺母
T12	钢 6	GB/T 3098.2、GB/T 3098.4、GB/T 3098.9	螺母
T13	钢 10	GB/T 3098.2、GB/T 3098.4、GB/T 3098.9	螺母
T14	钢 12	GB/T 3098.2、GB/T 3098.4、GB/T 3098.9	螺母
T15	钢 05	GB/T 3098.2、GB/T 3098.4	螺母
T16	钢 200HV	GB/T 97.1、GB/T 97.4、GB/T 848	平垫圈
T17	钢 10、15、ML10Al、ML15Al	GB/T 699、GB/T 6478	铆钉
T18	11	GB/T 3098.19	抽芯铆钉
T19	30	GB/T 3098.19	抽芯铆钉
T21	钢 5.6	GB/T 3098.1	螺柱、螺栓、螺钉
T22	钢 5.8	GB/T 3098.1	螺柱、螺栓、螺钉
T23	钢 4.8，含碳量≤0.25%	GB/T 3098.1	焊接螺柱、焊接螺栓、焊接螺钉
T24	钢 5.8，含碳量≤0.25%	GB/T 3098.1	焊接螺柱、焊接螺栓、焊接螺钉
T25	钢 8.8，含碳量≤0.25%	GB/T 3098.1	焊接螺柱、焊接螺栓、焊接螺钉
T26	钢 04	GB/T 3098.2、GB/T 3098.4	薄螺母
T28	钢 300 HV	GB/T 97.1、GB/T 97.4、GB/T 848	平垫圈
T29	10	GB/T 3098.19	抽芯铆钉
T30	不锈钢 A2—70	GB/T 3098.6、GB/T 3098.15	螺母、螺栓、螺柱、螺钉*
T31	不锈钢 A2—50	GB/T 3098.6、GB/T 3098.15	螺母、螺栓、螺柱、螺钉*
T32	钢 12.9	GB/T 3098.1	螺柱、螺栓、螺钉
T33	钢 45H	GB/T 3098.3	紧定螺钉
T60	软聚氯乙烯	GB/T 8815	卡扣
T61	硫化橡胶	HG/T 2196	卡扣、管夹

注：* 用于自攻螺钉时，机械性能要求由供需双方协商。

(6) 表面处理代号

表面处理代号由字母或字母与数字的组合进行表示。

一个品种仅有一种代号时，默认省略该代号；若有两个或两个以上的代号，则省略推荐采用的基本代号，其他代号应在编号中注明。表面处理代号见表 3—1—7。

表 3—1—7　　表面处理代号

代号	表面处理	适用产品类型	参考标准
F	不处理，钢质件涂油防锈	全部	—
F10	镀锡	非螺纹件	QC/T 625
F13	镀铬	车轮螺母、非螺纹件	
F19	镀铜	全部	
F2	防蚀磷化	钢质件	
F3	镀锌　彩虹色钝化		
F30	镀锌　橄榄绿色钝化		
F31	镀锌　黑色钝化		
F32	镀锌　漂白钝化		
F33	镀锌　高耐蚀性钝化		
F35	镀锌　非光亮钝化（锌原色）		
F36	镀锌　彩虹色钝化（三价铬钝化）		
F37	镀锌　橄榄绿色钝化（三价铬钝化）		
F38	镀锌　黑色钝化（三价铬钝化）		
F39	镀锌　漂白钝化（三价铬钝化）		
F4	涂塑	非螺纹件	见产品标准
F40	涂硫化橡胶		
F5	防护氧化	铝质件	QC/T 625
F6	锌铝铬涂层　银灰色	钢质件	
F60	锌铝铬涂层　黑色		
F61	锌铝涂层　银灰色		
F62	锌铝涂层　黑色		
F70	锌—镍合金电镀层　无色		
F71	锌—镍合金电镀层　黑色		
F75	锌—铁合金电镀层		
F9	氧化		

注：电镀层和化学转化膜按 QC/T 625。

（7）分型代号

分型代号由字母表示，根据具体产品需要可由一个或多个分型代号组成。

以一种产品结构形式为基础，通过改变局部结构形式、尺寸或增加新的技术内容所派生出的具有新增或不同功能的产品，包括基本型在内的所有分型均应给出形式代号，而品种代号应与基本品种一致。形式代号用一个大写字母表示，由字母“A”开始在同一基本品种范围内顺序使用（不使用字母“F”和“T”）。也可采用产品标准中已规定的形式代号或采用具有指定含义的代号。

允许制成全螺纹的品种，视为一种分型，分型代号为“Q”。采用预涂胶的产品，其涂胶分类代号可作为分型代号。

分型代号在采用行业标准和国家标准时具体给定，同类产品的同类分型尽可能采用同一字母作为形式代号，不同类产品的分型在不至于混淆的条件下，允许采用相同的字母作为形式代号。产品基本形式的分型代号应默认省略。

2. 编号示例

(1) 仅有一个主要尺寸参数的产品

例 1：六角法兰面螺母、主要尺寸参数（螺纹规格）为 M6、性能等级为 8 级、表面处理为镀锌彩虹色钝化的产品编号为 Q32006。

Q 为汽车标准件特征代号。320 为分配给该品种的品种代号。06 为螺纹规格代号，产品规格参数仅一位，于左边加“0”补足两位。8 级和镀锌彩虹色钝化为推荐该品种的基本要求，已省略。

例 2：品种、性能等级、表面处理同例 1，螺纹规格为 M12 的产品编号为 Q32012。

例 3：品种、规格同例 2，性能等级为 10 级、表面处理为非电解锌片涂层（银灰色）的产品编号为 Q32012T13F61。

T13 是机械性能等级为 10 级的代号。F61 为非电解锌片涂层（银灰色）表面处理的代号。

例 4：孔用弹性挡圈、主要尺寸参数（适用孔径）为 12 mm、表面处理为氧化的产品编号为 Q43012。

430 为分配给该品种的品种代号。材料及热处理仅一种要求，无须编号。氧化处理为推荐该品种的基本要求，已省略。

例 5：品种、表面处理同例 4，适用孔径为 100 mm 的产品编号为 Q430100。

例 6：开口挡圈、直径规格为 1.2 mm、表面处理为氧化的产品编号为 Q43612。

例 7：品种、表面处理同例 6，直径规格为 6 mm 和 12 mm 的产品编号分别为 Q43660、Q436120。

例 8：扩口式弯通接头体、主要尺寸参数（适用管子外径）为 6 mm 的产品编号为 Q653B06。

例 9：扩口式直通接头体、适用管子外径为 6 mm 的产品编号为 Q655C06。

655 为分配给该品种的品种代号，此后产品标准曾进行修订，发生两次影响互换性的变更，品种代号由 655 变更为 655B，又变更为目前的 655C。

例 10：方头锥形螺塞、主要尺寸参数（螺纹规格）为 NPT1/4、表面处理为镀锌彩虹色钝化的产品编号为 Q614B02。

02 为螺纹规格代号，规格代号按 1/4 in 折合为 1/8 in 的 2 倍，于左边加“0”补足两位。

例 11：品种、表面处理同例 10、螺纹规格为 NPT1½的产品编号为 Q614B14。

14 为螺纹规格代号，首位为螺纹规格中的整英寸数，末尾为螺纹规格中不足 1 in 部分，折合为 1/8 in 的 4 倍。

(2) 有两个主要尺寸参数的产品

例 1：六角头螺栓、螺纹规格为 M6、杆长为 50 mm、性能等级为 8.8 级、表面处理为镀锌彩虹色钝化的产品编号为 Q150B0650。

150 为分配给该品种的品种代号。B 为该品种一次有影响互换性的变更。8.8 级和镀锌彩虹色钝化为该品种的基本要求，已省略。

例 2：品种、性能等级、表面处理同例 1，螺纹规格为 M4，杆长为 8 mm 的产品编号为 Q150B048。

例 3：品种、螺纹规格、杆长同例 1，性能等级为 10.9 级、表面处理为非电解锌片涂层（银灰色）的产品编号为 Q150B0650TF61。

T 是机械性能为 10.9 级的代号。F61 为非电解锌片涂层（银灰色）表面处理的代号。

例 4：品种、规格、性能等级、表面处理同例 3，指定杆部制成全螺纹的产品编号为 Q150B0650TF61Q。

Q 为该产品派生的全螺纹分型代号。

例 5：品种、规格、性能等级、表面处理同例 1，在螺纹杆部预涂"S"级锁固胶的产品编号为 Q150B0650S。

S 为该产品派生的"S"级锁固胶分型代号。

例 6：十字槽盘头自攻螺钉、螺纹规格为 ST3.5、杆长为 10 mm、C 型末端的产品编号为 Q2713510。

例 7：品种、螺纹规格、末端形式同例 6，杆长为 25 mm 的产品编号为 Q2713525。

例 8：塑料用内六角花形盘头自攻螺钉、螺纹规格为 NST3.5、杆长为 10 mm、C 型末端的产品编号为 Q2A23510。

2A2 为分配给该品种的品种代号，A 为汽车标准件产品螺钉大类中塑料用螺钉的分组。

例 9：内六角花形盘头自攻螺钉、螺纹规格为 ST3.5、杆长为 10 mm、C 型末端的产品编号为 Q27A3510。

27A 为分配给该品种的品种代号，A 为汽车标准件产品螺钉大类的自攻螺钉分组中该品种的序号。

(3) 有三个主要尺寸参数和不宜以主要尺寸参数直接表示产品规格的产品

例 1：A 型簧片螺母、适用于自攻螺钉螺纹规格为 ST4.8、螺母卡入宽度规格为 20 mm、适用板厚为 0.8～1.5 mm 的产品编号为 Q39748201。

48、20 分别表示螺纹规格及其卡入宽度。适用板厚不便直接表示，给定序号为"1"。

例 2：销轴、公称直径为 8 mm、杆长为 30 mm、孔距为 26 mm 的产品编号为 Q510083026。

直径和杆长确定后，可在一定范围内根据使用要求自由选择孔距。

(4) 多个主要尺寸参数在规格代号中的排序

例：轴肩式双头螺柱、旋入螺母端螺纹规格为 M6、杆长为 20 mm，旋入机体端螺纹规格为 M8、杆长为 50 mm，机械性能等级为 8.8 级、镀锌彩虹色钝化的产品编号为 Q1300620850。

螺母端尺寸是产品选用时主要考虑的参数，其次是机体端。

四、进口汽车配件编号规则

1. 大众汽车配件编号规则

在德国大众系列中，汽车配件通过阿拉伯数字和英文字母的组合，形成一套简明、完整、精确、科学的配件号系统。每一件配件都对应一个配件号码（图 3—1—5）。

(L)	X X X	X X X	X X X	X X	X X X
①	②	③ ④	⑤	⑥	⑦

图 3—1—5 大众系列汽车配件的编号

①为国产配件标记。当在目录中的配件号前有“L”标记时，表示它是国产配件；另外在配件号下有“LOG”标记，也表示它是国产配件。对于这些配件，在订货时应在该位置上标明“L”(图 3－1－5)。

②为车型号，表示汽车的车型、发动机或变速器的型号。

③为主组号，表示该零件所属的主组（主总成)。

④为子组号，表示该零件所属的子组（子总成)。

⑤为零件号。

⑥为更改标记。当零件改进后，这两位代码用字母或数字表示。

⑦为颜色、尺寸代码。不同的代码代表不同的颜色或尺寸变更。

2. 丰田汽车配件编号规则

丰田—大发系列汽车配件的编号由 13 位数字或字母构成（图 3—1—6)。这 13 位数字或字母分为三组。

○○○○○	—	○□□○○	—	○○○
①		②		③

图 3—1—6 丰田—大发系列汽车配件的编号

○—数字编码 □—字母或数字编码

①为基础号码，表示配件名称。

②为设计号码，表示每个配件适用的车型、规格尺寸及设计改进顺序。

③为颜色号码，当某一配件需进行颜色区别时，在此用数字表示其颜色。

任务实施

训练：企业名称代号的认知。

在表 3—1—8 中填写相应的企业名称代号。

表 3—1—8　企业名称代号的认知

企业标志示例	企业名称代号
中国一汽 天津一汽	1. 中国第一汽车集团公司________。 2. 天津一汽夏利汽车股份有限公司________。 3. 北京现代汽车有限公司________。 4. 一汽大众汽车有限公司________。 5. 上海通用汽车有限公司________。 6. 上海大众汽车有限公司________。

任务 2　汽车配件检索

学习目标

1. 掌握常用汽车配件检索工具的使用方法。
2. 能利用零件编码、名称、型号等信息迅速查询客户所需要的各种汽车配件。

任务描述

在汽车维修店或 4S 店的维修工作中，通常需要更换新的零配件。维修人员到配件部领取配件时，仓管人员通过汽车配件的检索获得所需配件的编号。本任务要求能在配件目录书上按查询步骤查找相关的零配件，并进行配件编号。

相关知识

配件检索是通过检索工具获得配件编号，由配件编号查询相关信息的过程，主要包括两方面的内容，一方面是查询并确认客户所需配件的零件编号、零件名称、型号等信息；另一方面是查询该配件的库存数量、价格、仓位等信息。

一、汽车配件检索工具简介

汽车配件的检索是通过查阅电子配件目录来确认配件编号的。汽车配件检索工具一般有配件手册、电子配件目录（CD 光盘）等形式，只是载体的形式不同，但内容是基本一致的。

1. 配件手册

配件手册（图 3—2—1）是汽车制造厂根据每种车型编制的一本手册，内容包括该车型所有配件的名称、零件编号、单车用量及代用零件编号等详细信息，并附有多种检索方法，如按配件名称、配件编号、总成分类及配件图形索引（爆炸图）等信息进行检索。配件手册使用方便，但体积大，需要较大的存放空间。

图 3—2—1　配件手册

2. 电子配件目录

计算机光盘容量很大，一张光盘可以容纳多个车型甚至一家公司全部车型的配件手册内容。光盘系统查询方式灵活多样，非常方便。随着汽车修理、汽车配件企业计算机管理的普及，光盘应用越来越广泛。光盘存储形式的电子配件目录（图 3—2—2）具有信息承载量大、查询简单、更新方便、成本低等特点，因此，在配件经销领域得到了广泛应用。

目前，汽车配件检索主要是配件手册与光盘并存使用，但未来光盘的应用会越来越广泛。

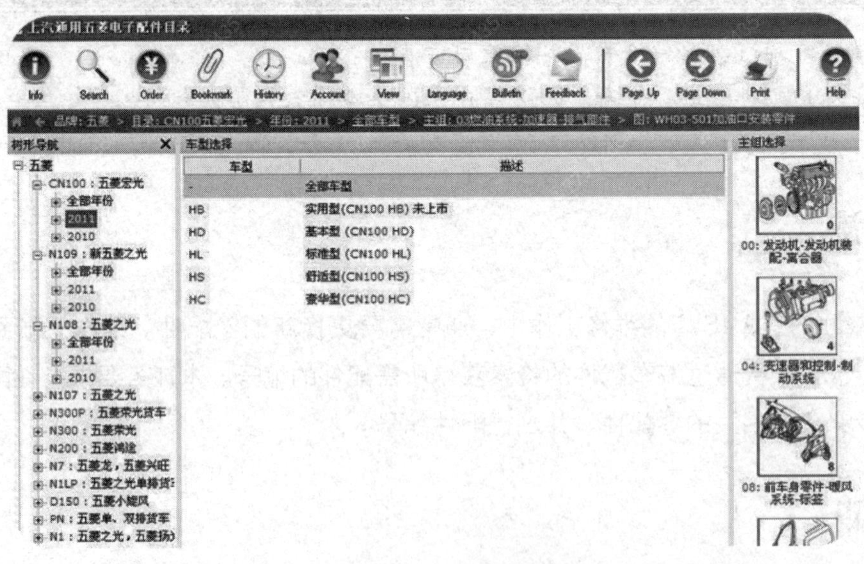

图 3—2—2　电子配件目录

二、配件手册的查询方法

配件手册是各汽车制造厂家根据本厂的配件技术文件编写的。一般来说，在手册的前面都附有使用说明，在查阅之前一定要仔细阅读。

汽车配件手册中所列出的零配件按汽车的构成分成几个主总成（主组），每一个主总成又分成若干个半总成（子组）。在主总成和半总成中，大部分的零配件均按它们设计结构上的相互从属关系列序和编号，结构图也是从这个意图出发来安排的。

在汽车配件手册中，一般每一个总成都有拆解图示，并标明该总成中各组成零件的序号（标号），在对应表格中给出标号配件的名称、编号、每车用量等。

如果只知道零件名称而不知道零件编号，是无法订货的，应在配件手册中查找零件编号。查找方法是：首先查阅零件主组索引及目录，然后再按目录所示页码查阅子组列表目录，即可查阅到已知零件子组图页号码，再由图页号码查阅零配件列表目录，即可查阅到该零件的号码及部位。

例如，在捷达轿车配件手册中查找燃油泵的零件编号时，首先从主组索引上查阅到燃油泵的零件主组号为 1（发动机组），然后在主组 1 发动机上找到燃油泵的子组号为 27，并查阅到其子组图页号码为 024—00。按照该零件子组图页号码，查阅零配件列表目录，即可查阅到该零件编号为 026127025A。查阅配件手册举例见表 3—2—1。

表 3—2—1　　查阅配件手册举例

主组插图	1 发动机 零件号	名称	备注	件数	代码
		燃油泵	1.6 L		
		燃油储备容器			ABX，ACR
10	026127025A	燃油泵		1	
10	026127025	燃油泵		1	
11	035127301C	中间法兰盘		1	
12	049127311A	密封环		1	
13	N0122263	弹簧垫圈	A8×15×0.5	2	
13	N014726	内六角头圆柱螺栓	M8×30	2	
15	026127177B	气泡分离器		1	ABX
(15)	049127177C	气泡分离器		1	ACR
—	026127411A	固定架		2	ACR
—	N0139665	扁圆头自攻螺钉	B4.5×9.5	2	ACR
—	N90099601	5 m 成卷软管	5.5×3		
18		订购单位 5			
19		缩短到×× mm	480 mm	1	
20		缩短到×× mm	250 mm	1	
21	N0245281	缩短到×× mm	80 mm	1	
		卡箍	LC8—12	×	

注：“代码”栏中，“ABX”和“ACR”等字样是捷达轿车所装备的不同发动机的代码。

三、电子配件目录的查询方法

各大厂商开发了相应的配件服务系统，其结构和功能之间有一定的差异，但实际内容是一致的，它们都包含了所有车辆配件的相关信息。另外，第三方的数据公司也提供了大量的汽车配件电子目录。

宝马汽车电子配件目录查询系统主界面如图 3—2—3 所示，检索界面如图 3—2—4 所示。使用电子配件目录查询系统后，就可以通过计算机方便、准确地查询到所需的配件。许多查询系统还以装配图、立体图等多种方式显示出来，使配件的查询更加具体和直观。图 3—2—5 所示为宝马汽车配件装配图检索界面。

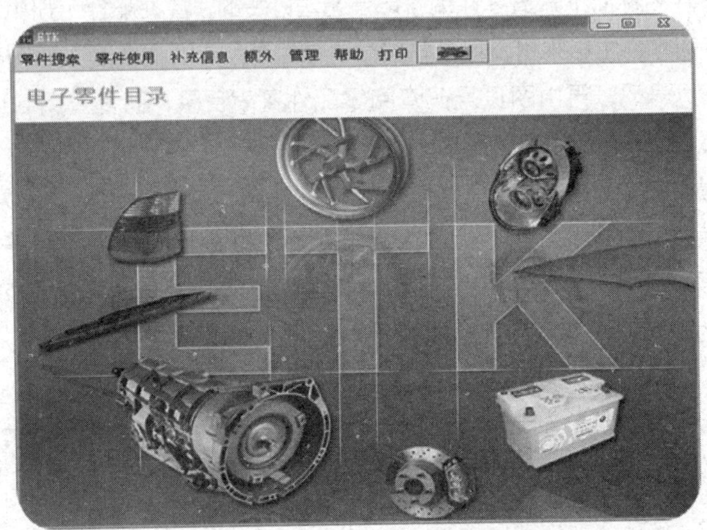

图 3—2—3 宝马汽车电子配件目录查询系统主界面

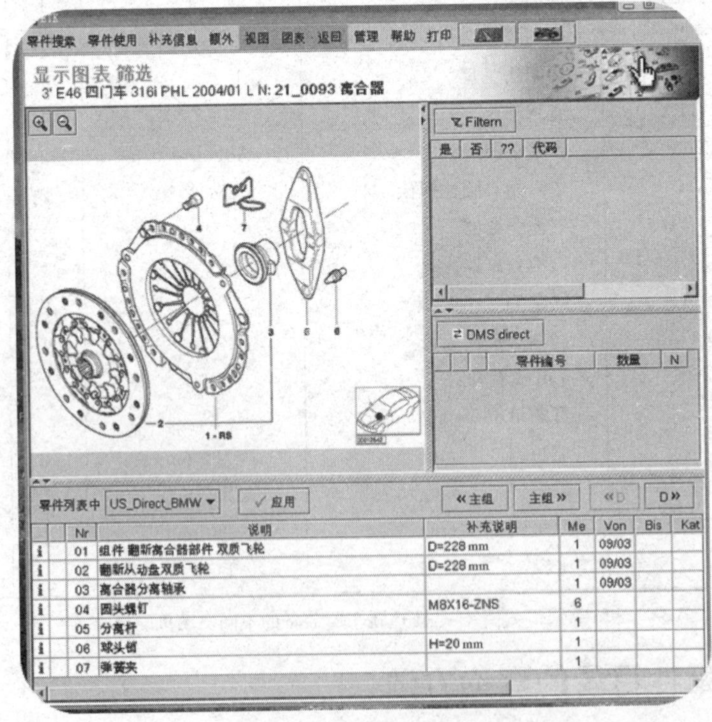

图 3—2—4 宝马汽车电子配件目录检索界面

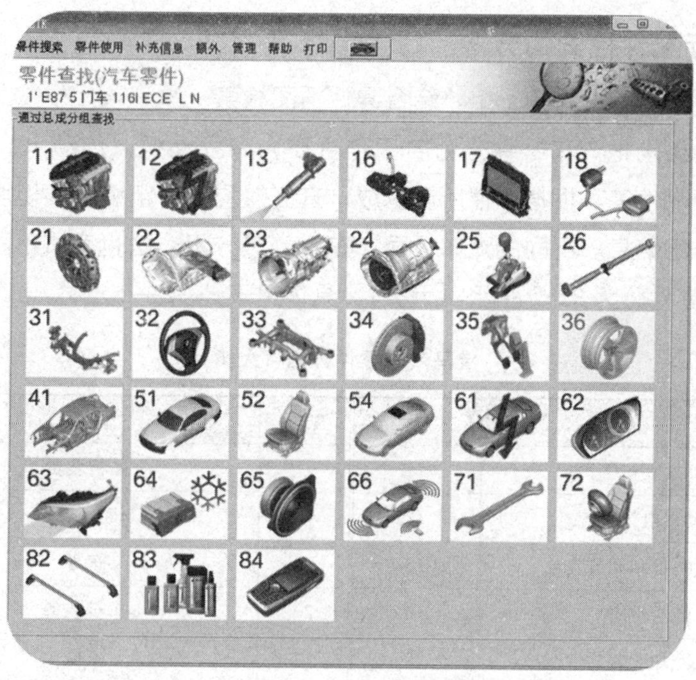

图 3—2—5　宝马汽车配件装配图检索界面

电子配件目录的查询方法如下：

1. 确定车辆身份（年份、厂家、车型系列）

选定需检索配件对应车型的年份、厂家、车身形式、系列等信息后即可进入配件目录。如果无法确定年份、厂家、车型等信息，用户可以利用车辆所带的 VIN 码通过系统的解码功能获得。图 3—2—6 所示为车辆身份识别系统主界面。

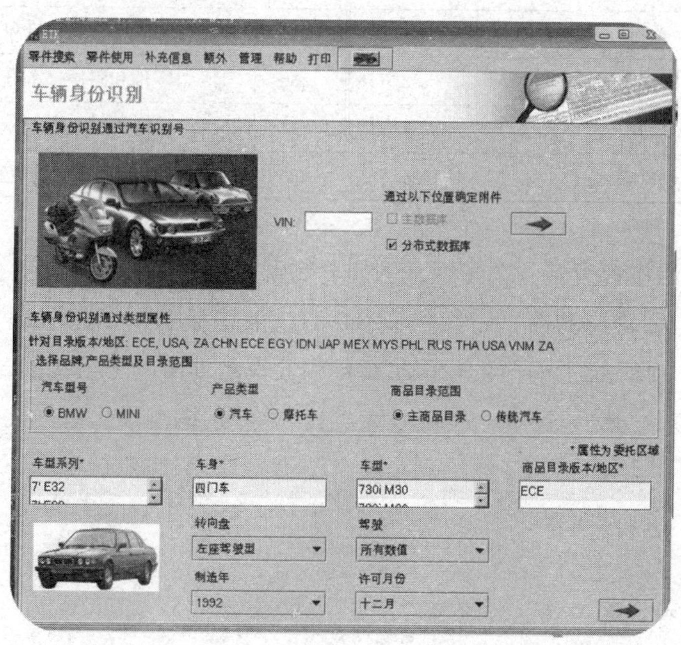

图 3—2—6　车辆身份识别系统主界面

2. 具体进行配件检索的方法

(1) 根据零件所属的主组和子组，结合零件插图检索

按汽车总成的类别把汽车零件分为若干个主组，如发动机、传动系、电气设备、转向系、制动系、车身附件等。根据零件所属总成，查出对应的子组编号或模块编号，再根据编号查出该零件的详细信息。不同的汽车公司、车系，其分组方法也有所不同。例如：

1) 宝马汽车零件分为32个主组（大类），具体见表3—2—2。

表3—2—2　宝马汽车零件分组（大类）

序号	名称	主组代码	序号	名称	主组代码
1	发动机	11	17	踏板装置	35
2	发动机电气系统	12	18	车轮及轮胎	36
3	混合气制备和调节装置	13	19	车身	41
4	燃油供应	16	20	车身装备	51
5	冷却装置	17	21	座椅	52
6	排气装置	18	22	活动天窗及折叠式软顶	54
7	离合器	21	23	一般车辆电气系统	61
8	发动机和变速箱悬挂装置	22	24	仪表	62
9	手动变速箱	23	25	车灯	63
10	自动变速箱	24	26	空调	64
11	换挡机构	25	27	音频、导航、信息系统	65
12	传动轴	26	28	车距控制系统、定速控制系统	66
13	前桥	31	29	零件和附件（发动机和底盘）	71
14	转向系	32	30	零件和附件（车身）	72
15	后桥	33	31	特殊附件	82
16	制动系	34	32	辅料和消耗材料、颜色系统	83

在以上每个主组中都有若干个子组，例如，制动主组中有6个子组，分别是前轮制动器（子组代码3405)、后轮制动器（子组代码3410)、液压装置（子组代码3415)、控制系统（子组代码3420)、制动主缸（子组代码3425）和驻车制动器（子组代码3430)。

2) 捷达轿车零件分为以下9个主组（大类)，并分别编制了代码（代码略)。

①发动机。

②燃油、排气、冷却装置。

③变速器。

④前轴、自动变速器、转向操纵装置。

⑤后轴。

⑥车轮制动器。

⑦手操纵和脚踏板杠杆装置。

⑧车身。

⑨电气设备。

3）本田汽车零件分为以下12个主组（大类），并分别编制了代码（代码略）。

①发动机。

②燃油系统。

③排气系统。

④冷却系统。

⑤发动机电器。

⑥车身电器。

⑦传动系。

⑧车桥。

⑨悬架。

⑩制动系。

⑪转向系。

⑫车身及其他。

4）中华轿车零件分为以下12个主组（大类），并分别编制了代码（代码略）。

①发动机及其附件。

②离合器变速器。

③前、后桥。

④前、后悬架。

⑤制动系。

⑥转向系。

⑦车身。

⑧车外件。

⑨车内件。

⑩座椅与安全带。

⑪底盘电器。

⑫空调。

因此，汽车主组（总成）分类索引适用于对汽车零部件结构较熟悉的专业人员使用，知道某一个零件属于哪个总成部分，才能够快速查询和确认客户所需要的配件。

（2）按汽车配件名称（字母顺序）检索

在进口汽车配件手册中均附有按零件名称（字母顺序）编排的索引，如果知道所需零件的英文名称，即使缺乏专业知识的人员，采用此种方法也能较快地查找到该零件的有关信息。

(3) 按零件图形（图号）检索

把汽车整车分解成若干个模块，采用图表相结合的方式，用爆炸图（即立体装配关系展开图）能直观、清楚地显示出各个零件的形状、安装位置及其装配关系，并在对应的图表中列出零件名称、零件编号、单车用量等详细信息。图 3—2—7 所示为按图形检索的界面。按图形（图号）索引查询的特点是：能直观、准确、方便、迅速地确定所需的配件。查询的顺序如下：

1) 图形索引。

2) 图号索引，查找某零件对应图号及页码。

3) 放大图。

4) 对应零件详细信息表。

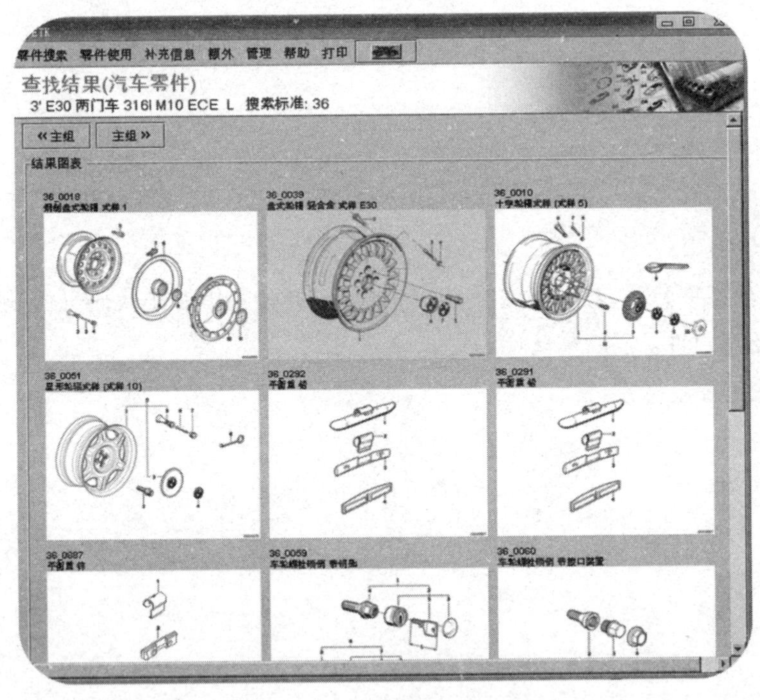

图 3—2—7 按图形检索的界面

(4) 按汽车零件编号检索

一般汽车零件上均有该零件的编号，如果所需配件编号已知，则采用本方法能准确、迅速地查询到该零件的有关信息。一个零件的名称可能因翻译、方言等名称不同，但零件编号是唯一的。零件编号索引是根据零件编号大小顺序排列的，根据已知的零件编号，可以查出该零件的地址编码或所在页码，然后查询其详细信息。零件编号索引查询的顺序依次为：确定车型→输入零件编号→零件具体信息。图 3—2—8 所示为宝马汽车配件查询软件中按汽车配件编号检索的界面。该界面体现的是已知车辆的型号是“3′E30 两门车 316i M10 ECE L”，欲检索某配件，将相应的配件编号输入到指定位置即可。

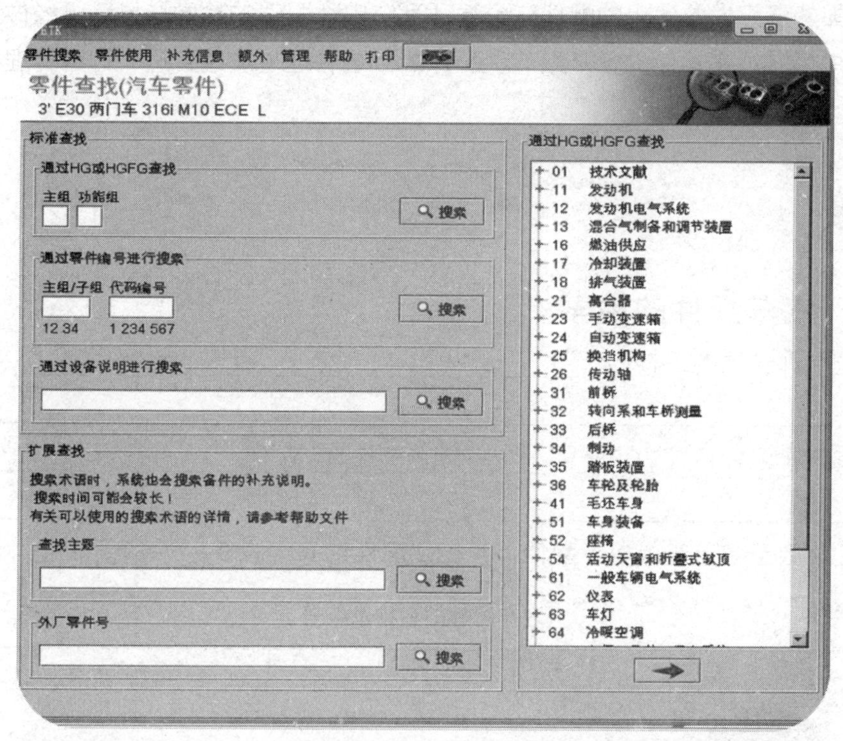

图 3—2—8　按汽车配件编号检索的界面

3. 其他检索功能

许多汽车配件电子查询软件除可以查询配件外，还提供了许多其他功能。

例如，在宝马汽车电子配件目录查询系统的界面上，显示系统具有“零件搜索”“零件使用”“补充信息”“额外”和“管理”等功能。各功能的下拉菜单中又可提供若干子功能，如“补充信息”的下拉菜单中又提供了“零件信息”“说明”“零件替换”“最初库存”“标准零件”和“技术文档”等信息查询功能（图 3—2—9）。

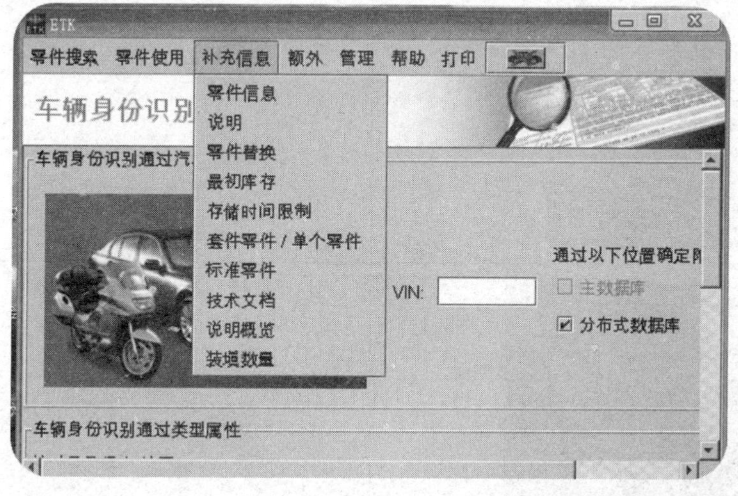

图 3—2—9　配件查询系统的其他功能

目前，国外已开发并使用的配件综合管理系统中，配件的检索与显示已经做到了三维立体视图，用户可以观察零件的各个细节，配件的目录管理与流通管理、订购管理相结合，功能十分强大。

任务实施

训练：汽车配件的检索。

1. 汽车配件检索的工具：____。

2. 查询电子配件目录的步骤：____。

3. 在配件目录书上查找以下配件，并标注配件编号（表 3—2—3）。

表 3—2—3　　汽车配件的名称及编号

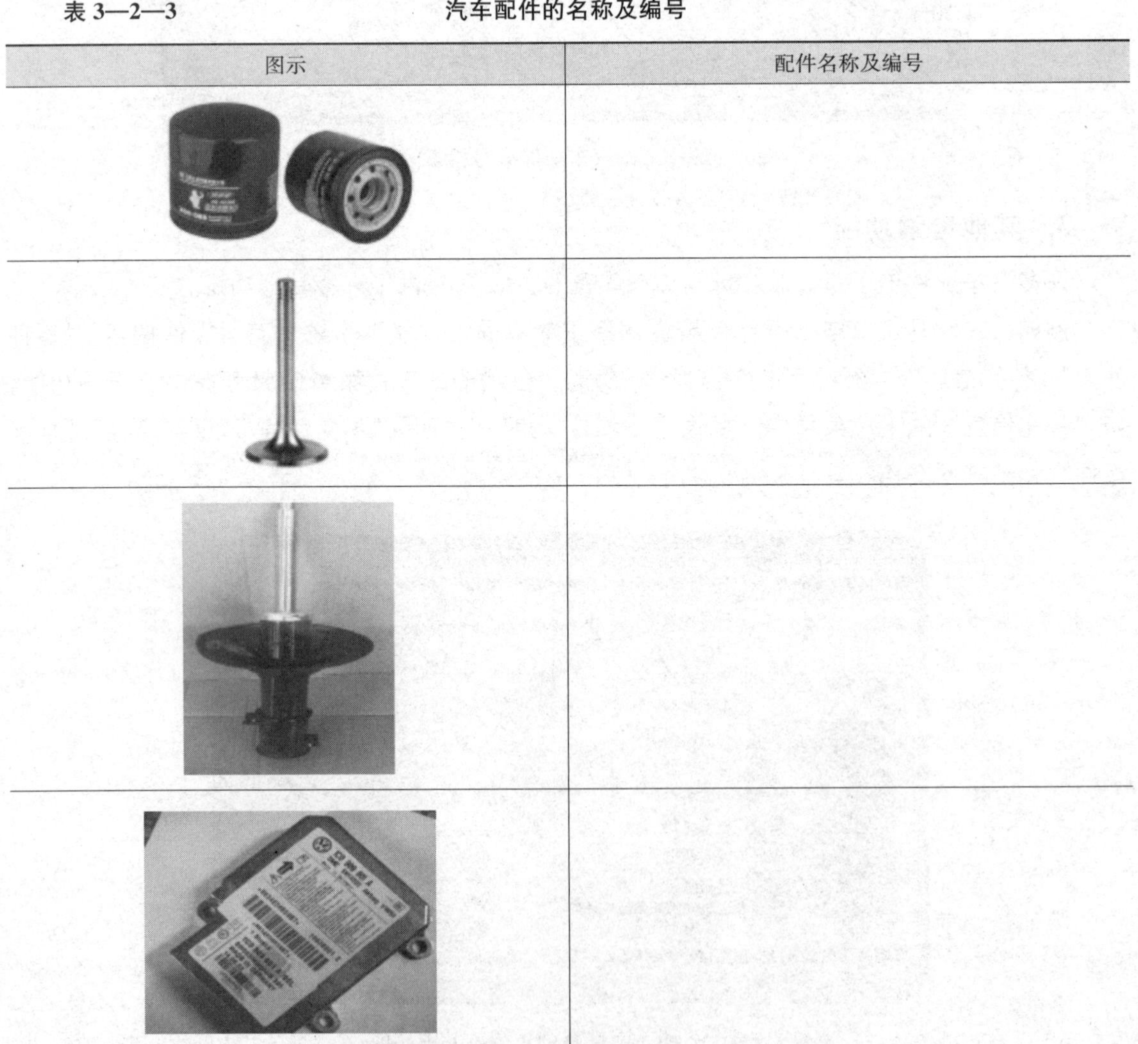

图示	配件名称及编号

项目四　汽车常用材料的认知

任务 1　燃料的认知

学习目标

1. 熟悉汽车燃料的使用性能及评价指标。
2. 掌握车用燃料的牌号和国家标准。
3. 能正确选择和使用汽车燃料。

任务描述

发动机是汽车的动力装置，汽油、柴油、液化石油气和压缩天然气等是汽车的主要燃料。汽车燃料的使用性能及评价指标有哪些？车用燃料的牌号和国家标准有哪些？应该如何正确选择和使用汽车燃料？这都涉及燃料的认知。本任务要求正确选择与使用汽油、柴油。图 4—1—1 所示为加油站和加气站。

图 4—1—1　加油站和加气站

相关知识

燃料通常是指能够将自身存储的化学能通过化学反应（燃烧）转变为热能的物质。汽油、柴油是目前汽车上使用的主要燃料，液化石油气、压缩天然气等是目前正在研发的替用燃料。

一、汽油

汽油（图 4—1—2）是汽车使用最多的燃料，被点燃式内燃机采用。汽油燃烧效果的好坏取决于它的几个重要性质。

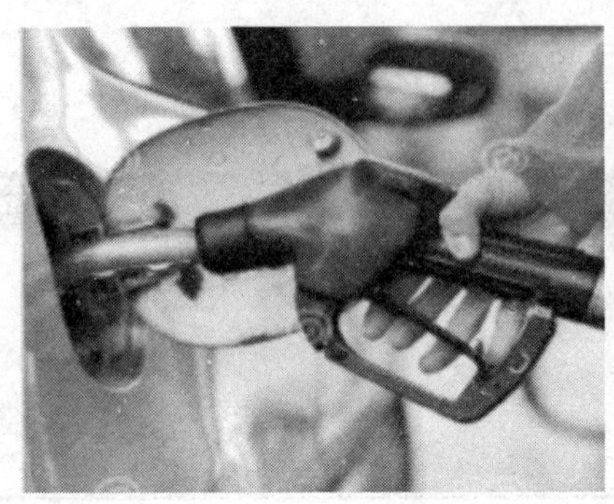

图 4—1—2　汽油

1. 汽油的性质

汽油的重要性质有抗爆性（辛烷值)、蒸发性、热值、含铅量。

（1）抗爆性（辛烷值）

辛烷值是代表汽油抗爆（爆燃）性的一个数值。辛烷值越高，抗爆性越好。这里所说的爆燃是发动机的一种不正常燃烧现象，它是指在混合气被点燃后的传播过程中，位于火焰上部未燃烧的混合气出现自燃现象，从而导致压力波的冲击，产生噪声并消耗有效能量的不正常燃烧。

爆燃的产生是受多种因素（如高温、高压、辛烷值的高低等）影响的，其中辛烷值最为重要，辛烷值越低，就越易出现爆燃。因此，根据汽油的特点将汽油机的压缩比定为 6～10。

（2）蒸发性

汽油的蒸发性是指汽油由液体状态转化为气体状态的性能。蒸发性越好，汽油越易汽化，越有利于冷启动，但在气温高时也越易产生“气阻”。气阻是指汽油在油管内汽化，汽油蒸汽将油路填满，使供油中断，导致发动机无法正常工作的现象。

蒸发性是用汽油馏出温度（10%、50%、90%）来评价的，馏出温度越低，蒸发性越好。在使用中应根据地区和季节选择不同蒸发性的汽油。

（3）热值

热值是指单位量汽油完全燃烧后产生的热量值。选用不同热值的汽油，汽车的行驶里程也有差异，其变化范围可能达到 4%～8%。

（4）含铅量

汽油本身含铅量较低。无铅汽油是指含铅量低于 0.013 g/L 的汽油。但为了提高其抗爆性，在有些汽油中添加抗爆剂（一般是用四乙基铅作为抗爆剂)，所以添加抗爆剂的汽油中含有铅的成分。

随着我国对环保的要求越来越高，对汽车减排防污也提出了更高的要求，目前我国城市汽车已禁止使用含铅汽油。

2. 汽油的牌号和规格

汽油是应用于点燃式发动机（即汽油发动机）的专用燃料。汽油的外观一般为水白色透明液体，有特殊的气味。汽油按用途分为航空汽油与车用汽油，在加油站销售的汽油一般为车用汽油。汽油产品目前执行的国家标准为 GB 17930—2016《车用汽油》，该标准中汽油的牌号分为 89 号、92 号和 95 号。汽油的牌号是按所含辛烷值确定的，辛烷值的测定方法分研究法（ROM）和马达法（MON）两种。

选择合适的汽油牌号，要使汽油的标号与发动机的压缩比相匹配，若高压缩比的发动机选用低标号的汽油，汽油发动机容易产生爆震，发动机长时间爆震容易造成活塞烧结、活塞环断裂等故障，从而加速发动机部件的损坏；若低压缩比的发动机选用高标号的汽油，虽能避免发动机爆震，但高标号汽油配低压缩比的发动机会改变点火时间，造成气缸内积炭增加，长期使用会缩短发动机的使用寿命。

3. 汽油的选择与使用

汽油的选择原则如下：

（1）根据汽车生产厂家的规定选用汽油。

（2）根据发动机压缩比选用汽油。

（3）对引进汽车选用汽油时要特别慎重，供油部分最好不要进行调整。

（4）根据汽车使用条件选用汽油。

在选用汽油标号时，还要考虑发动机的使用条件、海拔高度、大气压力等因素。对于经常处于大负荷、大转矩、低转速状况下使用的汽油机，如拖挂运行的汽车（容易产生爆震），应选用较高辛烷值的汽油（指与在正常使用条件下的汽车相比）；高原地区由于大气压力小，空气稀薄，汽油机工作时爆震倾向减小，可适当降低汽油的标号。经验表明，海拔每上升 100 m，汽油辛烷值可降低约 0.1 个单位。

车用汽油的选用主要应根据汽车使用说明书的要求，以正常运行条件下不发生爆燃为原则，选用适当牌号的汽油。

4. 汽油的使用注意事项

（1）在高原或高温下应注意散热和隔热，有条件时可换用饱和气压较低的汽油（蒸发性稍差些），以免发生气阻。

（2）不要将加铅汽油用作清洗剂，以防止铅中毒。

（3）不要用橡胶、油漆溶剂油和工业汽油（洗油）代替车用汽油，因为这些油的牌号不是按辛烷值划分的。

（4）汽油中不应掺入煤油和柴油，煤油和柴油的蒸发性较差，加入后会使汽油品质变差。

（5）汽油易燃、易爆和易产生静电，并且长期保存易变质，因此，一定要用科学的方法管理。

(6) 清除发动机内的积炭，以防止“爆震”或“早燃”。

二、柴油

柴油（图4—1—3）是压燃式内燃机的燃料（在达到一定压力时才着火），分为轻柴油和重柴油两种。轻柴油适用于高速柴油机，汽车和拖拉机用的柴油发动机都属于高速发动机，所以都使用轻柴油。

根据柴油的特点将柴油机的压缩比定为16～22。

柴油燃烧效果的好坏也取决于柴油的几个重要性质。

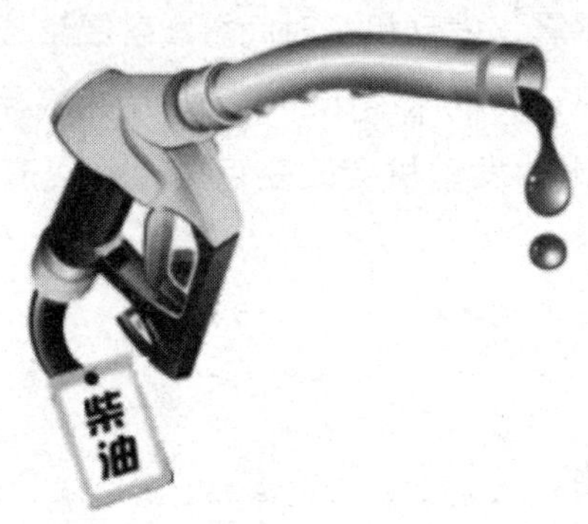

图4—1—3 柴油

1. 柴油的性质

柴油的重要性质有发火性、低温流动性和黏度。

(1) 发火性

柴油的发火性是由它的十六烷值确定的。

十六烷值反映了柴油易于着火的程度。十六烷值高则易于着火，在低温下燃烧良好；十六烷值低则相反。柴油的十六烷值为35～65，一般车用柴油的十六烷值为45～50。

十六烷值与辛烷值都是发火性能的一个约定数值，二者不同的是：辛烷值反映汽油燃烧过程中的抗爆能力；十六烷值表示柴油易于着火的程度。

(2) 低温流动性

柴油的低温流动性是用凝点作为评价指标的。凝点是指规定条件下柴油失去流动能力时的温度。

我国的柴油是按凝点划分牌号的。

(3) 黏度

黏度反映液体流动的能力。黏度值越大，流动性越差，反之流动性越好。

黏度越低，流动性越好，越易于雾化，但会使燃油泄漏量增加，加剧部分零件的磨损；黏度越高，润滑性能越好，但流动阻力会增加，雾化变差，不易燃烧。由此可见，要产生较好的使用效果，黏度值应适当。

2. 柴油的牌号和规格

柴油按品质分为优级、一级和合格品三个等级，每个等级的柴油按凝点分为 10、0、－10、－20、－35 和－50 六种牌号。车辆应按季节和气温的变化选用不同牌号的柴油。

3. 柴油的选择与使用

柴油应根据当地、当月的风险率为 10％的最低气温进行选择，柴油的牌号和适用条件见表 4—1—1，选用时可以此为参考。

表 4—1—1　　柴油的牌号和适用条件

柴油的牌号	适用条件
10 号	适合于有预热设备的高速柴油机常年使用
0 号	适合于 4℃以上的地区使用
－10 号	适合于－5℃以上的地区使用
－20 号	适合于－14～－5℃的地区使用
－35 号	适合于－29～－14℃的地区使用
－50 号	适合于－44～－29℃的地区使用

在使用柴油时不同牌号的油可掺兑，这样可以改变其凝点，如 0 号柴油按比例掺入一些低凝点柴油，便可使其能在－10～－5℃条件下使用；也可在柴油中加入裂化煤油，如在 0 号柴油中掺入 40％的裂化煤油，可获得－10 号的柴油。

与汽油的使用条件相同的是，在柴油中同样不能加入汽油，加入后会破坏柴油的品质。

任务实施

训练 1：汽油的选择与使用。

将表 4—1—2 中汽油的加注与牌号选择相关内容补充完整。

表 4—1—2　　汽油的加注与牌号选择

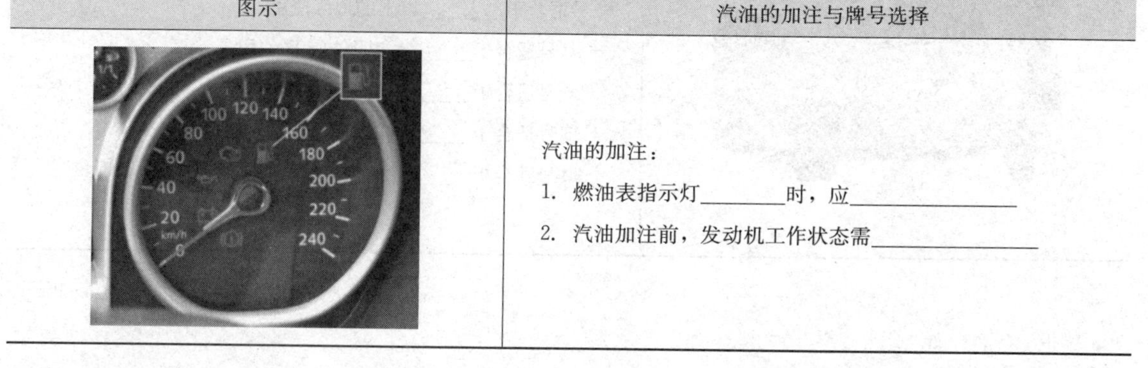

图示	汽油的加注与牌号选择
	汽油的加注： 1. 燃油表指示灯________时，应______________ 2. 汽油加注前，发动机工作状态需______________

续表

图示	汽油的加注与牌号选择
	汽油牌号的选择： 1. 根据汽车的________，选择________的汽油牌号 2. 若________的发动机选用低标号的汽油，汽油发动机容易产生________，发动机长时间________容易造成活塞________、活塞环________等故障，加速________部件的损坏 3. 若________的发动机选用高标号的汽油，虽能避免发动机________，但高标号汽油配低压缩比的发动机会改变点火时间，造成气缸内__________，长期使用会缩短发动机的使用寿命

训练 2：柴油的选择与使用。

将表 4—1—3 中柴油的加注与牌号选择相关内容补充完整。

表 4—1—3　　　　柴油的加注与牌号选择

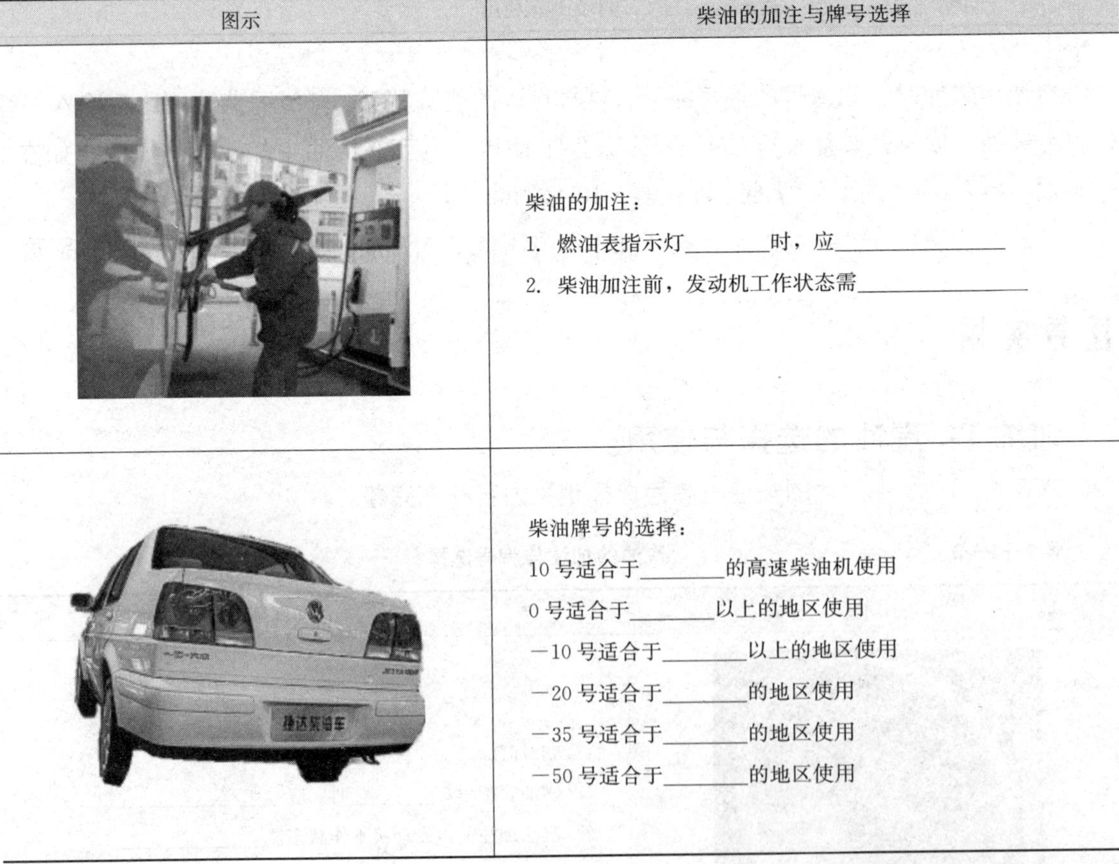

图示	柴油的加注与牌号选择
	柴油的加注： 1. 燃油表指示灯________时，应________________ 2. 柴油加注前，发动机工作状态需________________
	柴油牌号的选择： 10 号适合于________的高速柴油机使用 0 号适合于________以上的地区使用 −10 号适合于________以上的地区使用 −20 号适合于________的地区使用 −35 号适合于________的地区使用 −50 号适合于________的地区使用

任务 2　润滑材料的认知

学习目标

1. 熟悉润滑材料的使用性能及评价指标。
2. 掌握车用润滑材料的牌号和国家标准。
3. 能正确选择和使用汽车润滑材料。

任务描述

机油、齿轮油和润滑脂是汽车的重要润滑材料，定期检查和更换润滑材料是确保汽车正常使用的必要工作。本任务要求了解润滑材料的特性及选择和使用润滑材料。

相关知识

一、发动机润滑油

发动机润滑油（图 4—2—1）通常称为机油。在发动机工作过程中机油的作用非常重要，它在各运动摩擦机件的表面形成润滑油膜，减小阻力和磨损，同时还起到清洗机件表面杂质，防止腐蚀，协助冷却系降温，提高气缸密封性及减缓冲击等作用。发动机的结构及工作条件不同，对机油的使用要求也不同。

图 4—2—1　发动机润滑油

1. 机油的分类和牌号

国家标准 GB/T 28772—2012《内燃机油分类》规定了汽车用及其他固定式内燃机润滑油（汽油机油和柴油机油）的详细分类。内燃机油按特性和使用场合分为汽油机油（如 SC、SD、SE、SF、SG 和 SH 等）和柴油机油（如 CC、CD、CD—II、CE、CF—4 等）。

国家标准 GB/T 14906—1994《内燃机油黏度分类》将黏度等级分为 0 W、5 W、10 W、15 W、20 W、25 W、20、30、40、50 和 60。

SC 汽油机油按黏度分为 5 W/20、10 W/30、15 W/40、30 和 40 等牌号。

SD 汽油机油按黏度分为 5 W/30、10 W/30、15 W/40、30 和 40 等牌号。

SF 汽油机油按黏度分为 5 W/30、10 W/30、15 W/40、20 W/20、30 和 40 等牌号。

CC 柴油机油按黏度分为 5 W/30、5 W/40、10 W/40、15 W/40、20 W/40、30、40 和 50 等牌号。

CD 柴油机油按黏度分为 5 W/30、10 W/30、10 W/40、15 W/40、20 W/40、30 和 40 等牌号。

机油牌号中，在数字后面带字母“W”的，表示低温系列（W 表示冬用），数字代表黏度等级；不带字母的数字代表普通系列。牌号中 15W/30 这种形式称为多级油，表示这种机油黏度特性良好，可四季通用。

2. 机油的选择

机油的选择包括两个方面：一个是使用级的选择，另一个是黏度级的选择。使用级是首选内容，选择时主要考虑发动机机型。气缸的有效压力越高，发动机的转速越高，对内燃机油要求的使用级也越高。

柴油机油的使用级主要根据柴油机的强化程度来选择。选择柴油机油要严格遵照汽车使用说明书的要求。

在每个使用级中有若干个黏度级，黏度级的选择主要考虑环境温度，如北京地区汽油车普遍使用 15W/40 号油。

3. 机油的使用注意事项

（1）在能保证润滑的条件下，要尽量选取黏度低的机油。只有在机器磨损严重时，才应选择高黏度的机油。

（2）使用级较高的机油可以用于要求较低的发动机上，反之则不允许。

（3）汽油机油和柴油机油原则上应区别使用，只有制造厂许可时，才可在一定范围内通用。

（4）汽车上不能使用机床或航空用机油。

（5）要按规定的换油周期更换机油，放油时要放净旧机油，同时还要更换机油滤清器的滤芯。

二、齿轮油

齿轮油（图 4—2—2）用在汽车的机械式变速箱、驱动桥齿轮箱、转向机等传动机构中。

图 4—2—2　齿轮油

1. 齿轮油的牌号

近年来，由于进口品牌的齿轮油在国内大量生产并销售，国内市场上出售的齿轮油基本上都使用国际标准的标号，即 SAE 黏度分级标号和 API 质量分级标号。

车辆齿轮油按黏度为 150 Pa・s 时的最高温度和 100℃时的运动黏度分为 70 W、75 W、80 W、85 W、90、140 和 250 七个黏度牌号；按 API 分为普通车辆齿轮油（GL—3）、中负荷车辆齿轮油（GL—4）和重负荷车辆齿轮油（GL—5）3 个品种。

普通车辆齿轮油（GL—3）适用于中速和负荷要求比较苛刻的手动变速器和螺旋锥齿轮驱动桥，按黏度分为 80 W/90、85 W/90 和 90 三个牌号。

中负荷车辆齿轮油（GL—4）适用于低速、高转矩和高速、低转矩下运转的各种齿轮，可分为 80 W/90、85 W/90 和 90 三个牌号。

重负荷车辆齿轮油（GL—5）适用于高速冲击负荷，高速、低转矩和低速、高转矩下工作的各种齿轮，特别是轿车和其他各种车辆的双曲面齿轮。GL—5 型机油有 75 W、80 W/90、85 W/140、90 和 140 等牌号。

2. 齿轮油的选用

齿轮油原则上应按照汽车使用说明书的规定进行选用，也可以按照工作条件选用品种，按气温选择牌号。

使用齿轮油时，不能将使用级较低的齿轮油用于要求较高的车辆上，也不要将使用级较高的齿轮油用在要求较低的车辆上。

三、润滑脂

润滑脂（图 4—2—3）实际上是一种稠化了的润滑油，通常又称为黄甘油，主要用在发电机轴、水泵轴、轮毂轴承、传动轴等部位，使用形式是用注油压力枪加注或直接涂抹。

1. 润滑脂的分类

汽车常用润滑脂品种有钙基润滑脂、钠基润滑脂、锂基润滑脂、极压复合锂基润滑脂和石墨钙基润滑脂等。

图 4—2—3 润滑脂

常用润滑脂的特性和适用范围见表 4—2—1。

表 4—2—1 常用润滑脂的特性和适用范围

品种	特性	适用范围
钙基润滑脂	抗水性好，耐热性差，使用寿命短	使用范围为－10～60℃
钠基润滑脂	耐热性好，抗水性差，有较好的极压抗磨性能	使用温度可达 120℃
钙钠基润滑脂	抗水性、耐热性介于钙基润滑脂和钠基润滑脂之间，有 2 号和 3 号两个稠度牌号	适用于不太潮湿条件下滚动轴承的润滑，如底盘、轮毂等处的轴承
锂基润滑脂	良好的机械安定性、胶体安定性、防锈性、氧化安定性和抗水性，稠度牌号为 2 号	在 30～120℃温度范围内适用于汽车轮毂轴承、水泵、发电机等摩擦部位的润滑，国产和进口车型普遍推荐使用
极压复合锂基润滑脂	有极高的极压抗磨性	在－20～160℃温度范围内适用于高负荷机械设备的齿轮和轴承的润滑，部分国产和进口车型推荐使用
石墨钙基润滑脂	具有良好的抗水性和抗碾压性能	适用于重负荷、低转速和粗糙的机械润滑，可用于汽车钢板弹簧、起重机齿轮转盘、半拖挂货车的转盘等承压部位

2. 润滑脂的选择

选择润滑脂时应根据车辆和机械设备说明书的规定，选用与用脂部位、操作条件相适应的润滑品种和稠度牌号。

(1) 与水直接接触的部位，如水泵轴承、底盘轴承等，不能用钠基等水溶性稠化剂润滑脂，应使用钙钠基润滑脂或锂基润滑脂。

(2) 高转速、恶劣条件下工作的部位，如离合器分离轴承、传动轴中间轴承、传动轴十字轴滚针轴承等，可用黏附性好、稠度低的钙基润滑脂或钙钠基润滑脂。

(3) 高温部位，如变速器输入轴轴承，不能用钙基润滑脂，应使用钠基润滑脂或钙钠基润滑脂。

(4) 轮毂轴承应选用使用寿命较长的锂基润滑脂或二硫化钼锂基润滑脂，以减少轮毂拆装次数，降低维护成本。

(5) 石墨钙基润滑脂适用于钢板弹簧、起重机齿轮转盘、绞车齿轮等重负荷、低转速和粗糙的机械润滑。

3. 润滑脂的使用注意事项

(1) 推荐使用锂基润滑脂。锂基润滑脂滴点高，使用温度范围广，并有良好的低温性、抗磨性、抗水性、抗腐蚀性和热氧化安定性，是目前最常用的一种多效能润滑脂。

(2) 不同种类的润滑脂不能混用，新旧润滑脂也不能混用。即使是同类的润滑脂也不可新旧混用，这是因为旧润滑脂含有大量的有机酸和杂质，会加速新润滑脂的氧化。换润滑脂时，必须将旧润滑脂清洗干净，才能加入新润滑脂。

(3) 用量应适当。更换轮毂轴承润滑脂时，只需要在轴承的滚珠（或滚柱）之间塞满润滑脂，而轮毂内腔采用空毂润滑（即在轮毂内腔仅涂上一层润滑脂，这样易于散热）即可。这样既可降低润滑脂的工作温度，又可节约润滑脂的用量。

任务实施

训练 1：机油的选择。

以小组为单位选取学校汽车实训室的车辆，查阅资料选择合适的机油(表 4—2—2)。

表 4—2—2　　机油的选择

汽车品牌和车型	发动机型号	维修手册推荐的机油规格

训练 2：齿轮油的选择与使用。

1. 齿轮油的更换一般根据车辆的________、________和________由汽车制造厂家推荐或用户自行确定固定的换油周期（时间或里程）。轿车一般行驶________ km 时换油。

2. 齿轮油原则上应按照________的规定进行选用，也可以按照________选用品种，按气温选择牌号。

3. 使用齿轮油时，不能将使用级________的齿轮油用于要求________的车辆上，也不能将使用级________的齿轮油用于要求________的车辆上。

任务3　其他常用油液的认知

学习目标

1. 了解其他常用油液的使用性能。
2. 掌握其他常用油液的牌号和国家标准。
3. 能正确选择和使用其他常用油液。

任务描述

一辆汽车以较快速度行驶，忽然发现前方有紧急情况需要立刻停车，但在踩制动踏板时发现制动失效。幸好车主驾驶经验丰富，头脑冷静，及时减速，只造成轻微追尾（图4—3—1）。经检查，是由于制动液长时间使用，未及时更换所致。因此，能正确选择和使用汽车常用油液非常重要。本任务要求能正确选择和使用制动液、冷却液、自动变速器传动油及各类添加剂、清洗剂等。

图4—3—1　两车追尾

相关知识

一、制动液

制动液（图4—3—2）用于液压制动系统和液压离合器操纵系统的能量传递。制动液的质量直接关系着行车安全。为了保证汽车行驶安全，汽车制动液必须具有适当的黏度、气阻温度、氧化安定性及橡胶溶胀性等。

图4—3—2　制动液

1. 制动液的性能要求

(1) 黏度

制动液必须有合适的高、低温黏度，其高温（100℃）运动黏度不低于1.5 mm^2/s，否则起不到润滑作用，使制动活塞的运动受阻，而且密封性差，容易出现渗漏；而低温

(−40℃)运动黏度不应大于 1 800 mm^2/s，否则在严寒地区使用时，流动性差会影响安全。

(2) 平衡回流沸点和气阻温度

平衡回流沸点是指在一个单位大气压（101.325 kPa）下，60 mL 制动液在容量为 100 mL并装有回流冷凝器的圆底烧瓶中，在规定的回流速度下的沸腾温度（经压力校正）。平衡回流沸点越高，制动液在使用时越安全、可靠。在制动液规格中对平衡回流沸点做了相关规定。气阻温度是指制动液温度升高时蒸发汽化形成气阻，使汽车液压制动系统开始失去制动能力的温度。气阻温度越高，制动液在使用时就越安全、可靠。一般来说，平衡回流沸点高的制动液，其气阻温度也高，使用也比较安全。

(3) 湿平衡回流沸点

当制动液含有（3.5±0.5)%的水时，所测定的平衡回流沸点称为湿平衡回流沸点。这一性能指标是考虑到汽车在使用过程中，制动液不可避免地会渗入一部分水分，含有水分的制动液平衡回流沸点和气阻温度都会降低，从而影响制动液的使用性能。当制动液含有 2.0%的水时，其平衡回流沸点可由 193℃下降到 150℃。因此，制动液在使用和存储时要注意避免吸水。

(4) 氧化安定性和防腐性

为防止制动液对制动系部件产生腐蚀作用，制动液必须使用抗氧剂、防锈剂和多种抗腐蚀添加剂，以有效控制制动液的酸值，提高其抗腐蚀、防锈蚀的能力。而氧化安定性直接关系到制动液的使用寿命，因此，制动液必须在规定条件下进行 70℃、168 h 的氧化试验，以测定制动液的氧化安定性。

(5) 橡胶溶胀性

制动总泵和分泵的橡胶皮碗和密封件如果与制动液产生溶胀，会导致皮碗的形状、尺寸和强度发生变化，从而不能有效密封，甚至出现“翻碗”现象，使液压系统失效。因此，制动液对橡胶皮碗等橡胶部件的侵蚀作用应尽量小。通常要求橡胶皮碗在制动液中分别进行 70℃、120 h 和 120℃、70 h 的橡胶溶胀试验，以测定制动液的橡胶溶胀性。

(6) 溶水性

制动液中存在游离的水时，在低温下可能结冰，高温时会汽化而导致制动故障。所以要求制动液能够把外来的少量水分完全溶解、吸收，并且不因此而分层、产生沉淀或显著改变原来的性质。

2. 制动液的分类、品种和牌号

(1) 国外制动液的规格标准

常用的进口制动液有 DOT3 和 DOT4，它们属于非矿物油系，是以聚二醇为基础和以乙二醇及乙二醇衍生物为主的醇醚型合成制动液，再加入润滑剂、稀释剂、防锈剂、橡胶抑制剂等调和而成，是各国汽车中使用最普遍的制动液。其性能指标见表 4—3—1。

表 4—3—1　　DOT3 和 DOT4 制动液性能指标

	工作情况	DOT3	DOT4
沸点 (平衡回流沸点)	干	205℃以上	230℃以上
	湿	140℃以上	155℃以上

(2) 国内目前使用的制动液的分类和品种

目前，国内普遍使用的制动液按原料不同分为合成型、醇型和矿物型三种。合成型制动液有 4603、4603—1 和 4604 等牌号，其中 4603 和 4603—1 适用于各类载货汽车，4604 适用于高级轿车。

醇型制动液以乙醇或丁醇及蓖麻油为原料，其抗阻性和低温流动性达不到要求，行车安全性差，已被淘汰。

矿物型制动液有良好的润滑性，无腐蚀性，但对天然橡胶有溶胀作用。

3. 制动液的选用

(1) 不同类型和不同品牌的制动液不要混合使用。由于配方不同，混合制动液会造成制动液指标下降。

(2) 根据汽车使用说明书中的规定选用制动液时，普通汽车可使用 DOT3 型制动液，比较高级的车型可使用 DOT4 型制动液。使用国产制动液时，合成制动液适用于高速重负荷和制动频繁的轿车和货车；醇型制动液只能用于车速较低、负荷不大的老旧车型；矿物型制动液可在各种汽车上使用，但制动系需换用耐油橡胶件。

4. 制动液的使用注意事项

(1) 各种制动液绝对不能混用，否则会因分层而失去制动作用。

(2) 保持清洁，不允许杂质混入制动系统。

(3) 注意防潮，防止因水分混入而使制动液沸点降低。存放制动液的容器应当密封，更换下来和装在未密封容器内的制动液不允许继续使用。

(4) 定期更换。制动液应每隔 1～2 年进行更换，以防其吸湿后影响制动性能。

(5) 在山区连续使用制动或在高温地区长期频繁制动时，制动液温度可达 150～170℃，已超过一般合成制动液的潮湿沸点。因此，要注意检查制动液温度，以防因气阻而发生交通事故。

(6) 防止矿物油混入使用醇型和合成型制动液的制动系统。使用矿物型制动液时，制动系应换用耐油橡胶件。使用醇型制动液前，应先检查是否有沉淀物，如有沉淀物，应过滤后再使用。

二、冷却液

1. 冷却液的作用

现在市面上的冷却液（图 4—3—3）的主要成分是乙二醇，它具有沸点高、冰点低的特点。冷却液内还含有添加剂，以防止乙二醇氧化（氧化时会形成腐蚀性极强的副产品）、腐蚀和产生泡沫等。

发动机使用冷却液有以下保护作用：

（1）对冷却系统的部件起到防腐保护作用。

（2）防止水垢，避免降低散热器的散热作用。

（3）保证发动机在正常温度范围内能工作。

因此，发动机的冷却液必须具有防冻、防腐蚀、防水垢、无泡沫等特点，并不受季节及地域的影响。其中，冰点和沸点是冷却液的基本指标。使用冷却液一定要注意质量，如果冷却液质量欠佳甚至是伪劣品，就起不到冷却液的作用了。

图 4—3—3　冷却液

2. 冷却液的分类

冷却液按组成不同，有乙醇—水型、甘油—水型和乙二醇—水型 3 种。

（1）乙醇—水型

乙醇与水可按任何比例混合成不同冰点的冷却液。乙醇的含量越高，冰点越低。这种冷却液的流动性好，散热快，配制简单。其缺点是易燃，安全性差，易挥发，挥发后冰点升高过快。

（2）甘油—水型

甘油的沸点高，不易蒸发和着火，对金属的腐蚀较小。但降低冰点的效率低，所需甘油较多，成本高。

（3）乙二醇—水型

乙二醇也叫甘醇，是目前最好的防冻剂。它的沸点高（197.4℃），与水混合后，混合液的冰点可显著降低，最低能达－68℃。用不同比例的乙二醇和水可以配制成不同冰点的冷却液。乙二醇—水型冷却液的沸点高，挥发损失小，在使用中只需要补充蒸发掉的水即可。它的冰点低，热容量大，冷却效率高，黏度小，流动性好。但乙二醇—水型冷却液有一定的毒性，对金属有腐蚀作用，并对橡胶有轻度的侵蚀。

目前常用的冷却液多为乙二醇—水型，其中多加有防腐剂和染色剂，可以长期使用，所以称为长效冷却液。

3. 乙二醇型冷却液的牌号

按石化行业标准 NB/SH/T 0521—2010《乙二醇型和丙二醇型发动机冷却液》生产的乙二醇—水型冷却液根据冰点不同，有－25、－30、－35、－40、－45 和－50 共 6 个牌号。

冷却液产品可以制成浓缩液，由用户加清水稀释后使用，也可制成一定冰点的成品直接使用。

4. 冷却液的使用注意事项

按照汽车制造商的要求，汽车应使用优质冷却液，而不允许使用自来水。一般情况下优质冷却液以每年更换一次为宜，尤其是长时间运行的汽车（如出租车），而运行时间较短的汽车可以每两年更换一次。也有一些汽车制造商要求按行驶里程更换冷却液。

(1) 各类冷却液由于配制时其比例和成分不同，凝点也不同，应根据当地气温条件选用。一般选用冷却液的冰点应低于当地最低气温 10～15℃，以免冷却液不起作用。

(2) 不同型号的冷却液不得混装、混用，以免起化学反应，生成沉淀物或产生气泡，从而影响使用效果；用剩的冷却液应在容器上注明名称，以免混淆。

(3) 若因冷却系渗漏使液面降低时，应补充同类型的冷却液；若系蒸发引起，应向冷却系添加蒸馏水或软水；当发现冷却液中有悬浮物、沉淀物或变质发臭时，应全部更换，并清洗冷却系。

(4) 加注新冷却液应在冷机时进行，加注冷却液至储液罐的最高标记“MAX”为止，旋紧盖子并启动发动机，怠速运转至发动机正常温度后熄火。当机体温度下降后，检查储液罐液面高度保持在“MAX”位置即表示合格，否则需要补充冷却液至规定位置。

三、自动变速器传动油（ATF）

自动变速器传动油（图 4—3—4）主要用于自动变速器，是性能要求最高的润滑油之一，必须满足动力传递、液压控制、润滑、冷却等方面的要求。

1. 性能要求

自动变速器传动油除具有齿轮润滑油的性能外，还应具有液压油的黏度特性和适合湿式离合器的摩擦特性。

(1) 适宜的黏度特性

自动变速器传动油（以下简称 ATF）的使用温度从最低环境温度到 170℃。从传动效率考虑，黏度低有利，但太低又会导致液压控制系统、伺服机构及油泵处的油液泄漏，因此，ATF 必须要有适当的黏度特性。

(2) 良好的热氧化安定性

由于自动变速器在工况变化频繁时 ATF 主体温度可能超过 150℃，离合器片表面温度可达 390℃左右，因此，要求 ATF 有良好的热氧化安定性和薄层油高温热安定性，否则油内氧化生成的酸或过氧化物会对轴承、离合器摩擦片和橡胶密封件产生腐蚀。

图 4—3—4　自动变速器传动油

(3) 良好的润滑性和摩擦特性

为确保变速行星齿轮、轴承、推力垫圈和油泵的使用寿命，

ATF 必须有良好的润滑性；摩擦特性对换挡感觉、响声和离合器片的耐久性有重要影响。自动变速器因离合器摩擦片材质及变速机构的结构不同，对 ATF 的摩擦特性有不同的要求。

（4）优良的抗泡沫性

泡沫对液压传动系统危害极大，泡沫使变矩器传递功率下降，而且泡沫的可压缩性将导致液压系统的压力波动，甚至使供油中断，导致离合器摩擦片打滑、烧损。

（5）对橡胶密封材料有良好的适应性

ATF 应对橡胶密封材料有良好的适应性，不会导致橡胶密封材料产生过大的膨胀、收缩和硬化，否则会引起漏油，导致重大故障。

2. 自动变速器传动油的规格

自动变速器传动油主要以美国通用公司的“DEXRONⅡ—E”和福特公司的“MERCON”这两种规格为代表，其他如欧洲、日本制造厂家近年来也制定各自的新规格。例如，捷达轿车使用的自动变速器传动油规格为“VW ATF”，日本的规格为“original ATF”，用以替代“DEXRONⅡ—E”和“MERCON”。各类车型一定要按制造厂家推荐的规格选用相应的自动变速器传动油。

四、各类添加剂和清洗剂

随着汽车保有量的不断增加，人们对汽车环保、安全、舒适、方便的要求也越来越高，能满足相应需求的各类精细化学品应运而生，这些化学品主要是添加剂和清洗剂（如内饰清洗剂、地毯清洁剂、顶棚清洗剂、万能泡沫清洗剂、去污剂等）。

1. 添加剂

目前在汽车上使用较多的是燃油添加剂（图 4—3—5），它是以氨基和酰氨基高分子表面活性剂为主，含多种防锈、防腐、抗氧及破乳添加剂的复合品。加油前将其兑入油箱中，可起到以下作用：

（1）清除积炭，防止油路阻塞。

（2）增强功率，降低噪声。

（3）提高辛烷值，增强抗爆性。

（4）降低尾气排放，减少污染。

（5）改善工作效能，节省燃油。

图 4—3—5　燃油添加剂

由于这些商品的周转量大、利润比较丰厚，吸引了众多配件经销商，目前已经成为汽车配件经销领域中销售份额较大的商品。

2. 清洁剂

汽车清洁剂主要是由表面活性剂、杀菌剂、抛光剂、渗透剂以及用独特光亮因子等配制而成的液体清洁剂。汽车清洁剂具有较强的去污力、渗透力、杀菌力和抛光光亮性等特性，能迅速、彻底清洁汽车玻璃表面、挡板、车体等，能除去汽车玻璃表面粘贴的各种胶纸、标贴，以及车轮周围、挡泥板、保险杠、车体及各种工具上的油污。使用汽车清洁剂后还可形成薄膜以保护车漆。图 4—3—6 所示为汽车内饰清洁剂，它主要用于清洁车内的化纤、木质、皮革、布艺、丝绒、工程塑料等制品（如顶棚、座椅、仪表台、地毯等）。

图 4—3—6 汽车内饰清洁剂

清洁剂按功能可分为水质去油剂、汽车挡风玻璃清洗液、汽车内饰泡沫清洗剂和轮毂去油剂等多种类型。

3. 常见产品介绍

下面对目前市场上常见的汽车用添加剂、清洗剂等产品按使用的系统加以介绍。

(1) 燃油系统。燃油系统常采用助燃添加剂、电喷系统清洗剂、积炭清洗剂、化油器喷嘴和进气阀清洗剂等。

(2) 润滑系统。润滑系统常采用油性剂、抗磨剂、修复剂、保护剂等。

(3) 冷却系统。冷却系统常采用冷却液、防腐剂、堵漏剂等。

(4) 空调及舒适系统。空调及舒适系统常采用空调润滑剂、空气清新剂、空调系统清洗剂、制冷剂、杀菌剂、仪表盘清洗剂、皮革清洗剂、真皮保养剂、地毯和绒面清洁剂等。

(5) 车身及轮胎用品。车身及轮胎用品常采用汽车车身油漆、车身清洗剂、漆面抛光剂、车蜡、划痕修复剂、车身修补漆、车身保养釉、轮胎黏结剂、轮胎防扎剂、橡胶保养剂、玻璃防雾剂、轮胎保养剂、金属件清洗上光乳液、发动机机体清洗剂、车架防腐补漆、底盘保养用涂料和缝隙密封胶等。

任务实施

训练 1：车辆常用油液的选择。

以小组为单位选取学校汽车实训室的车辆（至少 3 种），查阅资料选择合适的油液（表 4—3—2）。

表 4—3—2 车辆常用油液的选择

汽车品牌和车型	ATF 规格	制动液规格	冷却液规格

训练 2：常见添加剂、清洗剂的认知。

到 4S 店等企业进行调研或上网查询，写出市面上常见添加剂、清洗剂的品牌、类型、用途、特点及价格（表 4—3—3）。

表 4—3—3　　常见添加剂、清洗剂的品牌、类型、用途、特点及价格

品牌	类型	用途和特点	价格范围

项目五　汽车配件订货与采购

任务1　订　　货

学习目标

1. 了解汽车配件订货的意义和原则。
2. 掌握汽车配件订货量的确定方法。
3. 熟悉汽车配件订货流程。

任务描述

某汽车4S店配件仓库根据库存情况及市场近期需求制订了配件采购计划，要求按照配件采购流程完成相关的订货工作，并在每个关键节点形成相应的采购文件。汽车配件订货单如图5—1—1所示。

配件订货单

车牌：________　　　　订货日期：___月___日___时

车型：________　　　　车辆识别代码：________

	配件名称	编码	数量	单位	备注
1					
2					
3					
4					
5					
6					

维修顾问：　　　　报价员：________　　　　订金：________

　　　　　　　　　收银员：________　　　　审核：________

图5—1—1　汽车配件订货单

相关知识

订货是汽车配件管理的一个重要工作环节，是汽车维修企业进行正常售后服务的必备条件。4S店由汽车制造厂家直接供应配件，作为订货人员应该了解汽车制造厂家的订货流程，熟悉订货业务，能够制订配件订货计划。

一、汽车配件订货的目的

订货过程实质上是在满足一定时间内用户需求的同时，对库存配件进行不断调整，以得到最经济、合理的库存结构。即：

良性库存⇒配件盈利⇒对用户的服务质量

配件订货的目的就是追求良性库存。所谓良性库存就是在一定时间段内以最经济、合理的成本，取得合理的配件库存结构，保证向用户提供最高的配件满足率。订货计划员应该不断完善、优化库存结构，保持经济、合理的配件库存，向用户提供满意的服务，这是订货计划员的首要目标，以此加强配件库存管理与维护，争取良好的配件利润。

二、汽车配件订货管理的意义和原则

1. 汽车配件订货管理的意义

订货是企业经营活动的关键环节，其原因有以下三点：

(1) 只有质优价廉、适销对路的汽车配件源源不断地进入经销企业，才有可能提高为用户服务的质量，满足消费者的需要。

(2) 做好订货是搞好销售的前提和保证，只有进得好，才能销得快，才有可能提高企业的经济效益。

(3) 组织好汽车配件的订货，把适销对路的配件购进到经营企业，才能促使企业经营效果不断改善和发展。

由此可见，汽车配件的订货是直接关系到企业能否得到发展，消费者需求能否得到满足，企业经营状况能否得到改善的关键问题。

2. 汽车配件订货管理原则

进货的原则除了要求购进的商品适销对路外，还要保质、保量。

经营企业还要设专职检验部门或人员，负责购进商品质量的检验工作，把住购进商品的质量关。除此之外，购进还应遵循以下原则：

(1) 勤进快销

勤进快销是加速资金周转，避免商品积压，提高经济效益的重要条件。

勤进快销就是采购次数要适当多一些，批量要少一些，进货间隔期要适当缩短。要在采购适销对路的前提下，选择能使采购费用、保管费用最省的采购批量和采购时间。进货量大、库存量大的弊病如图 5—1—2 所示。

(2) 以销定进

以销定进的原则就是按照销售状况决定进货的品种和数量。

a)

b)

c)

图 5—1—2　进货量和库存量大的弊病

a）需要更多设备　b）需要更多人力　c）需要更多仓储空间

建议订货量＝日平均销售×(距下次订货量天数＋下次交货天数＋厂商交货前置期＋商品安全天数＋内部交货天数)－已订货未交量－库存量

订货量是一个动态的数据，根据销售状态的变化（季节性变化、促销活动变化、供货厂商生产状况变化、客观环境变化）决定订货量的多少，才能使商品适销对路，供应及时，库存合理。

汽车配件的流动有明显的倾向性，下面以丰田汽车公司的零件订货及库存的动态分析为例来进行说明。丰田汽车公司的零件约有 30 万件，其中有库存的约有 10 万件，但每月的订货项目平均有 60 万～70 万件。接到零件订货项目的 90％集中在 3 万个零件当中，这些零件通常称之为快流件；接到零件订货项目的 7％集中在 7 万个零件当中，这些零件称为中流件、慢流件；剩下 3％的订货项目是从 20 万个无库存零件中发出来的。

(3) 以进促销

以进促销原则是与以销定进原则相联系的，单纯的以销定进，进总是处于被动地位。因此，扩大进货来源，积极组织适销汽车配件，能主动地促进企业扩大销售，通过少量进货试销，刺激消费，促进销售。

(4) 储存保销

储存保销是指销售企业要保持一定的商品库存量，以保证汽车配件的及时供给，防止脱销而影响企业的正常经营，尤其是对一些季节性生产、常年性消费的配件，要及时采购，保证配件销售不脱销、断销。

储存保销要求销售企业随时调查商品经营和库存比例，通过销售量来决定相应合理的库存量，充分发挥库存保销的作用。储存保销要求有合理的周期库存，对于一些供应正常、较为畅销的产品需要保证其数量、品种齐全，以便源源不断地供应给消费者。同时，订货计划员要共同掌握库存动态，通过进、销活动，经常保持合理库存（库存量要和进货周期相适应，和资金定额相吻合）。

三、订货品种和订货量的确定

1. 订货品种的确定

订货品种的确定取决于库存的项目数，可通过考察配件需求的历史记录，发现配件需求的某些规律，确定需要库存的配件范围。如果按平均需求量进货，则将会出现如图5—1—3所示的缺点。

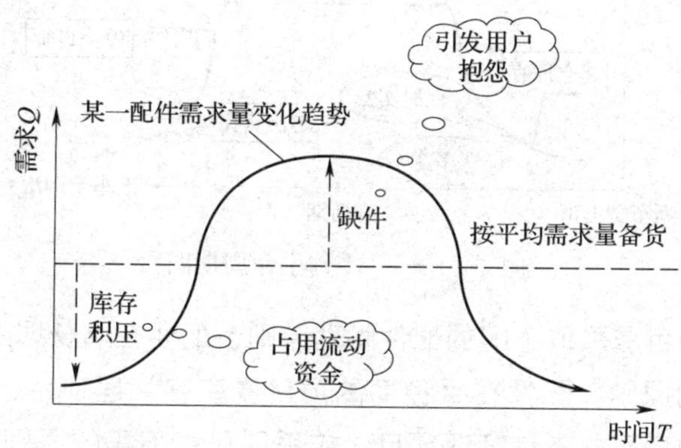

图5—1—3　按平均需求量进货的缺点

一般把易磨损和易失效的零件或材料称为快流件，如离合器片、制动器片、制动总泵/分泵、橡胶密封件、机油、轴承、油封、大/小轴瓦、消声器、排气管、高压泵、柱塞、出油阀、前挡风玻璃、密封条、前后灯具、水箱、冷却散热网、万向节十字轴、火花塞等。

有些零件经销商根据本公司配件销售量来区分快流件、中流件和慢流件，如把月销售量在25～50件的零件称为快流件，把月销售量在6～24件的零件称为中流件，而把月销售量在1～5件的零件称为慢流件。

也可根据汽车制造商推荐的零件流通级别来选择库存零件，表5—1—1为零件流通级别分类。

表5—1—1　　零件流通级别分类

推荐级别	零件使用和更换情况	
A	需要定期更换的零件（在一年内更换的零件），如三滤（空气、汽油及机油滤清器）	
B	需要定期更换的零件（在两年内更换的零件），如制动蹄	
C	碰撞时首当其冲的零件	在两年内需要更换的零件，如保险杠
D		各种灯具、反光镜等零件
E		其他零件，如翼子板、挡风玻璃
F	易磨损件	如油封
G		高速的相对运动零件，如活塞、活塞环、气门、轴瓦等
H		表面接触应力很高的相对运动零件，如气门挺杆、气门推杆等
J	不易磨损件	在汽车生命周期内很少更换的零件，如车架、油箱、桥壳等

零件的流通级别不是一成不变的，快流件可能会变成中流件，甚至变成慢流件，而中流件和慢流件在一定时期内可能变成快流件。影响和决定零件流通级别的因素是多方面的。例如，图 5—1—4 所示为零件生命周期图，一般车辆使用寿命为 10 年，前 2～3 年零件更换较少，中间 4～5 年是零件更换的高峰期，最后 1～2 年零件更换又逐渐减少。

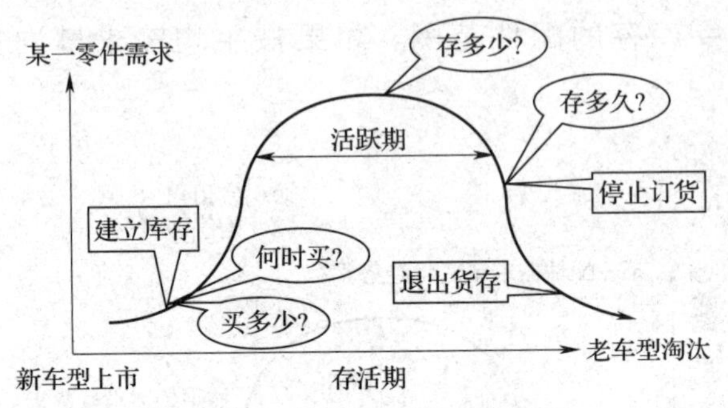

图 5—1—4 零件生命周期图

不同状态的配件项目应采取不同的配件管理原则：配件在增长期的项目属非库存管理项目，应采取需一买一的原则；配件在平稳期的项目属库存管理项目，应采取卖一买一的原则；配件在下降期的项目属非库存管理项目，应采取只卖不买的原则，如图 5—1—5 所示，这样才能在保证最大配件供应率的同时，降低库存金额。

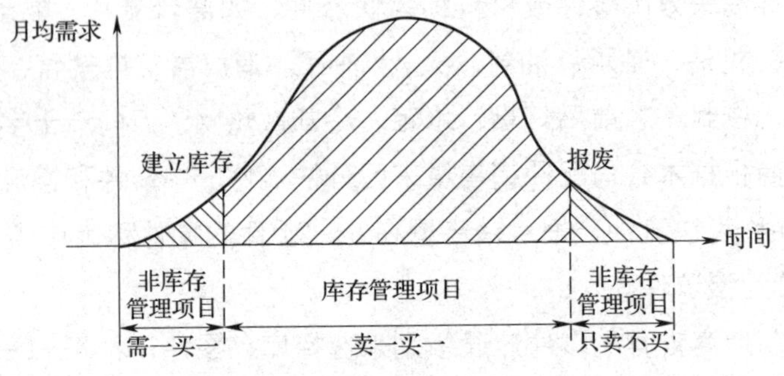

图 5—1—5 库存应对方案

2. 订货量的确定

库存量小了，不能保证及时供货，影响客户的使用和企业的信誉；库存量大了，资金占有量增加，资金周转慢，影响企业的经济效益。因此，确定最低安全库存量很重要。

(1) 标准库存量 SSQ 的确定

标准库存量（图 5—1—6 所示为标准库存公式图解）的计算公式如下：

$$SSQ = MAD \times (O/C + L/T + S/S)$$

式中 SSQ——标准库存量；

MAD——某配件月均需量；

O/C——订货周期；

L/T——到货周期；

S/S——安全库存周期，根据到货周期和市场波动设定。

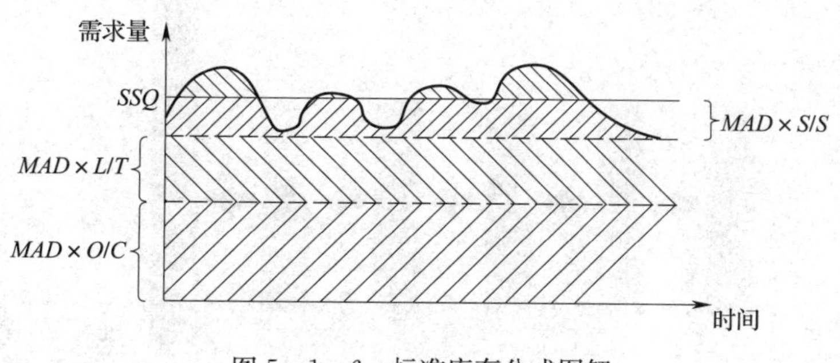

图 5—1—6　标准库存公式图解

1）月均需求 MAD 的确定。通常建议采用前 6 个月的每月需求量来计算月均需求，含常规的 B/O（客户预订）和 L/S（流失的业务）需求。

$$MAD=\frac{N_1\times1+N_2\times2+N_3\times3+N_4\times4+N_5\times5+N_6\times6}{1+2+3+4+5+6}$$

式中　N_1——往前第 6 个月份的配件销售数量；

N_2——往前第 5 个月份的配件销售数量；

⋮

N_6——往前第 1 个月份的配件销售数量。

例：某家经销店的机油滤芯有如图 5—1—7 所示的需求，则

$$MAD=(10\times6+12\times5+9\times4+9\times3+18\times2+8)/21\approx10.8(个/月)$$

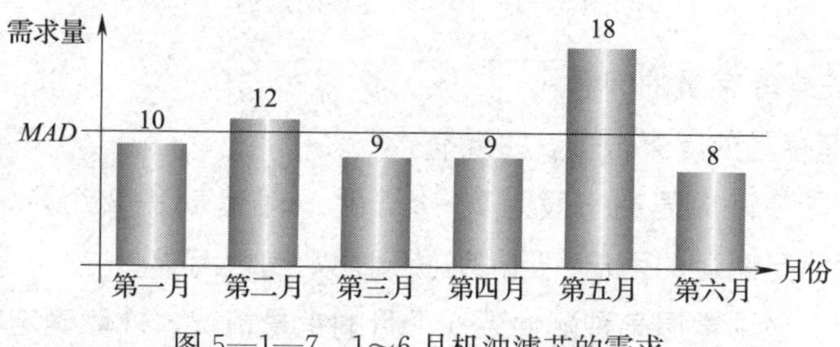

图 5—1—7　1～6 月机油滤芯的需求

2）订货周期 O/C 的确定。订货周期是指相邻的两次订货所间隔的时间，单位为月。图 5—1—8 所示的订货周期为两天，以一个月 30 天算，则

$$O/C=2/30=1/15\ （月）$$

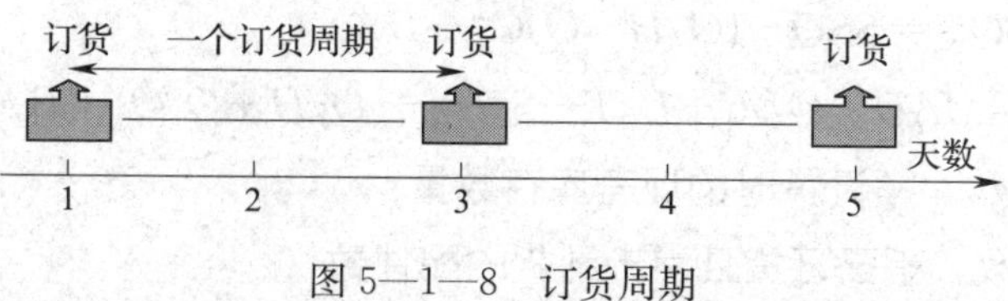

图 5—1—8　订货周期

3）到货周期 L/T 的确定。到货周期是指从配件订货到搬入仓库为止的月数，单位为月。图 5—1—9 所示的到货周期为 6 天，以一个月 30 天算，则

$$L/T=6/30=1/5\ （月）$$

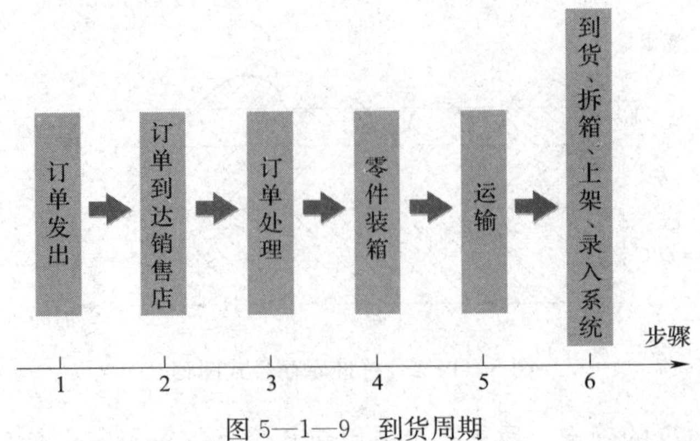

图 5—1—9　到货周期

4）安全库存周期 S/S 的确定。有时由于一些突发或特殊情况（如运输车辆途中出现了故障）导致推迟到货日期（图 5—1—10），或因市场的需求突然发生较大变化。安全库存周期是考虑受到货日期延迟和特殊需求量两个因素的影响，必须在仓库中保有一定量的安全库存而设定的。一般安全库存周期 $S/S=(L/T+O/C)\times 0.7$，则安全库存＝月均需求×安全库存周期。

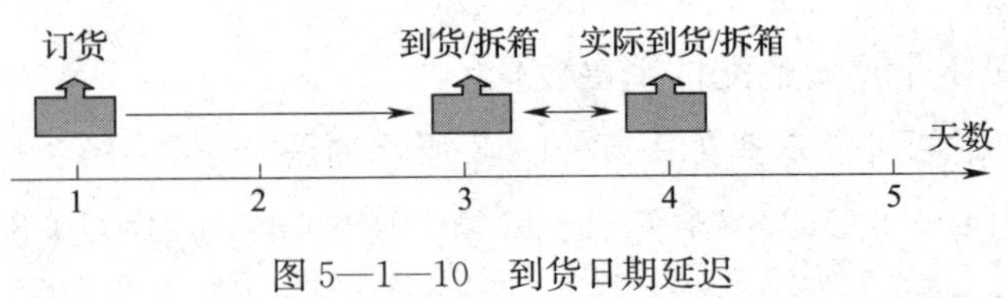

图 5—1—10　到货日期延迟

（2）影响最低安全库存量的因素

影响最低安全库存量的因素很多，主要有：

1）订货周期。国外订货周期一般为 2～3 个月（船运期货 3 个月，空运订货 15 天左右），但空运件的价格是船运的两倍；国内订货周期则因地而异。

2）月平均销量。必须掌握某种配件近 6 个月的销量情况，才能确定其月平均销量。

3）配件流通级别。如一般 4S 店建议快流件的最低安全库存量为前 6 个月的销量，中流件和慢流件的最低安全库存量为前 3 个月的销量。

（3）订货量 SOQ 的确定

订货量的计算公式如下：

$$\begin{aligned}SOQ &= SSQ-(O/H+O/O)+B/O\\ &= MAD\times(O/C+L/T+S/S)-(O/H+O/O)+B/O\end{aligned}$$

式中　O/H——在库数，指订货时的现有库存数量；

O/O——在途数，指已订货且尚未到货的配件数；

B/O——客户预订数，指无库存、客户预订的配件数。

四、汽车配件订货流程

汽车配件订货流程如图 5—1—11 所示。

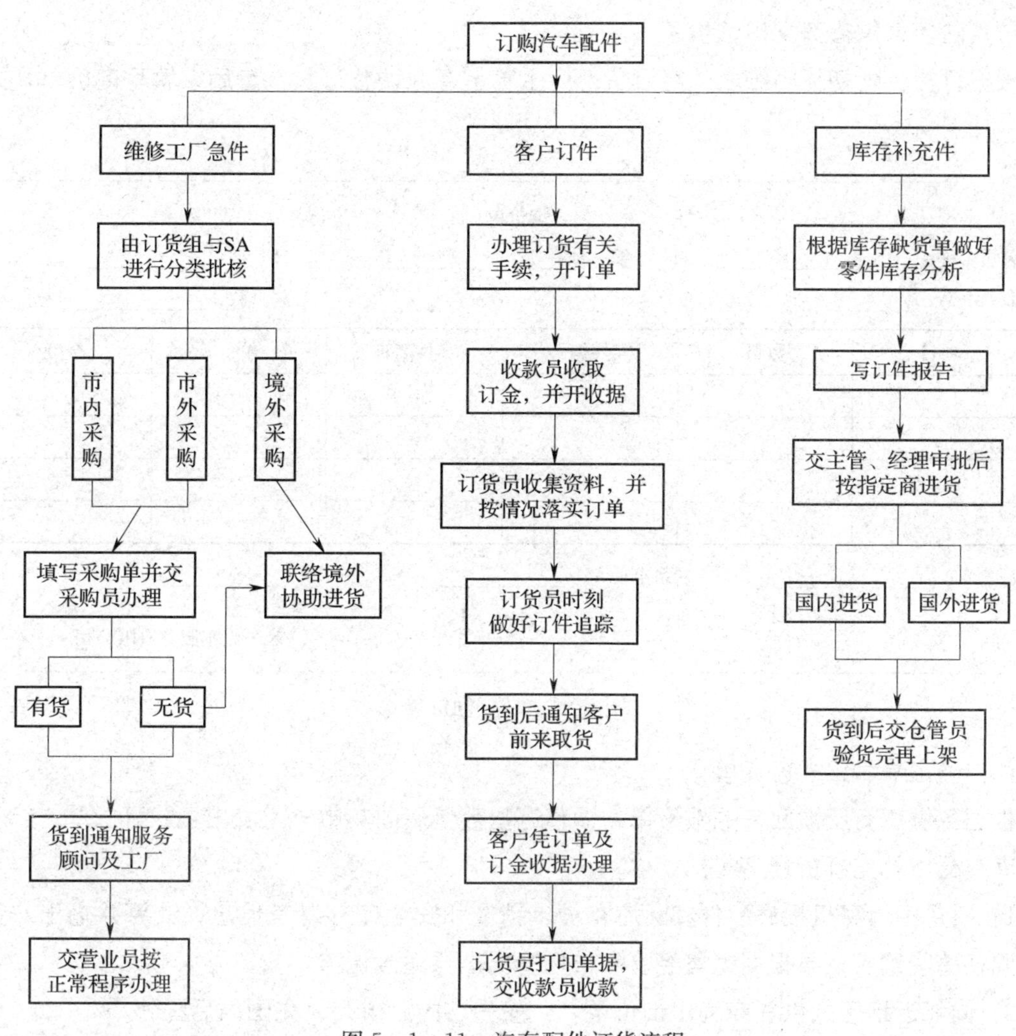

图 5—1—11　汽车配件订货流程

1. 库存补充件订货程序

(1) 拟定订货合同初稿

根据每个月的配件实际库存量、半年内销售量及安全库存量等信息，计算出配件订货数量，再根据实际情况进行适当调整，形成订货合同初稿，其明细表见表 5—1—2。订货的原则是：先市内后市外，先国内后国外。国内订货应向信誉好的大公司或向原汽车制造厂配套单位订购。

表 5—1—2　　订货合同初稿明细表

配件编号	配件名称	车型/发动机型号	参考订量（件）	安全量（件）	单价（元）	现存量（件）	平均月销量（件）
22401－40V05	火花塞	Y31/VG30（S）	340	345	126.00	5	45
92130－G5701	储液干燥器	C22/Z20（S）	1	2	5 440.00	1	0.33
82342－G5103	窗扣	C22/Z20（S）	1	9	674.00	8	1.67

(2) 向多家供货商发出询价单

根据订货合同初稿明细表，经订货部门主管审查并调整订货数量后，填写询价单，如图5—1—12所示。

询价单

公司名称：__________ 编 号：__________ 日 期：__________

联系电话：__________ 总页数：__________

项目	数量	零件编号	零件名称	单价	金额

订货人：__________ 联系电话：__________ FAX：__________

××汽车服务有限公司

图5—1—12 询价单

(3) 确定最后正式订货单

根据各供货商反馈回来的报价单，调整订货数量后向其中一家发出正式订货单。综上所述，库存配件补充订货程序包括：

1) 每月由计算机根据配件实际库存量、销量和安全库存量等信息，计算并输出一份订货合同初稿明细表，再根据销售经验和市场情况进行适当调整。

2) 向邻近地区的供货商发出询价单，一般先市内后市外，先国内后国外。

3) 根据各供货商反馈回来的报价单，再次调整订货数量，确认后发出正式订货单。

2. 即购即销（急需）配件订货程序

(1) 填写缺件报购通知单或配件请购单

修理部门或客户所需配件如果库存缺货，由营业部开出缺件报购通知单（表5—1—3）或配件请购单（表5—1—4），交订货部门。

表5—1—3 **缺件报购通知单**

单位：××			工卡	46911
车牌号	A • A4768	车型：RZH114	发动机型号	1Y
报购单号	981200534		日期	2018年7月21日
配件名称	规格	配件编号	数量	备注
链条	双排	92600—G5700	1条	公务车
凸轮齿轮	$z=36$	11828—V6501	1个	公务车
曲轴齿轮	$z=18$	99810—14C26	1个	公务车

表 5—1—4　　　　××汽车服务有限公司配件请购单

<table>
<tr><td colspan="2">款接员</td><td></td><td colspan="2">订件人</td><td>日期</td><td>2018 年 12 月 28 日</td></tr>
<tr><td colspan="2">工作卡号</td><td>4F056</td><td>底盘号码</td><td colspan="3">VQ20</td></tr>
<tr><td colspan="2">车牌号码</td><td>B－F9945</td><td>车身编号</td><td colspan="3">JNICAUA32110064484</td></tr>
<tr><td>序号</td><td>零件编号</td><td>名称</td><td>数量</td><td>报价</td><td>期限</td><td>订件</td></tr>
<tr><td>1</td><td>BO552—5F700</td><td>左前门锁电动机</td><td>1 台</td><td>750 元</td><td>2018 年 12 月 31 日</td><td>√</td></tr>
<tr><td></td><td></td><td></td><td></td><td></td><td></td><td></td></tr>
<tr><td></td><td></td><td></td><td></td><td></td><td></td><td></td></tr>
<tr><td colspan="2">零部件签收</td><td>12 月 29 日 11 时 5 分</td><td>经办人</td><td></td><td colspan="2">12 月 29 日 12 时 10 分</td></tr>
<tr><td rowspan="4">备注</td><td colspan="2" rowspan="4"></td><td>第一次到货签收</td><td></td><td colspan="2">月　日　时　分</td></tr>
<tr><td>第二次到货签收</td><td></td><td colspan="2">月　日　时　分</td></tr>
<tr><td>第三次到货签收</td><td></td><td colspan="2">月　日　时　分</td></tr>
<tr><td>全部到货签收</td><td></td><td colspan="2">月　日　时　分</td></tr>
</table>

零部件经办人：________　修理工：________　报购员：________

(2) 询价与报价

如果所在地区为深圳，订货部门可以先通过电话、E-mail 或传真与深圳市场联系，如果没有合适的，再与邻近的广州市场联系，如果仍然没有合适的，则与中国香港地区或国外有关公司联系，询问价格和供货时间。

(3) 签订急需配件订购合同并收取订金

得到反馈信息后，应将价格和供货时间及时向客户通报，由客户确认价格和供货时间，签订订购合同和缴纳订金后，才能正式下订单。

(4) 跟踪并及时提货与交货

订单发出后要注意跟踪询问，时刻掌握供货动态，货到后及时通知客户前来取货。

任务实施

训练 1：指出下列零部件所属类别（表 5—1—5）。

表 5—1—5　　　　零部件类别

零部件	A（快流件）	B（中流件）	C（慢流件）
发动机机体			
风挡刮水器			

续表

零部件	A（快流件）	B（中流件）	C（慢流件）
整体车身			
变速箱			
垫圈和垫片			
发动机机油			
前照灯			
翼子板			
转向盘			
车门外面板			
车内照明灯泡			
收音机天线			
发动机控制模块			
燃油加注口盖			

训练 2：确定以下配件的订货量（表 5—1—6）。

表 5—1—6　　确定配件的订货量

序号	配件名称	月份						库存数（件）	在途数（件）	客户预订数（件）	本次订量（件）
		1	2	3	4	5	6				
1	火花塞	34	28	57	41	39	55	18	0	0	
2	气门	15	23	19	30	28	25	8	5	0	
3	蓄电池	8	6	14	9	5	0	0	2	0	
4	节温器	18	13	10	14	8	14	3	2	0	
5	转向组合开关	6	8	5	12	9	7	0	3	2	
配件订货周期为 7 天，到货周期为 6 天											

任务 2　采　　购

学习目标

1. 了解汽车配件采购的原则与方式。
2. 熟悉进货业务的内容及常用的进货渠道。
3. 能进行进货点和进货量的控制。
4. 能进行配件质量鉴别和货源鉴别。

任务描述

某品牌车进厂维修，经过维修人员的检查，需要更换一些配件，配件人员已经制订了订货计划，并确定了订货品种以及数量，要求采购人员迅速完成此项采购任务。图 5—2—1 所示为常见的汽车配件。

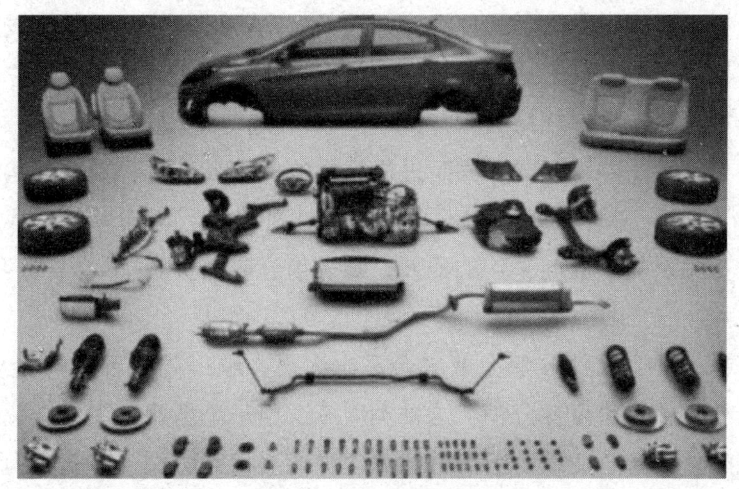

图 5—2—1 汽车配件

相关知识

一、汽车配件采购的原则与方式

1. 采购的原则

(1) 坚持数量、质量、规格、型号、价格综合考虑的购进原则，合理组织货源，保证配件适合用户的需要。

(2) 坚持依质论价，优质优价，不抬价，不压价，合理确定配件采购价格的原则；坚持按需进货，以销定购的原则；坚持“钱出去，货进来，钱货两清”的原则。

(3) 购进的配件必须加强质量的监督和检查，防止假冒伪劣配件进入企业，流入市场。

(4) 购进的配件必须有产品合格证及商标。实行生产认证制的产品，购进时必须附有生产许可证、产品技术标准和使用说明。

(5) 购进的配件必须有完整的内、外包装，外包装必须有厂名、厂址、产品名称、规格型号、数量、出厂日期等标志。

(6) 要求供货单位按合同规定按时发货，以防造成配件缺货或积压。

2. 采购的方式

(1) 集中进货

集中进货是指企业设置专门的机构或专门的采购人员统一进货，然后分配给各销售部门(如销售组、分公司)销售。集中进货可以避免人力、物力的分散，并且进货量会受到供货方重视，还可根据批量差价降低进货价格，节省其他进货费用。

(2) 分散进货

分散进货是指由企业内部的各配件经营部门（如销售组、分公司）自设进货人员，在核定的资金范围内自行进货。

(3) 集中进货与分散进货相结合

一般是需要到外地采购以及向非固定进货关系的供应商进行一次性采购的配件，需要采用集中进货，方法是由各销售部门提出采购计划，由业务部门汇总审核后集中采购；本地采购以及向固定进货关系的供应商采购的配件，则采用分散进货。

(4) 联合采购

联合采购是指由几个配件零售企业联合派出人员，统一向配件生产企业或批发企业进货，然后给这几个配件零售企业分销。这种类型多适用于小型配件零售企业之间或中型配件零售企业与小型配件零售企业联合组织进货。这样能够相互协作，节省人力、物力，凑零为整进货，拆整为零分销，并有利于组织运输，降低进货费用。

二、进货业务的内容

进货业务主要是按照进货业务的计划和安排组织进货，有时为了应付市场的新情况和补充进货计划的不足，也要组织计划外进货或临时进货，其一般内容和程序如下：

1. 制定经营配件目录

汽车配件销售企业要制定经营配件目录和必备配件目录，并要求每一位营销人员熟练掌握，目的是使配件种类进一步具体化、规范化和准确化，这是汽车配件商店业务经营活动的一项重要内容，更是做好进货业务的基础。

(1) 经营配件目录

经营配件目录是指企业根据经营范围制定的应该经营的全部配件的目录。该目录由营业组提出，它是在充分调查和收集了市场变化、货源情况、销售动态等方面的信息，做了集体研究的基础上，参考计划期初库存量及各种变化因素，在资金占用合理的情况下定期提出的，企业要以此确定进货计划。进货计划有年度计划、半年计划、季度计划和月计划四种，一般以季度计划为主。

(2) 必备配件目录

必备配件目录是指汽车配件销售企业所经营的主要车型配件的目录，它也是指导销售业务的基本技术资料，目前已基本采用电子目录。

2. 编制进货计划

为了完成配件进货业务，不管采取哪种进货方式和进货形式，都必须提出进货计划，它是保证进货质量的先决条件。

3. 坚持看样选购、鉴别质量后进货

采购员一定要按批准的进货计划坚持看样选购，选购适销对路的配件，做到“人无我有，人有我全，人全我优，优中求特”，保证进货质量。应切实避免只看目录、货单，不看样品、质量，“隔山买牛”的做法，避免出现货单不一致的现象。

4. 合理组织外地进货

组织外地进货时，除要严格执行进货计划外，还应注意掌握以下两点要求：

(1) 要贯彻“五进、四不进、三坚持”的原则

“五进”就是所进配件要符合“优、廉、新、缺、特”的原则。

“四不进”是指凡属下列情况之一者，均不进货：一是进货成本加税金后价格高于本地零售价；二是倒流的配件；三是搭配配件或滞销积压的配件；四是本地批发企业同时在同地大批量购进的配件。

“三坚持”就是坚持看样选购，坚持签订购销合同，坚持先验收后支付货款。

(2) 要提高外采效益

外采费用支出大，要注意节约出差费用，提高工作效率。

5. 签订合同

在与配件供货商进行交易时，应当与供货商签订书面合同。合同要明确各方的权利与义务，包括购进配件的品种、质量、规格、数量、时间、地点、结算方式、结账期、合同解除条件、违约责任、合同争议解决方式及各方共同约定的其他条款。双方必须严格履行合同内容。所有合同格式、条款都要符合规定，并严格遵守《中华人民共和国合同法》。

应当本着合作发展的原则，力求与配件供货商建立长期稳定、互利互惠的合作关系，主动向供货商反馈市场需求变化和配件商品供求信息，加强综合分析研究，引导配件供货商适应市场发展趋势，以期达到双赢的长期目标。

6. 及时提货、认真验收

采购员办完订货手续后，就要及时组织提货，尽量减少环节，使汽车配件尽快进入销售环节，尽早到消费者手中。在提货时要严格履行验收手续。

(1) 汽车配件验收的内容及依据

汽车配件验收的内容包括三个方面，一是品种验收，二是数量验收，三是质量验收。其验收的依据主要是进货发票，另外还要参考进货合同、运货单、装箱单等原始资料，做到

货、单相符。

(2) 汽车配件验收的方法

1) 对配件品种的验收。根据进货发票，逐项验收汽车配件品种、规格型号等，检查有无单、货不符的情况；易碎的汽车配件应检查有无破损；液体货品应检查有无渗漏。

2) 对配件数量的验收。对照发票，先点收大件，再检查汽车配件包装及其标识是否与发票相符，一般对整箱和整件应先点件数，后抽查细数；对于零星散装汽车配件应点细数；对于贵重汽车配件应逐一点数；对于原包装汽车配件有异议的，应开箱、开包点验细数。

3) 对配件质量的验收。质量验收有两种方法，一是感观验收，二是仪器验收。

零售企业验收进货质量时，主要检验汽车配件证件是否齐全，如有无合格证、保修证、标签或使用说明等，检查有无变质、污染、机械损伤等，以此确定汽车配件是否符合质量要求。如果是从国外进口的配件，还可要求售方提供与国外企业的订购合同、提单、运单、装箱单及发票等凭证。

(3) 汽车配件验收后应做的工作

汽车配件经过验收后，对于质量完好、数量准确的汽车配件，要及时填写进货验收单据，登记汽车配件账，填报进货日报表，同时组织汽车配件入库。

如果在提货时发现问题，如数量不足，品种、规格错误，外包装标签与内包装汽车配件不符，汽车配件污染、损坏，质量不符合要求等，应当场联系解决；如果货到后才发现问题，验收人应分析原因，查明责任，做好记录。一般问题应填写运输损益单或用汽车配件销售查询单查询解决方案；问题严重或牵扯数量较多、金额较大时，可要求对方派人来查看，以解决问题。

三、进货点和进货量的控制

1. 确定进货点

目前，汽车配件企业选择进货时间最常用的方法是进货点法。汽车配件在销售过程中库存将逐渐减少，当减少到一定数量时就必须再次进货。通常将再次组织进货时的库存数量称为进货点。确定进货点一般要考虑三个因素：

(1) 进货期时间

进货期时间是指从汽车配件采购开始到做好销售准备时的间隔时间。

例如，在沈阳销售长春一汽的汽车配件，每次进货往返路程为两天，在一汽采购、提货、装车需半天，回来后盘点、上册、入库需半天，所以每批货的进货期为 3 天。

(2) 平均销售量

平均销售量是指每天的平均销售量（一般以季或 6 个月为统计周期）。

例如，某种配件在第三季度（92 天）共卖出 201 件，则该季度的平均销售量为 201/92＝2.185（件）。

（3）安全库存量

安全库存量是指既不会因储量过大而导致资金占用增加，又可防止产销情况变化而出现供不应求现象的合理库存量。

按照上述因素，可以根据不同情况确定不同的进货点计算方法。进货点可以根据库存量来控制。库存汽车配件量绝对不能低于进货点，在此之前就要组织进货。在销售量和进货期时间固定不变的情况下，进货点的计算公式如下：

进货点＝平均销售量×进货期时间

例如，沈阳地区某配件商店在冬季平均每天销售 CA1092 汽车消声器数量为 12 个，每批货的进货期是 3 天，则消声器的进货点为 12×3＝36（个）。

上述例子说明，库存的 CA1092 汽车消声器不能少于 36 个就必须进货，否则势必要影响配件的正常销售。

在销售量和进货期时间有变化的情况下，必须增设安全库存量做保障。此时进货点的计算公式如下：

进货点＝(平均销售量×进货期时间)＋ 安全库存量

例如，某配件连续 6 个月的销售量为平均 5 个/日，订货后到货期为 30 天，安全库存为 5 天的销量（25 个），则该配件的进货点应为（5×30)＋25＝175（个）。

上述例子说明，库存的该种配件不能少于 175 个就必须进货，否则势必要影响配件的正常销售。

2. 控制进货量

控制进货量是指汽车配件企业确定每次进货多大数量最为合适的业务活动。

汽车配件企业进货不能单纯考虑节约哪一项费用，而是需要在综合考虑企业资金状况和销售状况，衡量采购和库存成本之后才能确定。进货时要从如何在现有资金的情况下，遵循市场供求规律，订购最经济的批量，以获得最佳的利润回报去考虑问题。

进货量的控制方法有定性分析法和定量分析法两种，而定量分析法又有经济批量法和费用平衡法，这里主要介绍定量分析法。

（1）经济批量法

经济批量法是配件经销商经常采用的进货量控制方法，其中心意图就是在一定时期内进货总量不变的前提下，计算出每批次进货多少才能使进货费用和库存费用之和降至最低。

例：某配件销售公司全年需购进某种配件 4 000 件，每次进货费用为 5 元，单位配件年平均储存费用为 0.5 元，求该配件的经济进货量。

用列表法进行计算，表 5—2—1 为某种配件的经济进货量计算表。

表 5—2—1　　经济进货量计算表

年进货次数（次）	每次进货数量（件）	平均库存数量（件）	进货费用（元）	储存费用（元）	年总费用（元）
A	*B*	*C*=*B*÷2	*D*=*A*×5	*E*=*C*×0.5	*F*=*D*+*E*
1	4 000	2 000	5	1 000	1 005
2	2 000	1 000	10	500	510
4	1 000	500	20	250	270
5	800	400	25	200	225
8	500	250	40	125	165
10	400	200	50	100	150
16	250	125	80	62.5	142.5
20	200	100	100	50	150
25	160	80	125	40	165
40	100	50	200	25	225

由表 5—2—1 可以看出，所列 10 种进货批量，以全年进货 16 次（批）、每次进货 250 件费用最低，年总费用为 142.5 元。

从表 5—2—1 中的数据可以看出，当储存费用下降时（因平均库存数量下降而引起），进货费用上升（因进货次数增多而引起），只有当进货费用与储存费用趋于平衡时才会使总费用降到较低的程度。如果以上两项费用完全相同时，总费用可以降到最低水平。同时也可以看出，如果进货批次和进货量没有经过仔细测算，随便确定，则可能使总费用相差很大，如该例中的总费用最高为 1 005 元，比最低的 142.5 元多花费 605.3%。这是一个很大的比例，可见用经济批量法科学地确定经济进货量是十分重要的。

(2) 费用平衡法

费用平衡法是以进货费用为依据，将储存费用累计与进货费用相比较，当储存费用累计接近但不大于进货费用时，便可确定其经济进货量。

费用平衡法确定经济进货量的计算公式如下：

储存费用＝销售量×单价×储存费用率×(周期－1)

例：某一品种配件预计第一周期到第五周期的销售量依次为 50、60、70、80、70 件，单价为 12 元，进货费用为 65 元，每周期的储存费用率为 2.5%，求该配件的经济进货量。

第一周期：销售量为 50，储存费用＝0，储存费用累计为 0。

第二周期：销售量为 60，储存费用＝60×12×2.5%×1＝18（元），储存费用累计为 18＋0＝18（元）。

第三周期：销售量为 70，储存费用＝70×12×2.5%×2＝42（元），储存费用累计为 18＋42＝60（元）。

第四周期：销售量为 80，储存费用＝80×12×2.5%×3＝72（元），储存费用累计为 60＋

72＝132（元）。

第五周期：销售量为70，储存费用＝70×12×2.5％×4＝84（元），储存费用累计为132＋84＝216（元）。

由此可见，第三周期储存费用累计为60元，最接近并小于进货费用65元，所以可将第一周期到第三周期销售量之和作为一次进货批量，那么本期的经济批量就是50＋60＋70＝180（件）。

由于配件市场的价格变化较为频繁，如何订购还需结合市场行情和销售趋势具体确定，不可生搬硬套计算结果，以免造成不必要的损失。也就是说要在保证经济性这一大前提下，遵循科学性的同时还要保持灵活性。

四、进货渠道

在对汽车配件进行采购进货时，应立足于以优质名牌配件为主的进货渠道，但为适应不同层次消费者的需求，也可进一些非名牌厂家的产品。进货时可按A类厂、B类厂、C类厂的顺序选择进货渠道。

A类厂是主机配套厂，这些厂知名度高，产品质量优，大多是名牌产品。这类厂应是进货的重点渠道。签订合同时，可先签订全年需要量的意向协议，以便于厂家安排生产，具体按每季度、每月签订供需合同，双方要严格执行。

B类厂虽生产规模和知名度不如A类厂，但配件（一般是副件）质量还是有保证的，配件价格也比较适中。其订货方法与A类厂不同，一般签订较短期的供需合同。

C类厂是一般生产厂，配件质量尚可，价格较前两类厂家低。这类厂的配件可作为进货中的补缺。订货方式也与A、B类厂有所区别，可以采取电话、电子邮件订货的方法，如需签订供需合同，合同期应短一些。

必须注意，绝对不能向那些没有进行工商注册、生产“三无”及假冒伪劣产品的厂家订货和采购。

五、配件质量鉴别

汽车配件质量的优劣关系到消费者的利益和销售企业的商业信誉，但配件产品涉及范围广，要对全部配件做出正确、科学的质量判断，所需的测试手段是中、小型汽车配件企业难以做到的。可以根据企业的实际情况，添置必备的技术资料，如所经营主要车型的图纸或汽车配件目录、各类汽车技术标准等，这些资料都是检验工作的依据；购置一些通用检测仪表和通用量具，如游标卡尺、千分尺、百分表、千分表、量块、表面粗糙度比较样块、硬度计以及汽车万用表等，以便具有一定的检测能力。

对于专职的汽车配件采购人员来说，由于所需采购的配件种类繁多、品种复杂，而且又无法把所有的检测工具都随身携带，所以汽车配件采购、检验人员可以不必像生产厂家的产品检验员那样精确和专业。但他们的知识面一定要宽，要熟悉汽车的结构、原理、一般制造工艺和材质等知识，以便能够正确运用检验标准，凭借多年积累的经验来鉴别各种汽车配件的质量。

另外，为了提高工作效率和达到择优进货的目的，可以把产品分成以下几种检验类型：

(1) 名牌产品和质量信得过产品基本免检。但名牌也不是终身制，而且有时还会遇到仿冒产品，所以应对这些厂家的产品十分了解，并定期进行抽检。

(2) 对多年多批进货后，经使用发现存在某些质量问题的产品，可采用抽检几项关键项目的方法，以检查其质量稳定性。

(3) 对未经营过的配件，采用按标准规定的抽检数，在技术项目上尽可能做到全检，以对其质量得出一个全面的结论，作为今后进货的参考。

(4) 用户批量退货或少量、个别换货的产品，应尽可能全检，并对不合格部位采取重点检验的方法。若再次发现问题，应拒付货款，并注销合同，不再进货。

(5) 对一些小厂的产品，往往由于其合格率低，而且一旦兑付货款后很难索赔，因此，尽量不进这类产品，如确需进货，检验时一定要严格把关。

六、货源鉴别

汽车配件质量的直观鉴别一般有以下方法：

1. 看商标

要认真查看汽车配件的商标、厂名、厂址、等级和防伪标记是否真实。在商标制作上，正规的厂商在零配件表面有硬印和化学印记，其中注明零件编号、型号、出厂日期，一般采用自动打印，字母排列整齐，字迹清楚，以上这些方面小厂和小作坊一般是做不到的。

2. 看包装

汽车零配件是互换性很强、精度很高的产品，为了能较长时间存放，并且不变质、不锈蚀，需在产品出厂前用低度酸性油脂涂抹。正规的生产厂家对包装纸盒的要求也十分严格，要求其无酸性物质，不产生化学反应，有的采用硬质透明塑料抽真空包装。考究的包装能提高产品的附加值。箱、盒大都采用防伪标记，常用的防伪标记有条码、暗印等，也有的直接锻、铸在配件体上。

3. 看文件资料

首先要查看汽车配件的产品说明书。产品说明书是生产厂家进一步向用户宣传产品，帮助用户正确使用产品的资料，通过产品说明书可增强用户对产品的信任感。一般来讲，每个配件都应配一份产品说明书（有的厂家还向用户提供用户须知），但也有一些厂家几个配件才配一份产品说明书。

如果进货量很大时，还必须查询技术鉴定资料。进口配件还要查看海关进口报关资料。国家规定，进口商品应备有中文说明。一些假冒进口配件一般没有中文说明，且包装上的外文有的文法不对，甚至写错单词，一看便能分辨真伪。

4. 看表面处理

鉴别金属材质的汽车配件时，可以查看其表面处理情况。所谓表面处理，即电镀工艺、涂漆工艺、电焊工艺、高频热处理工艺等。

一些制造假冒伪劣产品的工厂很少在产品的后序工艺上投入技术、资金。汽车配件的表面处理是配件生产的后序工艺，商品的后序工艺尤其是表面处理涉及很多现代科学技术。国际上和国内的知名企业对后序工艺都比较重视，投入资金比重较大，工艺效果也比较好。

看表面处理情况时具体需注意以下几个方面：

(1) 外表镀层的工艺质量

汽车配件的表面处理中，镀锌技术占的比重较大，一般铸铁件和可锻铸件，铸钢件，冷、热板材冲压件等大都在表面采用镀锌技术。质量不过关的镀锌技术，表面一致性很差。镀锌工艺过关的，表面一致性好，批量之间一致性也没有变化，有持续稳定性。通过查看外观就能分辨真伪和优劣。

关于电镀的其他方面，如镀黑、镀黄等，大工厂在镀前处理用的除锈酸洗工艺比较严格，清除比较彻底，这时，可看其是否有泛底现象来辨别真伪和优劣。镀银、镀铝、镀镍可看其镀层、镀量和镀面是否均匀，以此来分辨真伪和优劣。

(2) 涂漆工艺

现在的汽车配件一般都采用电泳浸漆、静电喷漆工艺，有的还采用真空手段和高等级漆房喷漆。采用先进工艺生产出的零部件表面与采用陈旧、落后工艺生产出的零部件表面有很大差异，目测即可看出。如前者表面细腻，有光泽，色质鲜明；而后者则色泽暗淡，无光亮，甚至表面有气泡和流淌痕迹，用手触及有砂粒感。

(3) 电焊工艺

在汽车配件中，减振器，钢圈，前、后桥，大梁，车身钣金件等均有电焊焊接工序。正规汽车厂商有专业化程度很高的配套厂，它们大都采用自动化、先进的焊接工艺。其产品焊缝整齐，厚度均匀，表面无波纹，直线性好，焊点、焊距也很规则，这是手工焊接无法比拟的。

(4) 高频表面淬火

汽车配件产品经过精加工后才进行高频表面淬火，因此，淬火后各种颜色都原封不动地留在产品上。如汽车万向节内、外球笼经淬火后，就有明显的黑色、黄色和白色等。其中，白色面是受摩擦面，是硬度最高的面。在目测时，凡是全黑色和无色的，肯定未经过高频表面淬火。

5. 看表面伤痕

从汽车配件表面的伤痕可以分辨正规生产厂产品和非正规生产厂产品，也可分辨生产企业的管理水平。

汽车配件表面伤痕是在中间工艺环节由于产品互相碰撞而留下的。生产一个零件要经过几十道工序甚至上百道工序，而每道工序都要配备工艺装备，包括工序运输设备和工序安放的工位器具。管理水平高的工厂所生产的产品不大可能在中间工艺过程中互相碰撞。以此推断，凡在产品非工作面上留下伤痕的产品，大多是小工厂、小作坊生产的劣质产品。

6. 从产品价格上进行辨别

同样的配件，纯正部件、专业厂件和仿制品件的价格差别很大。纯正部件的价格最高，专业厂件次之，仿制品件价格最低。一般纯正部件的价格可超出仿制件1～2倍，有的甚至更多。

国外专业配套厂件比整机厂纯正部件略低。定期批量进口的配件执行外商谈判的协议价，平时零星采购的配件则执行外商每年的统一目录价。有时外商还有定期处理配件的优惠价。这些配件的报价（外币）是按照当时的进口汇率计算的，再加上关税、运输费等，然后将其换算成配件单价（称为常规价)。价格低于常规价的配件，则有可能是非纯正件或非专业厂件。

需要提醒注意的是，进口环节中的减税和中间经销商加价也会使价格偏离常规价。

7. 进口件根据进货渠道进行分析

目前进货渠道一般包括两个方面：一是直接从国外进口；二是从经销商处购买。直接从国外整机厂和零部件配套厂进口的配件，质量都有保障。如果是从经销商处购买的配件就要根据上述各种方法加以鉴别。此外，所有直接从国外进口的配件均有订购合同、提单、运单、装箱单及发票。如果从进口公司采购配件，可请其出示上述手续，否则，可判断为非进口正品。

总之，在鉴别汽车配件时方法多种多样，可以根据不同的配件种类采取不同的鉴别方法，并综合运用。

任务实施

训练：汽车配件经济进货量的计算。

某配件企业全年需购进某种配件 8 000 件，每次进货费用为 20 元，单位配件年平均储存费用为 0.5 元，采用列表法计算该汽车配件的经济进货量（表 5—2—2)。

表 5—2—2　　用列表法计算某汽车配件的经济进货量

年进货次数（次）	每次进货数量（件）	平均库存数量（件）	进货费用（元）	储存费用（元）	年总费用（元）
A	B	$C=B\div 2$	$D=A\times 20$	$E=C\times 0.5$	$F=D+E$
1					
2					
4					

续表

年进货次数（次）	每次进货数量（件）	平均库存数量（件）	进货费用（元）	储存费用（元）	年总费用（元）
5					
8					
10					
16					
20					
25					
40					

项目六　汽车配件库存管理

任务 1　验收及入库

学习目标

1. 掌握汽车配件的验收流程。
2. 掌握汽车配件的入库流程。
3. 掌握汽车配件入库时常见问题的处理方法。

任务描述

某品牌 4S 店有一批新的配件到货，这批配件从相距较远的城市运送过来，可能存在损坏、错漏等情况。作为仓库管理员，需按规范要求，做好这次配件的入库验收工作（图 6—1—1）。

图 6—1—1　汽车配件验收

相关知识

配件验收及入库是物资存储活动的开始，也是仓库管理的重要阶段。这一阶段主要包括接货、核对验收、归类上架、办理入库手续等环节。

一、入库验收的重要性

入库验收是配件入库保管的准备阶段。配件一经验收入库，仓库保管工作就正式开始，同时也就划清了入库和未入库之间的责任界限。准备入库的配件情况比较复杂，有的可能是不合格品；有的在出厂时虽然是合格的，但是经过装卸、搬运和物流环节后，致使包装损坏、数量缺少、质量改变；有的配件已经失去了部分甚至全部的使用价值。这些问题都要在入库之前弄清楚，划清责任。否则，配件在入库保管之后再发现质量、数量问题，就会由于责任不清给企业造成不必要的经济损失。因此，做好入库验收工作，把好“进仓关”，可以为提高仓库保管质量打下良好的基础。

二、入库前的验收

1. 入库验收的依据

（1）入库凭证

入库凭证指的是由供应商开具的发票附件，包括产品入库单、收料单、调拨单、退货通知单等。要严格按这些凭证标明的型号、品名、规格、产地、数量等各项内容进行验收。

（2）开箱验收

入库前的开箱验收需要参照技术检验规定的开箱比例，结合实际情况，确定开箱验收的数量（百分比）。

（3）根据国家对产品质量要求的具体标准进行验收。

2. 入库验收的要求

（1）及时

验收要及时，以便尽快建卡、立账、归类、上架、销售。这样就可以减少配件在库停留时间，缩短流转周期，加速资金周转，提高企业经营效率和经济效益。

（2）准确

配件入库应根据入库单所列内容与实物逐项核对，对配件外观和包装认真检查，以保证入库配件数量、规格及型号准确，防止以少报多或“张冠李戴”的配件混进仓库。如发现问题要查清原因，做好记录，及时处理，以免扩大损失。

3. 入库前验收的程序

（1）验收准备

搜集和熟悉验收凭证及有关订货资料；准备并校验相应的验收工具，准备装卸、搬运设备、工具及材料；配备相应的人力；根据配件数量及保管要求，确定存放地点和保管方法等。

（2）核对资料

凡要入库的零配件，都应具备相应的资料，如入库通知单，供货单位提供的质量证明书、发货明细表、装箱单，承运部门提供的运单及必要的证件等。仓库需对上述各种资料进行整理和核对，确保无误后才可进行实物验收。

(3) 点收大件

仓库保管员接到进货员、技术检验人员或工厂送货人员送来的配件后，要根据入库单所列的收货单位、品名、规格、型号、等级、产地、单价、数量等各项内容，逐项认真进行查对和验收，并根据入库配件的数量、性能、特点、形状及体积，安排适当的货位，确定堆码的方式。

(4) 核对包装

在点清大件包装的基础上，需将包装物上的商品标志与入库单进行核对。只有在实物、标志与入库凭证相符时，才能入库。同时，对包装物是否符合保管、运输的要求要进行检查验收；经过核对检查，如果发现票物不符或包装破损，应将其单独存放，并协助有关人员查明情况，妥善处理。

(5) 开箱点验

凡是配件属原厂包装的产品，一般开箱抽查点验的数量为 5%～10%。如零件出现以下情况，必须开箱检查，经全部查验无误后才能入库。

1) 包装内数量不符或外观有明显质量问题。

2) 数量不多但价值很高的汽车配件、非生产厂原包装的或拼箱的汽车配件、国外进口的汽车配件。

3) 易损件。易损件主要包括灯具件、功能件、玻璃件、钣金件和装饰件，具体见表 6—1—1。

表 6—1—1　　需到货验收的易损件

易损件	序号	主零件号	名称	验收指引
灯具件	1	33101	右前照灯	有
		33151	左前照灯	
	2	33501	右后尾灯	
		33502	左后尾灯	
		33551	左后尾灯	
功能件	3	19010	水箱组件	有
	4	19030	风扇电机	
	5	38200	熔断器盒	
	6	16400	节气门体	
	7	06780	副气囊	
玻璃件	8	73101	前挡风玻璃	有
		73111	前挡风玻璃	
钣金件	9	60100	发动机盖	有
	10	62100	车顶铁壳	
装饰件	11	73162	车顶饰条	有
	12	83200	车顶装饰板	
	13	84601	行李舱右侧衬垫	
	14	42700	铝合金钢圈	

（6）过磅称重

凡是需要称重的物资，一律全部过磅称重，并做好记录，以便计算与核对。

（7）配件归类

要根据入库配件的数量、性能、特点、形状、体积及归属汽车的哪一结构系统等进行归类，分别安排适当的货位，确定存储、上架和堆码方式。需堆码的配件，堆码时一般按五五堆码原则，即五五成行、五五成垛（图6—1—2）、五五成层、五五成捆的要求排好垛底，并与前、后、左、右的垛堆保持适当的距离。每行、每垛等都必须标明配件的数量，以便查对。建卡时，应注明分堆存放的位置和数量，同时在分堆处要建立分卡。

图6—1—2 五五成垛

（8）上退账单

理货员验收确认无误后，将无误的入库信息输入计算机系统，由计算机系统生成货位指派信息，仓库管理员根据货位指派信息将货物组织入库。汽车配件入库单如图6—1—3所示。

配件采购外协入库单

帮助 排序 打印记录 统计报表 第一 前一 下一 最后 查找 输出 添加(A) 编辑(E) 删除 退出

入库日期：2005/12/26 月份：200512 单位名称： 经办：李刚 收件：刘艳妹

配件编号：005-01 配件名称：汽油 型号：93# 小类编号：0601

配件分类：化工 设备名称：生产设备

数量：5,000.000 单价：3.63 金额：18,150.00 用途：

配件查询 刷新

配件大类 配件小类 快速查询

大类编号	配件分类
01	小五金
02	大五金
03	劳动保护
04	电器
05	备件
06	化工
07	工具
08	杂品
09	有色金属
10	轴承

配件采购外协入库单列表： 配件大类查询 汇总 显示全部

入库日期	月份	配件编号	配件名称	型号	设备名称	配件分类	单位名称	数量
2005.12.26	200512	005-01	汽油	93#	生产设备	化工		000
2006.01.11	200601	007-03	网线	WX	杂品	杂品		000
2006.01.18	200601	007-01	线卡	XKZ	杂品	杂品		000
2006.01.18	200601	007-04	水晶头	SJT	杂品	杂品		000
2006.01.20	200601	004-113	过流继电器	10A	主要设备	电器		000
2006.01.20	200601	003-3	毛巾	机关	劳保	劳动保护		000
2006.01.20	200601	003-4	毛巾	车间	劳保	劳动保护		000
2006.01.20	200601	003-11	肥皂	小号	劳保	劳动保护		000
2006.01.20	200601	003-7	帆布手套	大号	劳保	劳动保护		000
2006.01.20	200601	003-10	线手套	大号	劳保	劳动保护		000
2006.01.20	200601	003-13	洗衣粉	小袋	劳保	劳动保护		000
2006.01.20	200601	003-12	香皂	小号	劳保	劳动保护		000
2006.01.20	200601	007-02	扫帚	TZ	杂品	杂品		000

设备配件库保管账 入库单转入保管账 是否转入库存账

图6—1—3 汽车配件入库单

三、办理入库手续

经过入库前的验收后，对于质量完好、数量准确的汽车配件，应及时办理入库手续，进行登账、立卡、建档，还应妥善保管入库配件的各种证件、账单等资料。

1. 登账

对每一品种、规格及不同级别的入库配件都必须建立收、发、存明细账，它是及时、准确反映物资存储动态的基础资料。登账时必须要以正式的收发凭证为依据。

2. 立卡

入库后汽车配件的存储卡是库存配件的实物标签，它清楚、明确地反映库存配件的名称、规格、型号、级别、储备定额、增减情况和实存数量，一般直接挂在货位明显的位置上。

3. 建档

历年来的技术资料及出入库有关资料应存入档案，以便查阅和积累配件保管经验。建档时应一物一档，统一编号，以方便查阅。

以上程序完成后配件将被入库，进入库存实物管理状态。

四、入库验收工作中常见问题的处理方法

在汽车配件入库验收中发现的数量、质量或包装的问题都应按规定如实做好记录，交接双方或有关人员签字后根据情况分别处理。

1. 单货不符或单证不全

（1）汽车配件串库

汽车配件串库是指需送往其他仓库的汽车配件混进本库而形成的单货不符。对此，应如实签收，将错送的汽车配件清出，当即退回。如果是在签收后堆码、验收中发现串库的汽车配件，应及时通知送货人办理退货手续，同时更正单据。

（2）有货无单

有货无单是指货物到库而随货同行的凭证未到。对于这种情况，应先安排场所暂时存放，及时联系，待单证到齐后再点验入库。

（3）有单无货

有单无货是指存货单位或部门预先将入库单送到仓库，但经过一定时间后仍未到货，形成有单无货的情况。此时应及时查明原因，将单退回并注销。

（4）货未到齐

货未到齐是指由于运输途中甩货或批次转运混乱，造成同一批汽车配件不能同时到齐。对此，应分单签收。

（5）细数、规格不符

细数、规格不符是指入库汽车配件在开箱、拆包验收过程中发现品名、规格、牌号、产地、数量等与入库单所列不符。对此，仓库应与存货单位或部门联系，提出查询要求。

2. 质量问题

质量问题包括汽车配件异状、残损、变质等。在接货时发现的质量问题，应会同运输部门清查、点验，并由运输部门编制商务记录或出具证明书，以便按章索赔。如确认责任不在运输部门，也应做好记录，以便作为向供货单位联系处理的依据。

3. 包装问题

在清点大件数量时若发现包装有水渍、损坏、变形等情况，应会同送货人员开包检查内

部细数和质量，并由送货人员出具入库汽车配件异状记录，或在送货单上注明，同时通知保管员另行堆放。

4. 数量不符

数量不符是指汽车配件到库实数与随行单证上所列数量不一致，分为件数不符和细数不符两种情况。

如果是件数不符，应由交货人在送货单各联上注明后按实签收。对于缺少的品种、规格和数量，应通知运输人员及供货单位。

细数不符是指开包检验发现包装内汽车配件的数量缺少或规格不符，对此，应如实签收，注明情况，并通知发货方和业务单位。

任务实施

训练：进行入库验收。

根据左前照灯型号、规格、零件编号、生产厂家、数量等反映待入库配件准确信息的内容进行验收，核对无误后，还要查看合同上对配件产品规格、质量等方面的约定是否也符合入库要求。

1. 点收数量。仔细盘点要入库的左前照灯的数量是否符合入库要求。

2. 核对包装，开箱检验。检查左前照灯的外包装是否与入库通知单上的信息相符。再按照规程进行开箱检验，检验其数量与质量是否符合规定。

3. 将检验完的左前照灯入库到汽车配件仓库，按五五堆码原则就地放好，各垛堆应保持适当的距离。然后建立总卡，并注明此次左前照灯分堆寄存的位置和数量，同时在分堆处建立分卡。

任务 2　仓 库 管 理

学习目标

1. 了解仓库管理在汽车维修服务企业中的重要作用。
2. 掌握仓库管理的基本要求。
3. 熟悉汽车配件的分区、分类及仓库设计。
4. 掌握仓库保管的原则。
5. 了解特殊配件的存放方法和 ABC 管理法。

任务描述

某品牌 4S 店配件仓库于 2017 年 12 月 3 日收到某汽车配件制造有限公司发来的各类配件共 260 件，已经入库，要求按照配件仓库管理规范进行储存。汽车配件仓库管理如图 6—2—1 所示。

相关知识

图 6—2—1 汽车配件仓库管理

仓库管理也叫仓储管理，是社会产品出现剩余之后产品流通的产物。当产品不能被及时消耗掉，且需要专门的场所存放时，就产生了静态的仓储。将物品存入仓库并对存放在仓库里的物品进行保管、控制和使用，便形成了动态仓储。

一、汽车配件仓库管理的作用

汽车配件仓库是汽车配件经营服务的物资基地，仓库管理也是企业管理的重要组成部分。仓库管理的主要作用是:

1. 仓库管理是保证汽车配件使用价值的重要手段。汽车配件经营企业的仓库是服务于用户，为本企业创造经济效益的物资基地。仓库管理的好坏，是汽车配件能否保持使用价值的关键之一。如果严格按照规定加强对配件的科学管理，就能保持其原有的使用价值，否则，就会造成配件的锈蚀、霉变或残损，使其部分甚至全部失去使用价值。因此，加强仓库的科学管理，提高保管质量，是保证所储存的汽车配件价值的重要手段。

2. 仓库管理是汽车配件经营企业为用户服务的一个重要内容。用户需要各种类型的汽车配件，汽车配件经营企业在为用户服务的过程中要做大量的工作，最后一道工序就是要通过仓库管理员将用户所需的配件交给用户，满足用户的需求，以实现企业服务用户的宗旨。

二、汽车配件仓库管理的基本要求

对库存配件管理工作的要求是:做到保质、保量、供应及时、低耗、安全并节省费用。

1. 保质

保质就是要保持库存配件原有的使用价值，为此，必须加强仓库的科学管理。除要严把入库关外，还要对库存配件进行定期检查和抽查。凡是需要进行保养的配件，一定要及时进行保养，以保证库存配件的质量处于良好状态。

2. 保量

保量是指仓库保管按照科学的储存原则，实现最大的库存量。

在汽车配件保管过程中变动因素较多，例如，配件的型号、规格、品种繁多，批次不同，数量不一，长短不齐，包装有好有坏，进出频繁且不均衡；性能不同的配件其保管要求不一致等。配件要按不同的方法分类存放，既要保证配件方便进出库，又要保证仓库的储量，这就要求仓库管理员进行科学合理的规划，充分利用有限的空间，提高仓库容量的利用率。

同时，要加强对配件的动态管理。配件在入库和出库过程中，要严格执行交接点验制度，要保证数量准确无误。对库存配件一定要坚持“有动必对，日清月结，定期盘存，认真查实”，随时做到库存配件账、卡、物三者相符。

3. 供应及时

供应及时是在保证工作质量的前提下，汽车配件在入库和出库的各个环节中都要体现“快”，具体体现在以下几个方面：

（1）入库验收过程中，要加快接货、验收、入库的速度。

（2）保管过程中，要安排好便于配件进出库的场地和空间，规划好货位和垛型，为快进快出提供便利条件。

（3）出库过程中，组织足够的备货力量，安排好转运及装卸设备，为出库创造有利条件。

（4）对一切烦琐的、可要可不要的手续要尽量简化，要最大限度压缩配件和单据在库的停留时间，加快资金周转，提高经济效益。

4. 低耗

低耗是指将配件在保管期间的损耗降到最低限度。配件在入库前，由于制造、运输、中转单位等的原因，可能会发生损耗或短缺，所以应严格进行入库验收把关。在验收时应剔除残次品，核实配件是否短缺，并做好验收记录，明确损耗和短缺的责任，以便最大限度降低保管期间的配件损耗和短缺。配件入库后，要轻拿轻放，爱护包装，包装破损后要尽量维修或更换；正确堆、码、苫、垫，合理选择垛型及堆码高度，防止压损商品；对上架产品，要正确选择货架、货位，合理摆放；要制定各种产品保管损耗定额，限制超定额损耗；做好旧配件和废旧物资的回收利用。

5. 安全

做好防火、防盗、防霉变、防残损、防工伤事故、防自然灾害等工作，确保配件、设备和人身安全。

6. 节省费用

节省费用是指节省配件的进库费、保管费、出库费等成本。为达到这些目的，必须加强仓库的科学管理，挖掘现有仓库和设备的潜力，提高劳动生产率，把仓库的一切费用成本降到最低水平。

三、汽车配件的分区、分类

分区、分类是商品保管和保养的一种科学方法，也是仓储管理的制度之一。分区、分类就是根据商品性质、保管要求、消防方法及设备条件等，将配件仓库划分为若干个保管商品的区域，进行分类储存的方法。进行分区、分类时要贯彻“安全、方便、节约”的原则，在配件性质、养护措施、消防措施基本一致的前提下进行统一规划。

1. 分区、分类前的调研

规划分区、分类之前，要调查研究需要入库储存的汽车配件情况，主要包括：

(1) 经营的品种、数量与进出库的批量。

(2) 汽车配件性能、包装状况及其所需要的保管条件。

(3) 汽车配件收发、装卸、搬运等所需要的机具、设备和工作量的大小。

(4) 有无特殊的保管、验收和理货要求等。

通过对购销业务活动的调查与分析，分清在性能、养护和消防方法上一致的各类汽车配件所需仓库容量；考虑对储存、吞吐条件的要求，结合仓库具体设备、条件等因素后，即可进行分区、分类。

2. 分区、分类的方法

对汽车配件分区、分类，大体有以下两种情况：

(1) 按品种系列分类，集中存放。例如，储存发动机配件的仓库叫作发动机仓库，储存通用汽车配件的仓库叫作通用配件仓库，储存底盘配件的仓库叫作底盘仓库等。

(2) 按车型系列分库存放。例如，国产汽车配件仓库、进口汽车配件仓库等。

3. 分区、分类的注意事项

(1) 按汽车配件性质和仓库设备条件安排分区、分类。

(2) 性质相近和有消费连带关系的，要尽量安排在一起储存。

(3) 对于互有影响、不宜混存的汽车配件，一定要隔离存放，如橡胶制品和燃、润油料不能混放。

(4) 按作业安全性和便捷性分区、分类。例如，出入库频繁的汽车配件要放在靠近库门处；粗、重、长、大的汽车配件不宜放在库房深处；易碎汽车配件避免与质量较大的汽车配件存放在一起，以免在搬运时影响易碎汽车配件的安全。

(5) 消防灭火方法不同的汽车配件不得一起储存。

四、汽车配件仓库设计

1. 库房区域的划分

利用货位的第一个字母将库房分成不同的区域，如图 6—2—2 所示。其中，A 区用于存放小型配件，B 区用于存放中型配件，C 区用于存放大型配件，D 区用于存放托盘和货架，S 区用于存放贵重物品。

为避免造成混乱，O、J、I 等字母不能使用。

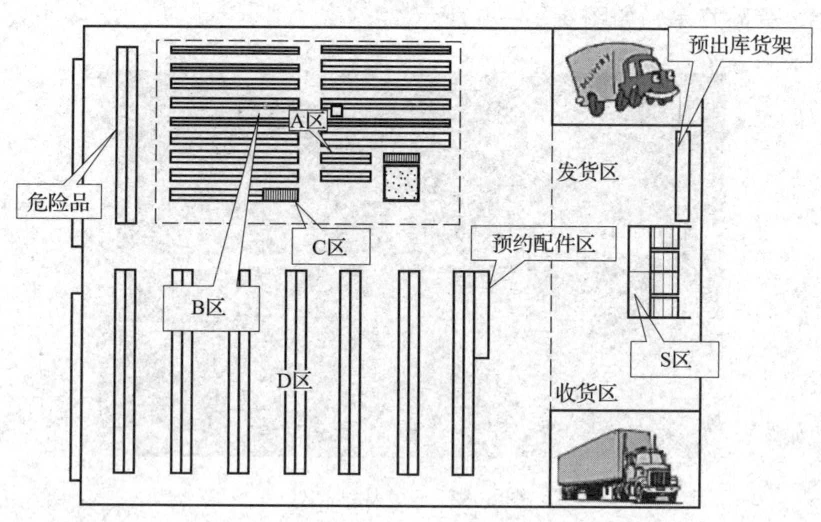

图 6—2—2　汽车配件仓库规划

2. 货架的结构

(1) 小型货架

小型货架可采用盒式货架结构，分为抽屉式和纸盒式两种，如图 6—2—3 和图 6—2—4 所示。盒式货架结构既可通过货架抽屉和可移动的分隔板来区分货位，又可采用塑料盒或纸盒来区分货位。小型货架用于存放小型配件和中等、较轻型配件。

图 6—2—3　抽屉式小型货架

图 6—2—4　纸盒式小型货架

(2) 中型货架

中型货架采用可移动隔板来区分货位，也可在零部件之间留有一定空间来区分，用于存放中型配件，如图 6—2—5 所示。

图 6—2—5　中型货架

(3) 大型货架

大型货架由金属部件构成，允许有不同的尺寸，尺寸大小取决于货架上存放的配件大小及库房的面积与高度等。大型货架适用于存放车身件、挡风玻璃、翼子板、轮胎、保险杠等，如图 6—2—6 所示。

图 6—2—6　大型货架

3. 零配件定位

(1) 库房的编号

为方便管理，要对各个库房（货场）进行编号，并在编号后面分别加“库”或“场”字样。可以按一定顺序用数字为库房（货场）编号，如由前至后以左单号右双号的顺序排列，或按储存汽车配件类别不同编号，如东风汽车配件库、解放汽车配件库等，如图 6—2—7 所示。

(2) 货位编号的使用要求

货位编号是汽车配件在库的“住址”，其标志必须明显、清楚。保管员、记账员必须使用仓库统编的货位号，对号收货、发货。仓库货位号的书写方法在一个仓库中必须一致。

零配件定位即把每一个零配件的具体位置用四位字母或数字固定下来，如图 6—2—8 所示。

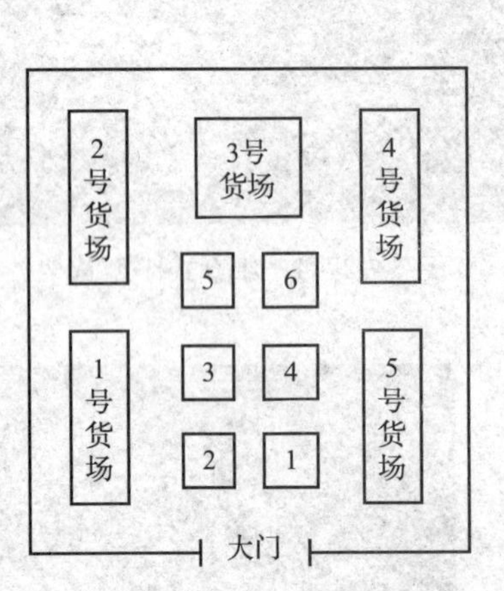

图 6—2—7　库房、货场编号示意图

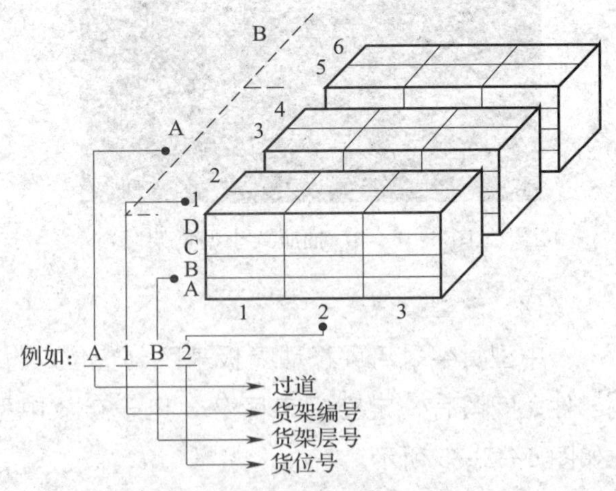

图 6—2—8　货架编号示意图

第一位：分区（过道），用 A、B、C、D……表示。

第二位：货架编号，用 1、2、3、4、5……表示。

第三位：货架层号，用 A、B、C、D……表示。

第四位：货位号，每层从左到右依次为 1、2、3、4、5……

汽车配件入库时，保管员根据汽车配件的堆码位置，把货位号注明在入库凭证上，以便在记账时附注货位号；汽车配件出库时，要把货位号注明在出库凭证上，以便按号找货。

在库的汽车配件，如果整理货物时变动了存放位置，保管员应立即填制内部汽车配件货位变动通知单，将汽车配件转移后的所在货位（除自己更改货位号外）及时通知记账员一同更改，以防发生差错。

五、仓库保管原则

1. 按周转速度存放

利用计算机分析快流件的项目，将快流件存放在靠近作业区和易取得料位的位置，每季度分析一次。这样可以减少作业者的行走线路，方便出入库工作，提高工作效率，如图 6—2—9 所示。

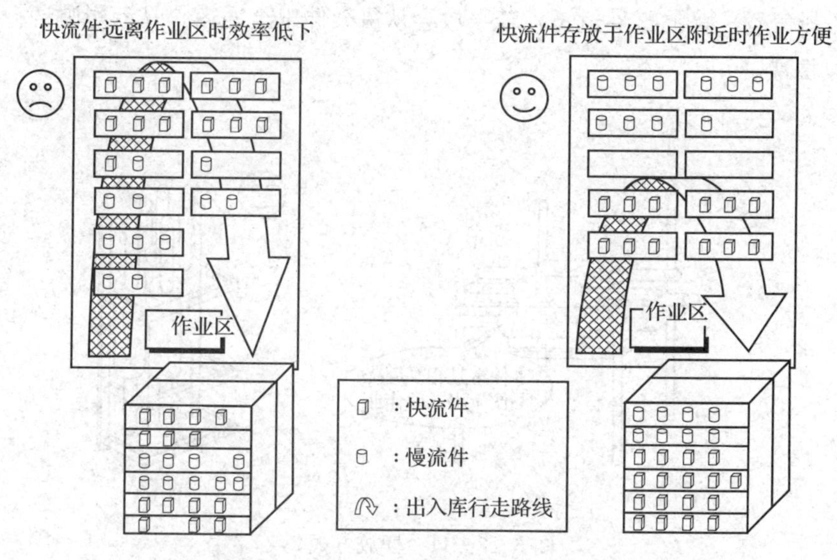

图 6—2—9　快流件摆放在作业区附近

2. 重物下置

重物下置是从出入库作业的安全性和高效率方面考虑的。例如，半轴、缸体、轮毂等质量重的零件若存放在货架上部会产生以下问题：

(1) 有落下时伤人及损坏的危险。

(2) 上架与提取不便。

具体如图 6—2—10 所示。

3. 竖直摆放

有些零件如车门、排气管、挡风玻璃等扁平或细长形状的零件需要竖直摆放，若平放会产生以下问题：

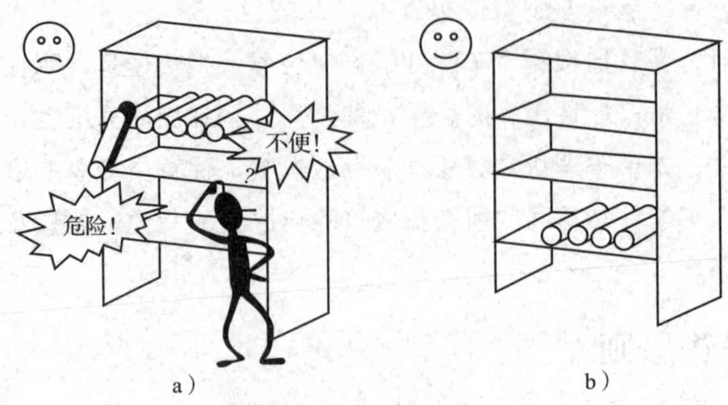

图 6—2—10　摆放方式 1

a）错误放置方式　b）正确放置方式（重物下置）

(1) 货架上部零件的质量会损坏下部的零件。

(2) 此类零件若平放会造成很大的空间浪费。

(3) 由于排气管一类的零件过长，若平放会从货架伸出至通道，从而影响通行且不安全。

(4) 难以提取。

具体如图 6—2—11 所示。

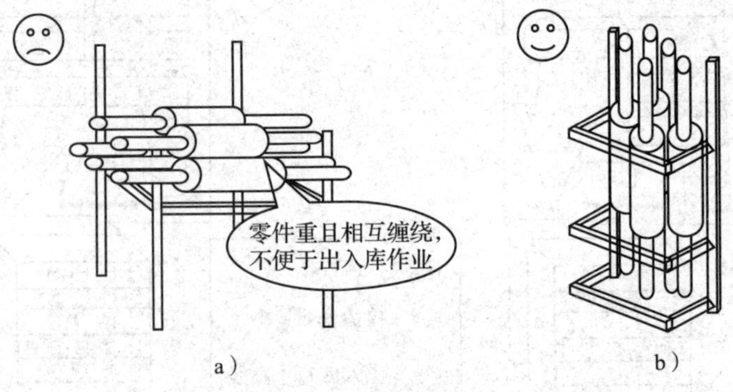

图 6—2—11　摆放方式 2

a）错误放置方式　b）正确放置方式（竖直摆放）

4. 按类型存放

按类型存放是指相似的零件应摆放在一起，这样可以提高货位的空间使用率，如图 6—2—12 所示。

5. 异常管理

对数量变化大的配件应分析是什么原因造成的，并调整至适合的料位。

(1) 当配件数量过多时，若摆放不当会存在以下问题：

1) 容易因疏忽而忘记零件的临时存放位置。

2) 有可能因疏忽了一种零件存放于两个位置而发生重复订货的情况。

3) 造成库存空间浪费。

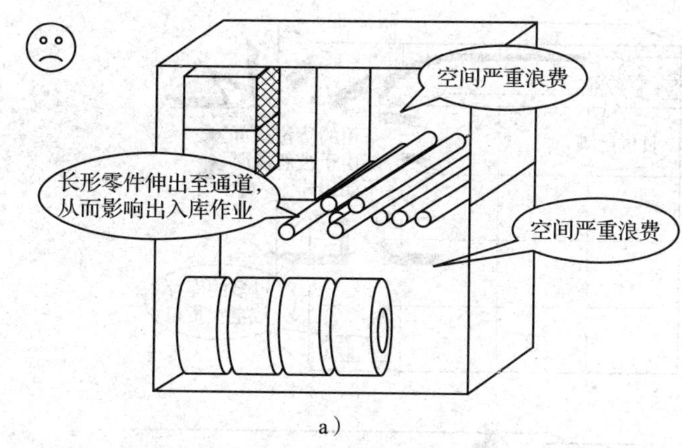

a）

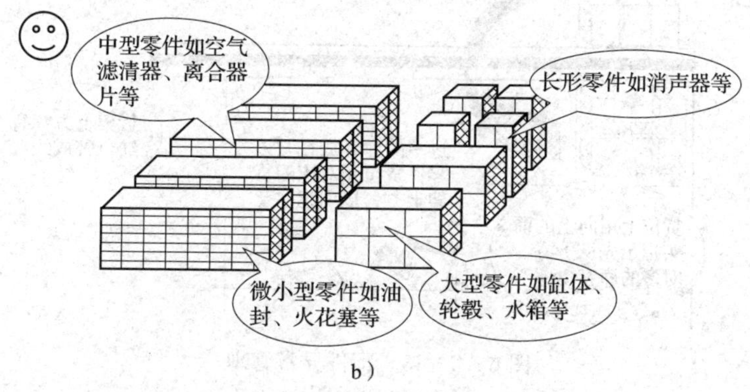

b）

图 6—2—12　摆放方式 3

a）错误放置方式　b）正确放置方式（相似的零件摆放在一起）

4）无法观察库存效率（不易察觉不良库存）。

（2）配件管理员在放置过多的配件时，应做到以下两点：

1）将过多的库存放在与配件货位相对应的货架上方，以引起工作人员的注意。

2）出现过多库存时应及时与订货部门沟通，确认是什么原因造成的（如订货错误、市场需求增加、原来的货位已不能满足要求等）。

具体如图 6—2—13 所示。

6. 一个件号一个货位

以图 6—2—14 所示的配件放置位置为例，出库票上写明该零件的货位位于 A 区的 A03 号货架由下向上数第 4 层第一个货位，即 A03—01—04。这个货位只保存需要出库的零件，即使是完全没有经验的人也可以通过货位准确、无误地找到该零件，所以一定要贯彻一个件号一个货位。

7. 存放在手可触及之处

存放在手可触及之处是从方便作业、提高工作效率的角度考虑的。如果零件存放在过高的地方，提取及上架时不得不使用梯子，就会使作业不便、效率低下。因此，应将零件存放在手能触及的位置。

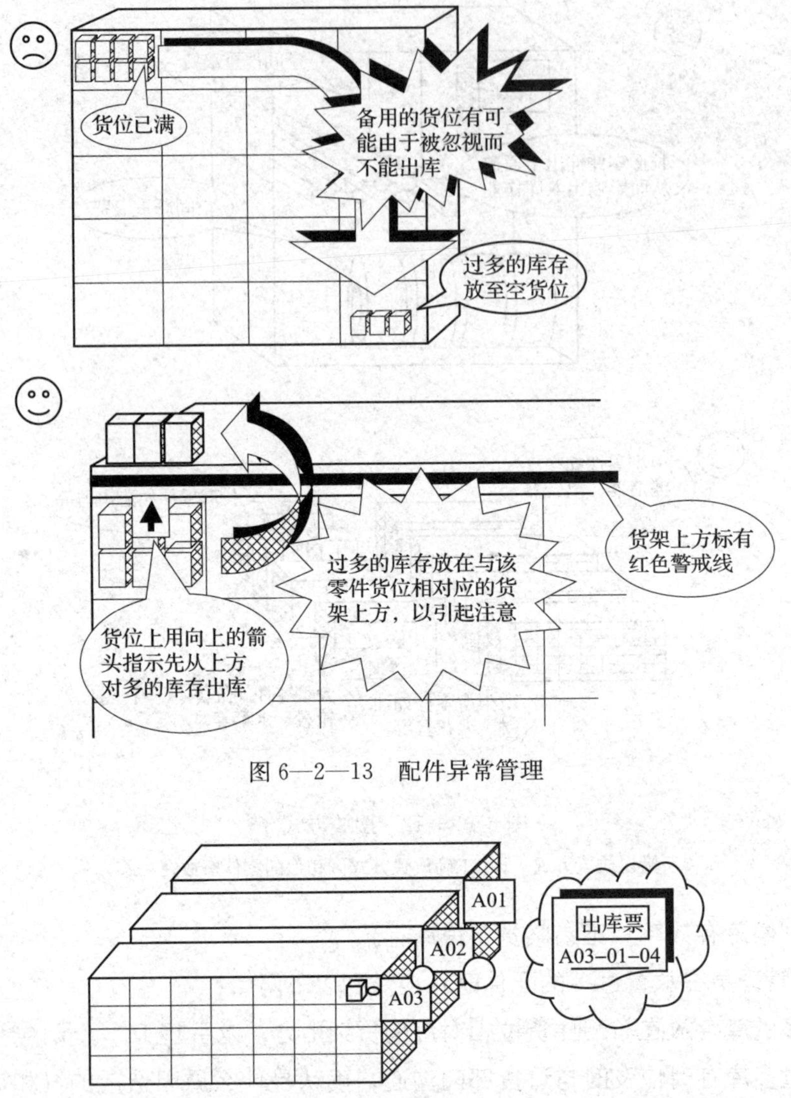

图 6—2—13 配件异常管理

图 6—2—14 配件定位

六、特殊配件的存放

1. 忌沾油汽车配件的存放

(1) 轮胎、水管接头等橡胶制品忌沾汽油、柴油、机油和润滑脂等，尤其忌沾汽油。若常与这些油类接触，就会使橡胶配件膨胀、老化，从而加速损坏。

(2) 干式纸质空气滤清器的滤芯不能沾油，否则灰尘、沙土会黏附在其表面，将滤芯糊住，从而影响滤清效果。

(3) 发电机、起动机的碳刷和转子若沾上黄油、机油等，会造成电路断路，使其工作不正常，甚至使汽车不能启动。

(4) 风扇和发电机的传动带若沾上油，会引起打滑，影响正常工作。

（5）离合器的摩擦片、制动器的制动蹄片应保持清洁、干燥，若沾上油会打滑，从而影响传动和制动效果。

（6）散热器沾上机油、黄油后，灰尘黏附在其表面，会影响散热效果。

因此，以上配件在存放时，必须严格与油品隔离。

2. 爆震传感器的存放

爆震传感器受到重击或从高处落下会损坏，为防止取放时失手滑落，这类配件不应放在货架或货柜的上层，而应放在底层，且应分格存放，下面还应铺上海绵等软物。

3. 减振器的存放

减振器在车上是承受垂直载荷的，若长时间水平旋转，会使其失效。因此，在存放减振器时，应将其竖直放置。水平放置的减振器，在装车之前要在垂直方向上进行手动抽吸，使其恢复工作效能。

4. 蓄电池的存放

存放蓄电池时，室温应保持在5～40℃，室内干燥，通风良好，不受阳光直射，远离热源，且应避免与任何液体和有害物质接触。

5. 精密液压偶件的存放

精密液压偶件是配合精密的配件，忌重压、碰撞、摔落，这类配件应保持良好的包装，分格存放。

七、ABC管理法

ABC管理法是经济管理活动中应用较广泛的一种基本方法，是改善企业经营管理的一项基础工作，是企业进行经营决策的必要依据。它是一种从错综复杂、名目繁多的事物中找出主要矛盾，抓住重点，兼顾一般的管理方法。ABC管理法又称重点管理法或分类管理法，广泛应用于商品的销售、采购、储备、库存控制等各个环节，目的在于提高资金利用率和经济效益。

汽车配件在实行按部、系、品种或按车型系列条理化管理的同时，在库存管理过程中也应采用ABC管理法进行管理，若运用得当，可以取得事半功倍的效果。

1. ABC管理法在汽车配件仓储管理中的实际应用

汽车配件的品种、规格繁多，库存管理过程也比较复杂，如何做到使库存的汽车配件既能保证销售的不间断，又尽可能少地占用资金而保持适当的库存量，这就需要对仓库所储存的汽车配件以品种、规格及占用资金量的大小进行分类，可将库存配件分为ABC三类。

分类的原则是：将占用资金很大的少数品种划分为A类配件；被划分为B类的配件品种比A类多，但占用资金比A类少；被划分为C类的配件品种最多，但占用资金最少，具体见表6—2—1。从表6—2—1可以看出：

A 类配件品种只占总品种的约 10%，所占用资金约为总资金的 70%。

B 类配件品种占总品种的约 20%，所占用资金约为总资金的 20%。

C 类配件品种占总品种的约 70%，所占用资金约为总资金的 10%。

表 6—2—1　　ABC 分类法

比例类别	A 类存货	B 类存货	C 类存货
品种种类占总品种数的比率	约 10%	约 20%	约 70%
价值占存货总价值的比率	约 70%	约 20%	约 10%

从重要程度来看，A 类最重要，B 类次之，C 类再次之。根据以上情况，对各类配件应根据其重要程度不同分别采取不同的管理方法。

(1) A 类配件

A 类配件一般是常用、易损、易耗配件，维修用量大，换件频率高，库存周转快，用户广泛，购买力稳定，订货批量较大，库存比例较高，是经营的重点品种。对这一类配件，一定要有较固定的进货渠道，在任何情况下都不能断档脱销。决策者必须随时掌握其进、销、存的比例变化，使其占有优先地位。

A 类配件的主要品种有活塞、活塞环、曲轴、气缸体、水箱、万向节、气缸垫、制动器摩擦片、车轮钢圈、半轴、转向节等几十个品种。

在仓库管理上，对 A 类配件应采取重点措施，进行重点管理，选择最优进货批量，尽量缩短进货间隔时间，做到快进快出，加速周转。要随时跟踪记录库存变化，按品种控制进货数量和库存数量，在保证销售的前提下，将库存储备压缩到最低水平。

(2) B 类配件

对 B 类配件只进行一般管理，管理措施主要是做到进销平衡，避免积压。

(3) C 类配件

对于 C 类配件，由于品种繁多，资金占用又小，如果订货次数过于频繁，不仅工作量大，经济效果也不好。一般可根据经营条件规定该类配件的最大及最小库存量。当库存量降到最小时，一次订货达到最大量，以后订货也照此办理，不必重新计算，这样有利于集中力量抓 A、B 两类配件的管理工作。

2. ABC 分类步骤

(1) 分析库存各品种配件的资金占用情况

计算每种配件在一定时期内（如 1 年内）所花费的资金总额，其计算方法是以配件单价乘以总需求量，列出品种和资金占用一览表。

(2) 计算各品种占总金额的百分比

根据一览表，把每一配件品种占用资金额按由大至小的顺序排列，计算出各品种配件的资金额占总资金额的百分比。根据配件品种数和资金额占全部品种数和总资金额的百分比，将配件分成A、B、C三类。

例如，某配件公司每年销售汽车配件3 421个品种，年销售总额为8 390万元。通过计算每一种配件资金额及各品种占总资金额的百分比，确定占销售总金额70%～75%的配件品种为A类，再确定占销售总金额15%～20%的配件品种为B类，其余为C类。

汽车配件ABC分类示例见表6—2—2。

表6—2—2　汽车配件ABC分类示例

分类（按单一品种销售金额）	品种数（种）	占全部品种的比率（%）	销售金额累计（万元）	占销售总金额的比率（%）
A类（5万元以上）	328	9.6	6 300	75.1
B类（1万元以上、5万元以下）	672	19.6	1 420	16.9
C类（其余）	2 421	70.8	670	8
累计	3 421	100	8 390	100

表6—2—2所列的3 421种配件中，单一品种销售金额在5万元以上的有328种，占全部品种的9.6%，其销售额为6 300万元，累计占销售总金额的75.1%，这328种配件被划为A类。

销售金额在1万元以上、5万元以下的共672种，占全部品种数的19.6%，其销售额为1 420万元，累计占销售总金额的16.9%，这672种配件被划为B类。

其余2 421种配件的品种数占全部品种数的70.8%，但销售额为670万元，仅占销售总额的8%，这2 421种配件被划为C类。

对全部配件进行ABC分类是一项比较烦琐的工作。当前许多汽车配件销售企业实行了计算机管理，先将该企业经营的全部配件的品种、品名和其一年的销售额录入计算机的数据库中，然后由计算机汇总销售总金额及各品种汽车配件的全年销售金额，再计算每个品种汽车配件年销售金额占年销售总金额的比率，由大到小排序，从而分析出ABC三类品种。

如果销售部门用计算机进行开票，整个部门的所有汽车配件品种每月、每日的销售金额都已存入计算机，这样用计算机进行ABC分类就更为快速和准确，而且既可以让计算机对全年的销售情况做ABC分类，又可以对半年或近几个月的销售情况做ABC分类。计算机只需几分钟即可完成ABC分类。最后由打印机输出ABC分类清单，其效率比人工计算提高了数百倍，既节省了人力，又提高了准确度和信息反馈的速度。

3. ABC管理法在仓储管理中的作用

ABC管理法的应用在配件仓储管理的科学性、计划性、经济效益等方面已显示出了强大的优势，被许多企业采用，主要有以下作用:

（1）可使配件库存管理有条理，储备有重点，供应有主次，订货易选择，核算有基础，统计好分析，为配件核算和计划编制工作奠定了基础。

（2）可以对配件合理分类，较准确地确定订货批量和储备周期。能克服不分主次储备的缺点，使储备从定性分析上升为定量分析，确保配件储备定额科学、合理。

(3) 按占用资金的大小依次分类，可以使管理人员自觉形成对资金管理的重视，并且懂得管好A类配件，就能取得用好资金的主动权。另外，也可以改变管理人员“只管供，不管用，只管物，不管资金”的片面做法，从而提高配件仓储的微观经济效益。

(4) 对于占用资金不多的C类配件，可采取规定该类配件的最大及最小储备量的方法来保证供应，从而节省大量的时间和保管费用，避免人力、财力、物力的浪费，能更好地集中精力抓主要矛盾，管好A类及B类配件。

(5) 能有效地帮助仓库管理人员分析配件进销及库存的数据，以掌握其变化规律；有助于配件的合理储备，避免积压；有助于加速资金周转，便于仓库核算及企业经济效益的提高。

(6) 使配件分类更清楚，合同管理更为严格。因为配件若不到货就能及时反映出供需矛盾，能增强执行合同的严肃性。

(7) 有助于企业进行库存结构分析。汽车配件销售企业的库存结构是指适销对路的配件在整个库存中所占的比重。适销配件占的比重大，库存结构就较好；适销配件所占的比重小，库存结构就较差。

库存结构是汽车配件销售企业的一项重要业务指标，它直接关系着企业商品资金占用的合理与否，反映出企业经营管理的好坏及经济效益的高低。企业应该经常对其库存结构进行分析，不断通过扩大销售和调整进货等手段调整库存结构，进而保持库存结构的最合理状态。

任务实施

训练1：在图6—2—15中找出以下库位并用其后的图形进行标记，如A1A02：√。

①A1D03：○　　②A1B05：△　　③A1C01：□　　④A1A04：◇

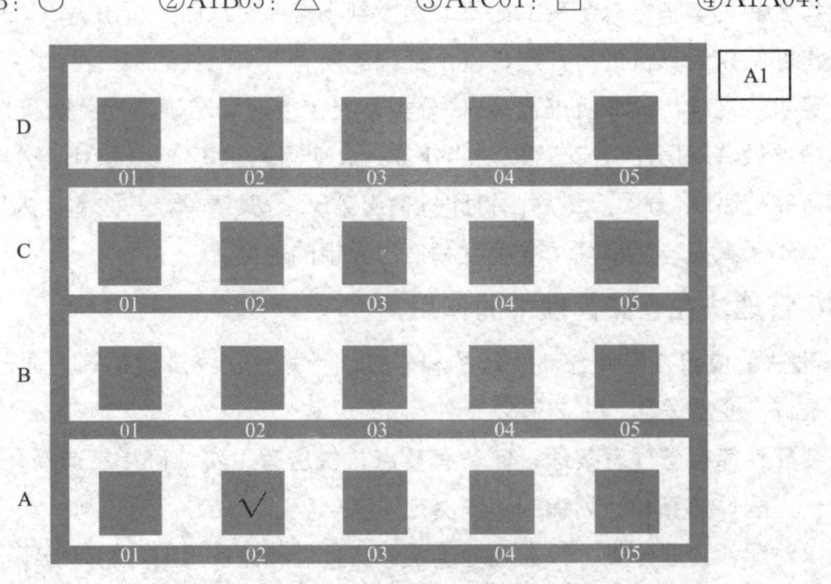

图6—2—15　配件位置示意

训练 2：将以下 16 个配件按区分类，并按照仓储保管原则放置于货架上（表 6—2—3）。

(1) 左侧后视镜总成　　(2) 谐振器总成
(3) 左等速连接总成　　(4) 安全气囊控制单元
(5) 横拉杆球头　　(6) 进气门
(7) 空气流量计　　(8) 散热器护罩
(9) 左前雾灯总成　　(10) 风扇控制继电器
(11) 前制动衬套组件　　(12) 左前减振器总成
(13) 加油口盖板总成　　(14) 蓄电池
(15) 车门外把手总成　　(16) 行李舱盖锁闩总成

表 6—2—3　　将配件放于合适的层

部位	发动机	底盘	车身	电器
第 4 层				
第 3 层				
第 2 层				
第 1 层				

任务 3 出　库

学习目标

1. 掌握汽车配件的出库流程。
2. 掌握汽车配件的出库要求。
3. 能进行汽车配件的出库核算。

任务描述

某品牌 4S 店汽车配件仓库需于 2018 年 12 月 4 日为某客户车辆索赔的喇叭办理配件出库（图 6—3—1），要求仓库工作人员准确、熟练地做好配件出库操作。

图 6—3—1　配件出库

相关知识

一、出库的程序

1. 核对单据

业务部门开出的提货单据（包括供应发票，转仓单，商品更正通知单，补发、调换、退货通知单等）是仓库发货、换货的合法依据。仓库保管员接到提货或换货单据后，先核对单据内容、收款印章，然后给予备货。如发现问题，应及时与有关部门联系解决。零件取货单样本如图 6—3—2 所示。

××市汽车服务有限公司

配件取货单（修理部）

操 作 卡________

车　牌________　　　　发票凭单________

挂账户口________　　　　开票日期___年___月___日

数量	车系	零件编号	名称	仓位	单价	提货数量	金额

营业员______　仓务员______　领料______　合计金额______

图 6—3—2　零件取货单样本

2. 备货

备货前应将提货单据与卡片、实物核对，确认无误后方可备货。

备货有两种形式：一种是将配件发到理货区，按收货单位分别存放并堆码整齐，以便复点；第二种是外运的大批量发货，为了节省人力，可以在货位就地发货，但必须在单据上注明件数和尾数（即不足一个原箱的零数）。无论采用哪种形式，都应及时记卡、记账、核对结存实物。

3. 复核、装箱

备货后一定要认真复核，复核无误后，属于用户自提的，可以当面点交；属于外运的，可以装箱发运。

在复核中，要按照单据内容逐项核对，然后将单据的随货同行联和配件一起装箱。如果是拼箱发运的，应在单据的仓库联上注明；如果编有箱号的，应注明拼在几号箱内，以备查找。无论是整箱或拼箱，都要在箱外注明箱内配件的名称、型号、数量、接货地及接货单位（或接货人）等，以防止在运输途中发错到达站。

4. 报运

外运的配件经过复核、装箱后，需要过磅称重的要及时过磅称重，然后按照装箱单内容逐项填写清楚，报送运输部门，向承运单位申请准运手续。

5. 点交和清理

领货人凭装箱单向仓库提货时，保管员应先审查单据内容、印章以及经手人签字等，然后按单据内容如数点交。点交完毕后，随即清理现场，整理货位，腾出空位，以备再用。

用户自提的一般不需备货，随到随发，按提货单内容当面点交，并随时结清，做到卡、物相符。

6. 单据归档

发货完毕，应及时将提货单据（盖有提货印章的装箱单）归档，并按照其时间顺序分月装订，妥善保管，以备核查。

二、出库的要求

1. 凭单发货

仓库保管员发现提货单据内容有误，填写不符合规定，手续不完备的，可以拒绝发货。

2. 先进先出

仓库保管员一定要坚持“先进先出、出陈储新”的原则，以免造成配件积压时间过长而变质报废。因为许多汽车配件都有保质期，更新换代也很快，配件制造工艺也在不断更新，如果积压时间过长，很可能因为变质、老化、淘汰老旧产品而报废。

3. 及时准确

一般大批量发货不超过 2 天，少量货物随到随发。凡是注明发快件的，要在装箱单上注明“快件”字样。发出配件的车型、品种、规格、数量、产地、单价等都要符合单据内容。因此，出库前的复核一定要细致，过磅称重也要准确，以免因超重而发生事故。

4. 包装完好

配件从仓库到用户的中间环节要经过数次装卸、运输，因此，在出货前要认真检查，一定要保证包装完好，避免在运输途中造成损失。

5. 配件待运

配件在未离库前的待运阶段要注意安全管理。例如，忌潮的配件要加垫，怕晒的配件要放在避光、通风处。总之，配件在未离开仓库之前，仓库保管员仍然要保证其安全。

三、出库核算的方法

1. 先进先出法

先进先出法是指根据先购进的存货先发出的成本流转假设对存货的发出和结存进行计价的方法。先按存货的期初余额单价计算发出的存货成本，领发完毕后，再按第一批入库的存货单价计算，依此从前向后类推，计算发出存货和结存货的成本。

先进先出法假设先入库的材料先耗用，期末库存材料就是最近入库的材料，因此，发出材料按先入库材料的单位成本计算。

例：假设库存为 0，1 日购入 A 产品 100 件，单价 2 元；3 日购入 A 产品 50 件，单价 3 元；5 日销售人员发出 A 产品 50 件，则发出单价为 2 元，成本为 100 元。

先进先出法由于其“较多的利润、较高的存货价值、较高的流动比率”等因素，有助于筹资和提升企业管理人员的业绩。

但先进先出法也存在许多不足。首先，商品的售价是按近期的市价计算的，因而收入较多，销售收入和销售成本不符合配比原则，以此计算出来的利润就偏高，形成虚增利润，实质为“存货利润”。其次，由于虚增了利润，就会加重企业所得税负担，以及向投资人分红增加，从而导致企业现金流出量增加。

2. 加权平均法

加权平均法也称为全月一次加权平均法，是用加权计算的方法计算当月发出存货成本和期末存货成本。

(1) 计算方法

存货加权平均单位成本=(月初结存存货成本+本月购入存货成本) / (月初结存存货数量+本月购入存货数量)

月末库存存货成本=月末库存存货数量×存货加权平均单位成本

本期发出存货成本=本期发出存货数量×存货加权平均单位成本

或

=期初存货成本+本期收入存货成本-期末存货成本

(2) 特点

1) 采用加权平均法得到的平均数已包含了长期变动趋势。

2) 计算方法简便。

3) 采用加权平均法时，必须要到月末才能计算出全月的加权平均单价，这显然不利于核算的及时性；按照月末加权平均单价计算的期末库存材料价值，与现行成本相比，有较大的差异。

3. 个别计价法

个别计价法又称“个别认定法”“具体辨认法”和“分批实际法”。采用这一方法是假设存货的成本流转与实物流转相一致，逐一辨认各批发出存货和期末存货所属的购进批别或生产批别，分别按其购入或生产时所确定的单位成本计算各批发出存货和期末存货成本。

采用个别计价法计算发出存货的成本和期末存货的成本比较合理、准确，但在实务操作中工作量繁重，困难较大，适用于容易识别、存货品种数量不多、单位成本较高的存货计价。

个别计价法的计算公式为：

发出存货的实际成本=各批存货发出数量×该批存货实际进货单价

例：某工厂本月生产过程中领用A材料2 000 kg，经确认其中1 000 kg属于第一批入库材料，单位成本为25元；其中600 kg属于第二批入库材料，单位成本为26元；其中400 kg属于第三批入库材料，单位成本为28元。采用个别计价法计算本月发出A材料的成本。

发出材料实际成本=1 000×25+600×26+400×28=51 800 (元)

四、发货的复核

1. 送货的复核

需要对外送货的汽车配件在发货时，由仓库保管员凭送货提单配货，填写标签。备货后集中于待运场所时，在装车前还要进行逐单核对。复核汽车配件有无差错，箱号、件数是否相符；复核发往地点与运输路线有无错误，收货单位名称书写是否正确、清楚等。复核后，理货员应在出库凭证上签字或盖章，以明确责任。

对于不设专职理货员的小型仓库，保管组内应分工合作，互相复核。

2. 自提的复核

自提汽车配件出库时，仓库保管员根据提货单配货发付，由复核人员或其他配合工作的保管员会同提货人（客户）对汽车配件的品名、规格、等级、数量等进行复核。未经复核或单货不符的汽车配件不得出库。

3. 装箱的复核

出库汽车配件凡是由仓库装箱的，由仓库保管员按单配货，交给装箱人员复核汽车配件品名、规格、等级、数量和计算单位等，并填制装箱单，加以签章后置于箱内，然后施封。

4. 账、货、结存数的复核

仓库保管员据单备货，从货垛、货架上取货以后，应立即核对汽车配件结存数，同时检查汽车配件的数量、规格等是否与记账员在出库凭证上的账面结存数相符，并要核对汽车配件的货位号、货卡有无问题，以便做到账、货、卡三者相符。

任务实施

训练：出库作业。

按照汽车4S店零配件出库作业流程与作业规范对火花塞（1个）、发动机专用油（1瓶）进行出库作业。图6—3—3所示为五菱汽车4S店维修部领料单。图6—3—4所示为某汽车服务公司修理部的配件取货单。

五菱汽车4S店维修部领料单

单位：个　　2018年12月6日　　NO. 179

提货部门	维修部	领料人		电话	
编码	图号	名称	数量	备注	
01014	NGK 铱金	火花塞	1		
02009	SF 15W/40	五菱汽车售后服务用油（发动机专用）	1		

图6—3—3　五菱汽车4S店维修部领料单

××汽车服务有限公司

配件取货单（修理部）

操 作 卡＿＿＿＿＿＿＿＿

车 　牌＿＿＿＿＿＿＿＿　　　　　　　　　　　　　　　　发票凭单＿＿＿＿＿＿＿＿

挂账户口＿＿＿＿＿＿＿＿　　　　　　　　　　　　　　　开票日期＿＿＿年＿＿月＿＿日

数量	车系	零件编号	名称	仓位	单价	提货数量	金额

营业员＿＿＿＿＿　仓务员＿＿＿＿＿　领料＿＿＿＿＿　合计金额＿＿＿＿＿

图 6—3—4　某汽车服务公司修理部的配件取货单

任务 4　库 存 盘 点

学习目标

1. 了解库存盘点的目的、方法和内容。
2. 掌握库存盘点的工作流程。
3. 能进行库存盘点问题的处理。

任务描述

某品牌 4S 店需在本月底对汽车配件进行盘点（图 6—4—1），仓库内有部分残损配件及呆滞件。仓库管理员需核对账、货，按要求完成盘点和清查工作。

图 6—4—1　库存盘点

相关知识

一、库存盘点的目的

盘点是指仓库定期或不定期对库存汽车配件的数量进行核对，清点实存数，查对账面数的具体核查工作。

盘点不仅要清查账面记载的各种汽车配件数与仓库实存数是否相符，有无溢缺或规格不符等情况，还要查明在库汽车配件有无变质、失效、残损和销售呆滞等情况。通过盘点，彻底发现和清查库存配件管理中已暴露的或隐蔽、潜在的差错和事故，及时补救，尽量减少和避免损失。

二、库存盘点的方法

库存盘点的方法主要分为日常盘点、定期盘点和临时盘点三种。

1. 日常盘点

日常盘点不定期，是一种局部性的盘点，又分为动态盘点和巡回复核。

（1）动态盘点

动态盘点即针对每天变动的货位、货数，在发货后随即查点结存数。这种核对用时少，发现差错及时，可以有效地提高账货相符率。

（2）巡回复核

巡回复核即在日常的仓库清理、检查过程中安排巡回核对、点数。它可对库存配件的数量发生的变动随时跟踪，做到防患于未然。

2. 定期盘点

定期盘点也称为全面盘点，进行定期盘点的时间间隔由各配件部门根据自身的情况确定，一般在月末、季末、年末进行。盘存时，按批清点库存数量，以实存数对卡、对账，核完做出已盘标记。

3. 临时盘点

临时盘点是指根据工作需要而定的临时突击盘点，如相关工作人员工作调动、意外事故、搬迁移库等情况发生时都应进行临时盘点。

在盘点时发现问题应做出记录，并及时追查原因。未查明原因之前，对溢余、短缺、差错等，应及时按规定报业务部门处理，以保持库存汽车配件的真实。不能随便以溢余抵充短缺，防止事后无从查对。发现汽车配件霉烂、变质、残损等情况时，应采取积极的挽救措施，尽可能减少损失。

三、库存盘点的内容

1. 盘点数量

对以数量记载存量的汽车配件，应全部清点；对货位、货架层次不清的汽车配件，应进行必要的逐货位整理，逐架、逐层盘点。

2. 盘点质量

对以质量记载存量的汽车配件，可会同业务部门逐批抽件过秤。

3. 核对账与货

根据盘存汽车配件实数来核对汽车配件保管账所列的结存数，逐笔核对。查明实际库存量与账、卡上的数量是否相符，检查收发有无差错，查明有无超储积压、损坏、变质等，具体如图 6—4—2 所示。

4. 核对账与账

仓库汽车配件保管账应定期与业务部门的汽车配件账及盘点后的配件账核对。在遇到问题时有必要随时核查，如图 6—4—3 所示。

图 6—4—2　核对账与货

图 6—4—3　核对账与账

5. 检查配件质量

在进行库存盘点的同时要注意检查库存配件的质量有无变化，包装是否有异常，有无超过期限的配件，有无长期积压的现象等，必要时还应进行技术检验。

四、库存盘点的工作流程

1. 盘点前的工作准备

(1) 汽车配件仓库实地盘点必须由主管领导负责，并在财务主管的监督下定期进行。尽量在一天之内完成，时间最好选择在下班后进行，避免影响正常的营业。

（2）盘点前应建立良好的货位安排系统，由仓库管理员制订盘点计划（包括盘点日期、进度、清点范围等）和盘点清单，然后根据盘点计划配备相应的人员。

（3）盘点前应清洁场地，清除废品，分类整理配件。对损坏的配件做好标记、记录数量，以备盘点后统一处理。

（4）盘点要按计划认真进行，每种配件要清点两次，同时还要清除废旧品及损坏、过期、淘汰的配件，并认真填写汽车配件盘点表（表6—4—1）。

表6—4—1　　**汽车配件盘点表**

序号	库存表					实物表			盘盈			盘亏			备注
	型号	配件名称	数量	单价	金额	数量	单价	金额	数量	单价	金额	数量	单价	金额	
1															
2															
3															
4															
5															
6															
7															
8															
9															
10															
11															
12															
13															
14															
15															
16															
17															
18															
19															
20															

2. 盘点流程

盘点流程表见表6—4—2。

表 6—4—2　　盘点流程表

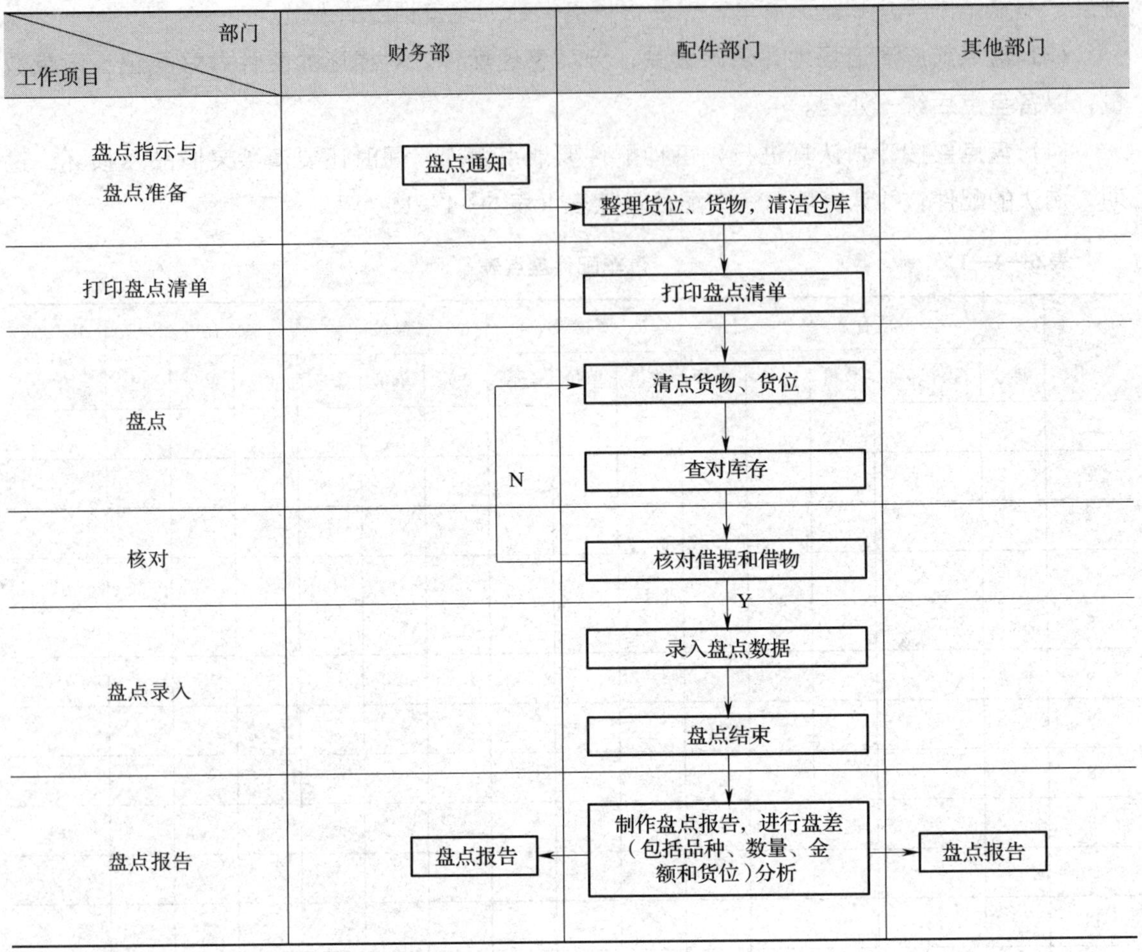

五、库存盘点问题的处理

对于盘点后发现的盈亏、损耗、规格不一致、丢失等情况，应组织复查及落实，分析产生这些情况的原因，及时处理，妥善解决，并应制定避免类似情况再次发生的具体措施和办法。

1. 储耗

对易挥发、潮解、溶化、散失等的物资，允许有一定的自然储耗。凡在合理储耗标准以内的，由保管员填报合理储耗单，经批准后，即可转财务部门核销。储耗的计算一般一个季度进行一次，其计算公式如下：

合理储耗量＝保管期平均库存量×合理储耗率（合理储耗率由各企业根据实际情况科学制定）

实际储耗量＝账存数量－实际数量

储耗率＝保管期内实际储耗量/保管期内平均库存量×100%

实际储耗量超过合理储耗部分的做盘亏处理，凡因人为的原因造成物资丢失或损坏的，不得计入储耗范围内。

2. 盈亏和调整

在盘点中发生盘盈或盘亏时，应反复落实，查明原因，明确责任。由仓库保管员填制库存物资盘盈（盘亏）报告单，经仓库负责人审签后，按规定上报审批。

3. 报废和削价

由于保管不善造成汽车配件发生霉烂、变质、锈蚀等情况的配件，在收发、保管过程中已损坏并已失去部分或全部使用价值的配件，以及因技术淘汰需要报废的配件，经有关方面鉴定后，确认确实不能再使用，须由保管人员填制物资报废单，并上报审批。需要削价处理的配件，经技术鉴定，由保管人员填制物资削价报告单，按规定报上级审批。

4. 事故

由于被盗、火灾、水灾等原因及仓库有关人员失职，致使配件数量和质量受到损失的，应视作事故向有关部门报告。

在盘点过程中，还应清查有无本企业多余或暂时不用的配件，以便及时把这些配件调给其他需用单位或做其他处理，以减少浪费。

任务实施

训练 1：库存盘点。

对某品牌 4S 店配件仓库的机油、机油滤清器、空气滤清器、汽油滤清器、油底螺钉垫和空调滤清器进行临时盘点。

1. 整理货位。

2. 盘点数量（核对账与货、账与账），并完成汽车配件盘点表的填写（表 6—4—3）。

表 6—4—3　　汽车配件盘点表

序号	配件名称	配件编码	货位	账目数量	实际数量	盘盈	盘亏	备注
1	机油							
2	机油滤清器							
3	空气滤清器							
4	汽油滤清器							
5	油底螺钉垫							
6	空调滤清器							

3. 检查质量，并完成汽车配件质量登记表的填写（表 6—4—4）。

表 6—4—4 汽车配件质量登记表

序号	配件名称	配件质量	配件包装	保质期	积压情况	技术检验	备注
1	机油						
2	机油滤清器						
3	空气滤清器						
4	汽油滤清器						
5	油底螺钉垫						
6	空调滤清器						

训练 2：录入数据。

根据训练 1 库存盘点的情况将数据录入系统，库存盘点单如图 6—4—4 所示。

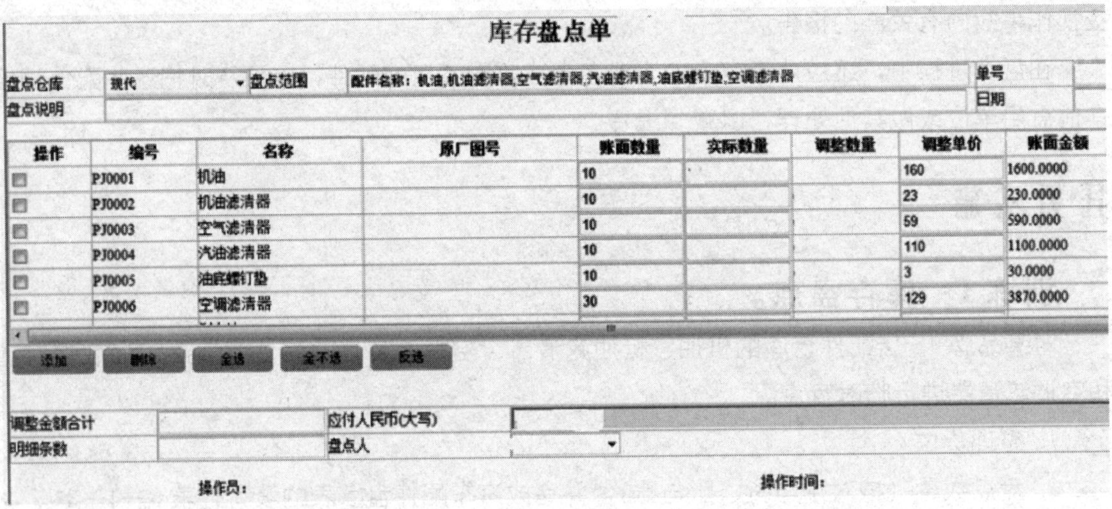

库存盘点单

盘点仓库 现代 盘点范围 配件名称：机油,机油滤清器,空气滤清器,汽油滤清器,油底螺钉垫,空调滤清器 单号
盘点说明 日期

操作	编号	名称	原厂图号	账面数量	实际数量	调整数量	调整单价	账面金额
	PJ0001	机油		10			160	1600.0000
	PJ0002	机油滤清器		10			23	230.0000
	PJ0003	空气滤清器		10			59	590.0000
	PJ0004	汽油滤清器		10			110	1100.0000
	PJ0005	油底螺钉垫		10			3	30.0000
	PJ0006	空调滤清器		30			129	3870.0000

添加 删除 全选 全不选 反选

调整金额合计 应付人民币(大写)
明细条数 盘点人

操作员： 操作时间：

图 6—4—4 库存盘点单

项目七　汽车配件销售

任务1　汽车配件销售流程

学习目标

1. 了解汽车配件销售的基本知识。
2. 熟悉汽车配件销售的基本流程。
3. 具备汽车配件推介的技巧。

任务描述

某汽车配件销售公司有A型和E型两种滤清器，E型滤清器的环保性较A型好，滤芯纸密度优于A型，且结构更合理，滤清效率、散热性指标均比A型好，但在销售价格上仅比A型贵1元，而在进价上E型滤清器则要比A型贵4元（E型进价11元，A型进价7元）。对这两种滤清器在2014—2016年的销量进行分析发现，E型滤清器销量大幅上升，与A型相比差45 000个/年。从汽车保有量逐年增加的情况来看，A型滤清器销量不但未涨甚至有所下降。对该配件公司而言，销售E型滤清器要比销售相同数量A型滤清器的利润要低。根据以上情况，设计恰当的配件销售方案。

相关知识

在我国，随着汽车产量和保有量不断增加，汽车配件的销售市场快速发展，但该市场的发展还不够成熟。本项目将通过对汽车配件销售基本流程、定价的基本方法、配件推销技巧等方面展开学习，全面了解汽车配件市场的特点，以及目前我国汽车配件销售市场应如何结合自身特点建立更成熟、完善的销售模式，如何更好地贯彻营销理念，以提供优质服务。

一、汽车配件销售的特点

1. 较强的专业技术性

现代汽车是融合了多种高新技术的集合体，其每一个配件都具有严格的型号、规格要求，还要满足相应的技术标准。要在不同型号汽车的成千上万个配件品种中为客户准确、快速地查找出所需要的配件，就必须有高度专业化的人员，并有计算机管理系统作为保障。从业人员既要掌握商品营销知识，又要掌握汽车配件专业知识、汽车材料知识、机械制图知识以及汽车配件的商品检验知识，并会识别各种汽车配件的车型、规格、性能、用途等。一名合格的汽车配件销售人员除了要经过一定的专业知识培训外，更重要的是要在营销实践中不断学习，总结和摸索经验。

2. 经营品种的多样性

一辆汽车在整个运行周期内约有 3 000 多种配件存在损坏和更换的可能，所以经营某一个车型的配件就要涉及许多的品种和规格。即使同一品种和规格的配件，国内外有许多生产厂家，其质量、价格上的差别也很大，甚至还存在假冒伪劣产品。作为汽车配件销售人员，要能够在繁杂的配件中为用户准确选择和推荐所需要的配件，并且要确保货真价实。

3. 销售的季节性

一年四季的自然规律给汽车配件销售市场带来不同季节的需求。在雨季，车上需要的各种挡风玻璃、车窗升降器、电动刮水器、刮水臂及刮水片、挡泥板等配件销量就大。在夏季和早秋季节，由于气温高，发动机磨损程度加大，火花塞、断电器、气缸垫、进/排气门、风扇传动带及冷却系配件的需求就大。在冬季，由于气温低，发动机难启动，需要的蓄电池、预热塞、起动机齿轮、放水阀、飞轮齿圈、冷却液、百叶窗、各种密封件等配件较多。由此可见，自然规律给汽车配件市场带来非常明显的季节性需求。调查资料显示，这种趋势所带来的销售额约占总销售额的 30%～40%。

4. 销售的地域性

我国地域辽阔，地理环境差异较大，给汽车配件销售市场带来地域性的不同需求。在城市，人口稠密，路况复杂，汽车启动和停车次数较频繁，机件磨损较大，其所需起动系、离合器、制动系、电气设备等配件的数量就较多。在山地、高原，因山路多，弯道急，坡度大，颠簸频繁，汽车制动器摩擦片、钢板弹簧、减振器、变速器、传动系配件极易损坏，需要更换的总成件也较多。

由此可见，地理环境给汽车配件销售市场带来了非常明显的影响。

除了以上特点外，汽车配件在销售时还应具备相当数量的库存支持和相应的配套服务。

由于汽车配件经营品种多样化以及汽车故障发生的随机性，经营者为了确保能满足广大消费者的各种需求，要将大部分资金用于库存储备和在途商品资金储备。

另外，汽车集高新技术和常规技术于一体，涉及机械、电子电器、自动控制、计算机等多种技术，经营者必须要有相应的配套服务，特别是技术服务至关重要。销售汽车配件最重要的是做好售前、售中和售后服务工作。

二、汽车配件销售人员的基本素质

在汽车配件销售企业中，销售人员泛指门市营业员、推销员、进货员、售后服务人员、仓库保管员、市场预测和调研人员等。他们在企业营销活动中充当着重要角色，应具备良好的形象和素质。因此，塑造和完善自身形象，提高自身素质，是汽车配件销售人员在激烈的市场竞争中获胜的关键。

1. 汽车配件销售人员的营销形象

汽车配件销售人员是企业与消费者接触的中介，销售人员的营销形象即指在经济活动中，消费者对销售人员的仪表、气质、言行举止所产生的印象和评价。其形象的好坏，对客户的消费行为将会产生截然不同的影响，对客户消费行为继续与否产生引导的效果，通常称为销售人员的形象效应。因此，企业必须善于正确地塑造和运用销售人员的形象，使之在消费者中产生理想的效应。

2. 汽车配件销售人员的基本素质

汽车配件销售人员是汽车配件营销企业人员的主体，他们的素质对企业的经营管理水平、服务质量、经济效益等具有决定性作用。对销售人员的能力和作用抽样调查结果表明，同一种商品由不同的销售人员去进行销售，其销售额相差十几倍之多。汽车配件销售人员应具备以下基本素质：

(1) 坚定的销售信念

坚定的销售信念能促使销售人员积极宣传和推销商品，尽最大努力去完成销售目标，这是取得最佳销售成果的主要原因。坚定的销售信念来源于销售人员对本职工作的热爱和全心全意为用户服务的理念。

(2) 良好的销售道德

良好的销售道德是指遵守国家法律、法规，不违法经营；遵守公平竞争、公平买卖的市场规则，不搞不正当竞争；讲求商业信誉，抵制假冒伪劣产品；靠诚实、信誉、公平取信于客户；维护企业与客户的正当利益，不损人利己，不损公肥私；热情、耐心、周到、平和、文明；有强烈的市场开拓精神，能吃苦耐劳；严于律己，认真负责。

(3) 稳定的工作情绪

情绪是人们在客观环境中遇到各种各样的人和事时所产生的行为和思想的反映。积极而稳定的情绪能激发出高涨的工作热情、顽强的毅力和无限的智慧。而消极的情绪则是销售工作中的阻力，是应当避免的。汽车配件销售人员要培养自己积极乐观的工作情绪，树立献身祖国现代化建设的坚定信念和在本职工作上做出一番事业的决心。

(4) 市场观念

销售人员要树立市场观念，要了解行情、用户，掌握市场动态，以灵活的经营手段适应多变的市场形势，如适时开展联销、代销、展销、推销等活动。

(5) 经营效益观念

销售人员首先要根据市场需求情况适时组织好适销对路的汽车配件，做到勤进快销；其次要大力压缩滞销配件的库存，降低费用，加速资金周转，做到增收节支。

(6) 较丰富的商品和业务知识

熟悉汽车配件结构原理、主要性能与保养检测知识，了解其型号、用途、特点和价格，只有这样才能当好客户的“参谋”，及时、准确回答客户提出的各种问题，消除客户的各种疑虑，促成交易；熟悉市场行情、价格、费用，了解相关业务、政策规定以及市场营销的基本知识；熟悉客户心理，准确判断客户的购买动机，为客户当好参谋；必须注意语言艺术，对各类客户要做到有问必答，语言准确，条理清楚，热情而诚恳的语言能给客户以愉快的感受，促使买卖成交；能根据客户的不同要求，提供各种形式的服务，如为了扩大经营，销售人员应运用多种多样的服务手段，如送货上门、函电售货、代办托运、代客安装等，而且要做好质量“三包”和售后服务工作。

(7) 应变能力

在销售工作中遇到意想不到的情况时，要使自己在不利的形势下扭转局势，在遇到突发事件时能处乱不惊，尽力挽救可能出现或已经出现的失误，这就要求销售人员应有灵活的头脑和丰富的专业知识，能冷静而果敢地处理问题。

(8) 创新精神

创新是通过创造性的思维，提出改善现状的设想，并在实际工作中付诸实施，使某种现状得到改进。创新的范围很广，大到管理制度的改革，小到出一个主意、提一条建议，如改进或减少手续环节、增加服务内容和提高经济效益都属于创新的范畴。

在市场竞争日趋激烈的形势下，勇于创新，善于创新，就能扭转被动局面，争取主动，收到理想的效果。如果一个企业的多数销售人员都有一定的创新精神，这个企业的经营就会充满生机与活力。

三、汽车配件销售价格的确定

商品的销售定价技巧关系到商业企业的兴衰。在汽车配件营销企业，定价是十分敏感的，价格稍一变动，企业的诸多方面就会受到影响，如利润、成本、与同行的价格差和销量等。

如果在销售中想单纯通过抬高价格的方法获取更大的利润，往往事与愿违，销售额反而可能会下降。反之，通过减价来促销也未必能取得预期的效果。虽然降价不一定会带来销量的增加，但是却肯定会导致单笔销售的利润下降，迫使卖方销售更多的产品才能维持与降价前相同的利润。

以某经销商为例，通常情况下每个月都能以 50 元/个的价格卖出 100 个刹车片。每个刹车片的进货成本为 30 元，因此毛利为 20 元，毛利率为 40% (20/50)。该经销商每个月在刹车片上的销售额为 5 000 元，利润为 2 000 元。如果经销商将刹车片的单价降低 10%，即降至 45 元，那么单件毛利就是 15 元，毛利率为 33.33 %（15/45）。为了同样获得 2 000 元的利润，那么就需要销售 2000/15≈134 个刹车片。为了保持利润，下调 10%的价格需要增加 34%的销量才能得到补偿。

如果在价格上随意性很大，受害者不仅仅是广大客户，其实也包括众多商家。汽车配件市场价格的多变与混乱，在很大程度上是由于商家对价格的管理水平低下造成的。

因此，能够综合考虑各方面因素，对汽车配件科学、合理地定价是商家在市场竞争中取得主动和优势地位，使经营利润最大化的重要保障。

1. 定价的依据

制定合理价格的依据主要有以下几方面：

（1）汽车配件的进货成本

正确地计算出每种商品的进货成本（包括进价和采购成本等），在制定价格时这是一个重要的依据。在考虑配件的采购进价时应掌握汽车配件厂家给出的价格，配件厂对配件经销商给出的批发价，配件厂在年度订货（展销）会上给出的订货价，以及配件厂对经销商给予的配件索赔偿付价等。

（2）经营的目标利润率

利润的最大化是许多企业的定价目标，企业在估计利润与成本的基础上制定出价格，期望产生最大的利润或投资回报率。企业定价目标还要包括销售额增长、市场份额扩大、企业与品牌形象改善、长期利润最大化等内容。

（3）其他商家的相应售价

竞争者的价格以及竞争者对本企业定价的反应，也是定价决策的重要依据。要分析竞争者的产品和价格，可以深入市场进行调研，直接从消费者那里了解对手的价格和商品质量；也可以买回竞争者的商品进行认真分析和研究，然后对本企业所经营的同类商品做出准确的定位。

2. 定价方法

对汽车配件进行合理的定价，在参照以上各依据的前提下可以有多种方法，下面介绍几种目前常用的定价方法。

（1）以成本为中心的定价方法

目前，大多数汽车配件销售商都使用“以成本为中心的定价法”给汽车配件定价，即在配件的成本基础上增加一个标准百分比作为毛利。其计算公式为：

$$\text{销售单价}=\text{单位产品的完全成本}\times(1+\text{成本加成率})$$

$$\text{汽车加成价格}=\frac{\text{单辆汽车成本}\times(1+\text{汽车成本利润率})}{1-\text{税率}}$$

其中

$$\text{汽车成本利润率}=\frac{\text{要求达到的总利润}}{\text{总成本}}\times 100\%$$

例如，某个汽车企业一年要求达到的总利润为 6 000 万元，总成本为 30 000 万元，只生产某种汽车产品 2 000 台，产品税率为 10%，则

$$汽车成本利润率=6\ 000/30\ 000\times 100\%=20\%$$

$$汽车加成价格=\frac{(30\ 000/2\ 000)\ \times\ (1+20\%)}{1-10\%}=20\ (万元/台)$$

在实际工作中，单位产品的完全成本通常是指有关产品各期的实际平均单位成本或计划单位成本。成本加成率一般在考虑到产品的销售费用、销售税率后根据企业预期的利润目标确定。

(2) 以目标利润为中心的定价方法

以目标利润为中心的定价方法是根据企业所要实现的目标利润来定价的一种方法，一般可运用收支平衡图给产品定价。收支平衡图是一种总收入、总成本和总利润三者随着产销量的不同而变化的关系图，如图 7—1—1 所示。其解析公式如下：

$$R=(P-C_v)\ Q-C_o$$

式中 R——利润或亏损；

P——价格；

C_v——可变成本；

Q——销售量；

C_o——固定成本。

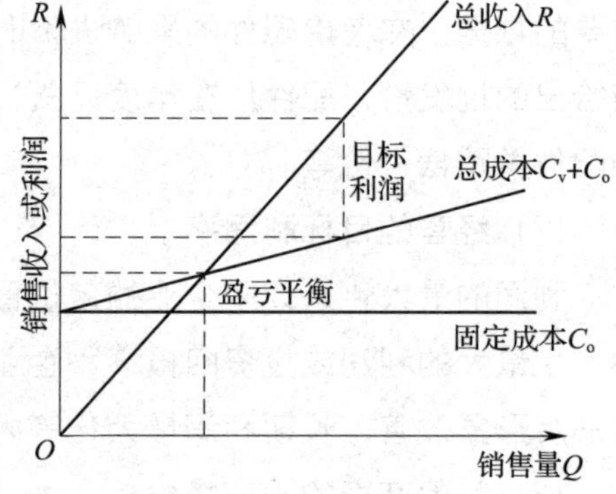

图 7—1—1 决定目标价格的收支平衡图

销售成本由固定成本和可变成本两部分组成 ($C=C_o+C_v$)，其中在一定销售额范围内不随销售额增减而变化的成本称为固定成本，而随着销售产品数量增减而同步变化的成本称为变动成本。

固定成本通常包括销售经理和销售人员的工资、销售办公费用、保险及固定税额、折旧等，变动成本通常包括销售提成和奖金、邮寄费、运输费、广告和销售促进费等。显然，如果企业的目标利润为 R_s，则产品的价格为：

$$P=C_v+\frac{R_s+C_o}{Q}$$

以上两种定价方法在卖方市场条件下一般尚可使用，但在买方市场条件下，企业的定价工作决不可如此“闭门造车”，而必须与市场相联系。

(3) 以需求为中心的定价方法

以需求为中心的定价方法是企业通过广泛的市场调研，首先对待销售的配件确定一个市场可以接受并使企业获得较大利润，具有一定竞争力的价格作为目标价格，以此推算出目标成本，然后在配件采购、存储、销售过程中做好成本控制，使得所发生的总成本在目标成本之内，从而保证了所定价格具有较强的竞争力，能为市场所接受。这就是说，价格要定在成本之前，是价格决定成本。

以需求为中心的定价方法是一种以需求为中心，汽车企业根据汽车消费者对汽车价值的理解和对汽车需求的差别来定价。

1）对汽车价值的理解定价法。对汽车价值的理解定价法就是汽车企业按照汽车消费者对汽车价值的理解来制定汽车价格，而不是根据汽车企业生产汽车的实际价值来定价。对汽车价值的理解定价法与汽车在市场上的定位是相联系的。

2）对汽车需求的差别定价法。对汽车需求的差别定价法是根据对汽车需求方面的差别来制定汽车的价格，主要有以下三种情况：

①按汽车的不同目标消费者采取不同的价格。因为同一商品对于不同消费者来说，其需求弹性不一样，有的消费者对价格敏感，适当给予优惠即可让其主动购买，有的则不敏感，可照价收款。

②按汽车的不同花色、样式确定不同的价格。因为对同一品牌、规格汽车的不同花色、样式，消费者的偏好程度不同，需求量也不同。因此，不同的定价能吸引不同需求的消费者。

③按汽车的不同销售时间采取不同的价格。同一种汽车因销售时间不同，其需求量也不同，汽车企业可据此制定不同的价格，争取最大销售量。

采用以需求为中心的定价方法的关键是要预测好不同价格时的销售量是多少，以最大总利润对应的价格作为产品的定价，相应的需求量作为该种产品的销售规模。其基本定价过程见表 7—1—1。

表 7—1—1　　以需求为中心的定价方法的基本定价过程

项目 数据 序号	价格 P	销售量 Q	变动成本 C_v	固定成本 C_o	利润 $R=(P-C_v)Q-C_o$
1	P_1	Q_1	C_v	C_o	R_1
2	P_2	Q_2			R_2
⋮	⋮	⋮			⋮
k	P_k	Q_k			R_k
⋮	⋮	⋮			⋮
n	P_n	Q_n			R_n

以需求为中心的定价方法所确定的价格代表了大多数用户的感受价值。所谓感受价值，是指买方根据自己的经验、标准或观念对产品的认同价值。企业在定价前必须认真做好营销调研工作，从而对感受价值做出准确估计。

（4）以竞争为中心的定价方法

以需求为中心的定价方法虽然考虑了市场需求和消费者的想法，但企业还总是期望获取最大利润，这在竞争激烈的市场上难以实现。为此，企业还可以考虑以竞争为中心来定价。

以竞争为中心的定价方法是企业依据参与竞争产品的品质和当前市场价格来确定本企业产品价格的一种方法。其特点是：只要参与竞争产品的价格一经确定就不再改变，即使本企业的产品成本或需求发生变化，价格也不变。用这种方法定价简便易行，所定价格竞争力强，但价格比较固定，有时企业获利较少。

以竞争为中心的定价方法比较适合市场竞争激烈的产品。企业在运用这一方法时，应当强化用户的感受，使用户相信本企业产品的价格比竞争对手产品的价格更符合用户的利益。

(5) 随行就市定价方法

随行就市定价方法，即以同类汽车产品的平均价格作为汽车企业定价的基础。这种方法适合汽车企业既难于对客户和竞争者的反应做出准确的估计，又难于另行定价时运用。采用随行就市定价方法一般可较准确地体现汽车价值和供求情况，保证能获得合理效益，同时，也有利于协调同行业的步调，融洽与竞争者的关系。此外，采用随行就市定价方法，其汽车产品的成本与利润要受同行业平均成本的制约。因此，企业只有努力降低成本，才能获得更多的利润。

(6) 竞争投标定价方法

在汽车易主交易中，采用招标、投标的方式，由一个卖主（或买主）对两个以上并相互竞争的潜在买主（或卖主）出价（或要价）、择优成交的定价方法，称为竞争投标定价方法。其显著特点是招标方只有一个，处于相对垄断的地位，而投标方有多个，处于相互竞争的地位。能否成交的关键在于投标者的出价能否战胜所有竞争对手而中标，中标者与卖方（买方）签约成交。

竞争投标定价法主要在政府处理走私没收汽车和企业处理多余汽车时采用，如上海市对车牌的竞拍就属于这种形式。

四、汽车配件销售流程

在汽车配件销售企业，配件销售的流程主要包括对外零售和批发，而对于4S店等同时带有维修职能的企业，其销售业务还包括接待维修部取件。每个对象流程又大致分为接待客户、查询有关信息、开配件领货单、办理交货手续及其他事项几个部分。

1. 对外零售工作流程

汽车配件对外零售工作流程如图7—1—2所示。

(1) 接待客户

接待客户要注意态度热情，服务周到，能够根据客户的要求为其准确选择价格和质量适合的配件，让客户在购买配件的同时获得优质的服务。

(2) 查询有关信息

根据客户的描述或所带来准备更换的废旧配件，通过配件手册或电子光盘查询出所需零件的编号、库存情况和价格等信息。

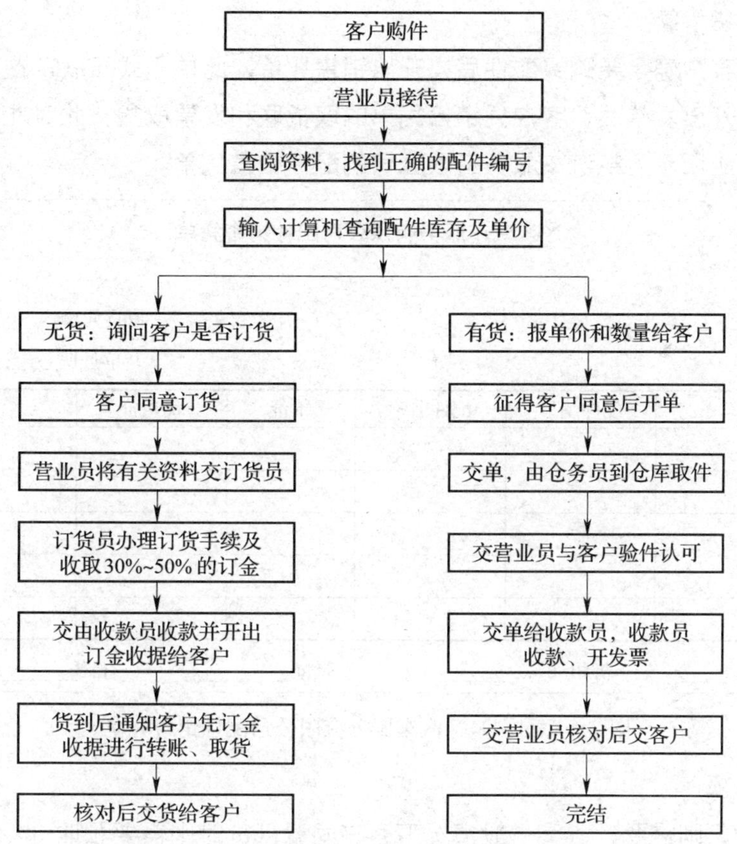

图 7—1—2　汽车配件对外零售工作流程

（3）开配件领货单

客户决定购买后，由营业员开出配件领货单并签字后，交由仓务员到仓库取件，仓务员提取配件后在取货单上签字，交由营业员和客户确认。注意，此时库存量暂不做修改，因为存在客户不满意而退回的可能性。图 7—1—3 所示为某汽车服务有限公司的配件领货单。

××汽车服务有限公司配件领货单

工 作 卡________

车　　牌________　　　　　　发票凭单______________

挂账单位________　　　　　　开单日期_____年___月___日

数量	车系	配件编号	配件名称	仓位	单价	提货数量	金额

营业员________　　仓务员________　　领料________　　合计金额________

图 7—1—3　××汽车服务有限公司配件领货单

(4) 办理交货手续

营销人员在客户确定要购买配件后，开出销售凭单，此单一式三联，这是财务收款的依据。财务收款并开出发票后，客户凭销售凭单的取货联和发票取货，此时才对库存数量进行修改。图 7—1—4 所示为某汽车服务有限公司的配件销售凭单。

××汽车服务有限公司配件销售凭单

工 作 卡________

车　　牌________　　　　　　　　　　　　取货凭单________________

挂账单位________　　　　　　　　　　　　开单日期_____年___月___日

数量	车系	配件编号	配件名称	单价	优惠价	金额

营业员________　　折扣（%）________　　批准________　　合计________

图 7—1—4　××汽车服务有限公司配件销售凭单

(5) 其他事项

当库存无货，则需要订货，一般情况下客户同意订货时则需要预收 30%～50%的订金。在订货过程中要信守诺言，保证交货的时间。如果确实有不可抗拒的原因导致交货延迟，一定要及时通知客户并取得谅解。

2. 4S 店汽车售后配件供应中的流程

在 4S 店汽车售后配件供应过程中包括 12 个关键因素，它们能提高经销商售后服务的效率和信誉，能获得更高的客户满意度，并可以此提高经销商的盈利能力。这 12 个因素主要包括从主动接触客户、与客户预约开始，到对客户意见的解决及预防。这里通过图 7—1—5 所示的销售服务流程来详细描述。

(1) 主动接触客户

1) 对售出的汽车确定下一次保养或年检的日期。

2) 建立需要保养或年检的客户信息库（或登记簿）。

3) 给到期需要保养或年检的客户发信息或预约。

4) 核查客户是否已经做了约定。

5) 联系那些没有回应的客户。

(2) 与客户预约

1) 确定并记录客户的要求。

2) 确定并为其约定售后服务的时间。

3) 准备维修工单所需要的相应信息，如客户姓名、所购车型、预约时间等。

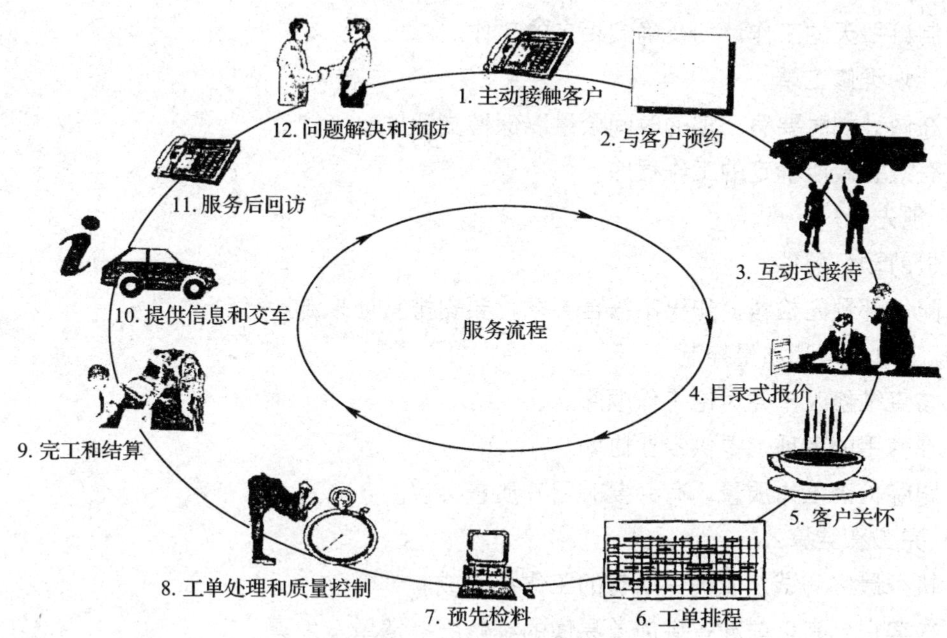

图 7—1—5　销售服务流程

(3) 互动式接待

1) 提供礼貌的服务。

2) 解释共同进行车辆检查的好处。

3) 核查保养记录本。

4) 与客户一起检查车辆。

5) 就维修工单的内容达成一致。

6) 完成并分发维修工单。

(4) 目录式报价

1) 确定售后保养和维修所需的所有配件。

2) 根据维修工单确定人工项目。

3) 核查维修所需配件是否有库存。

4) 就价格和完工时间与客户达成一致。

5) 提前向配件部发出提货通知单。

(5) 客户关怀

1) 提供和安排良好的、令客户安心的等待区。

2) 提供上门服务的机会。

3) 对用车过程中的问题提出建议。

4) 确定将来可能会有的需求。

5) 推销其他服务。

(6) 工单排程

1) 设计并使用适当的计划表格。

2）制订每天的工作计划及确定相应的工作。

3）计划维修工单。

4）在做计划时要有一定的时间余量以保持灵活性。

5）有效完成所确定的工作程序。

(7）预先检料

1）提前预订配件。

2）配件部预先检料，如果不符合要求，要安排其他来源。

(8）工单处理和质量控制

1）核查维修工单并讨论工作顺序。

2）在棘手的事项上提供专业协助。

3）跟踪检查工作质量，有必要时召开质量会议。

(9）完工和结算

1）执行最终测试，以确保所有的工作都完成。

2）在客户到来之前准备好简单易懂的维修服务清单及发票。

3）对汽车进行清理及美容。

4）通知客户完工并约定取车时间。

5）确保所发生的费用没有超过预估。

6）更新该车的保养与维修历史记录。

(10）提供信息和交车

1）介绍、解释所进行的维修项目。

2）确认将来要做的工作。

3）对车的护理和保养提出建议。

(11）服务后回访

1）询问客户是否完全满意。

2）对存在的问题进行确认。

3）接受客户的意见和反馈并进行改进。

(12）问题解决和预防

1）以有序的方式收集信息。

2）分析信息并找出问题存在的根本原因。

3）尽快解决存在的问题，并利用信息做出改进。

3. 维修部取件（领料）工作流程

对于4S店等同时带有维修职能的汽车配件营销企业，其维修部取件的工作流程如图7—1—6所示。维修部取件的主要特点在于它属于内部结账，是以维修人员的工卡为结账的凭证。这在取货单和销售单上可以体现出来（记载有维修车辆牌号、单位、维修人员的工卡号等）。

4. 批发销售工作流程

批发销售工作流程如图7—1—7所示。

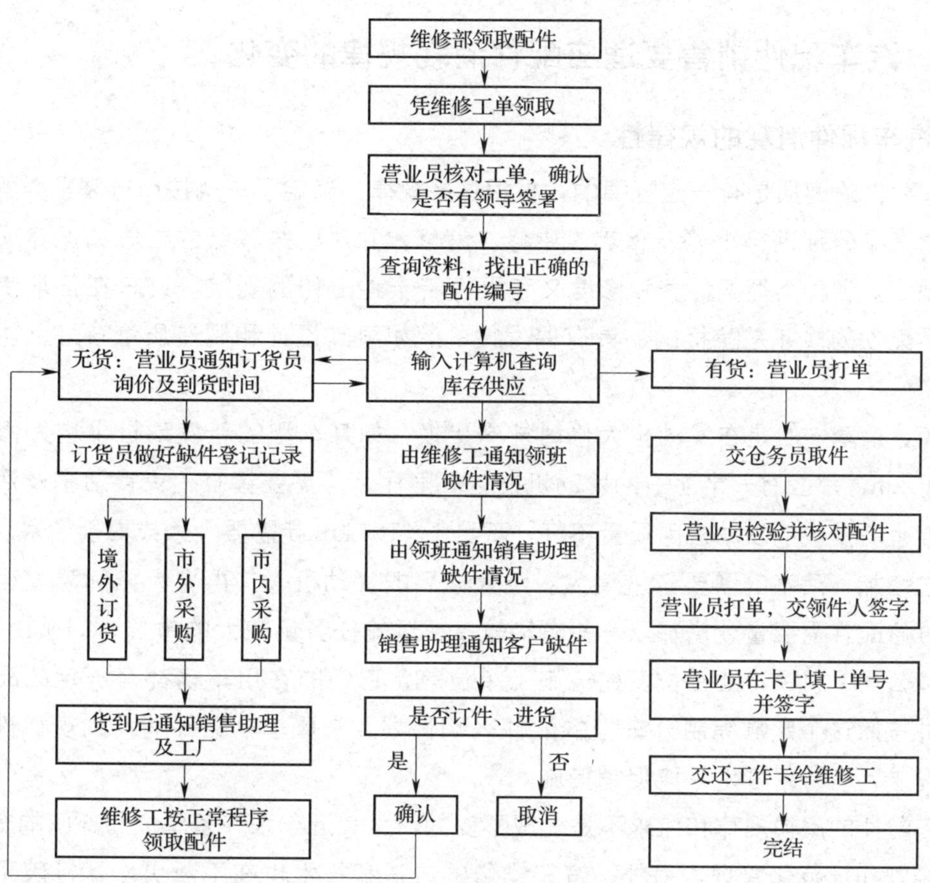

图 7—1—6　维修部取件的工作流程

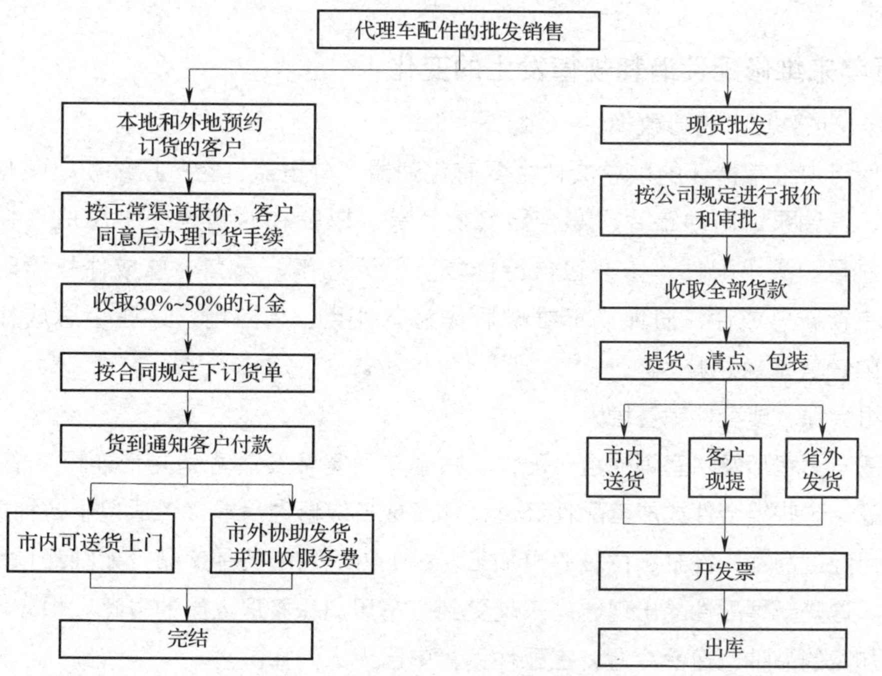

图 7—1—7　批发销售工作流程

五、汽车配件销售要适应配件消耗规律的变化

1. 汽车配件消耗的规律性

汽车配件的磨损是有一定规律的，根据这些规律，确定了车辆按照行驶里程的不同阶段需要对汽车分别进行小修及保养、中修、大修，并对这些等级的维修和保养项目做了详细的规定。各种类型的保养和修理又有更换若干种配件的规定。汽车在正常使用寿命期内，零配件的损坏是随机的、具有偶发性的。如果其设计和制造质量较好，损坏率一般很低。

例如，活塞一般是在发动机大修时才需更换，如某车型的新发动机平均大修里程是 2.4×10^5 km，那么有一半左右的发动机在这个里程之前需要镗缸、更换活塞及活塞环等机件。但也有少数的发动机因质量不好，不足 1×10^5 km 就需要大修或更换活塞。随着行驶里程的增加，活塞的需要量就增大。经大修后的发动机，其再次大修间隔里程便大大缩短，维修配件需要量就增加。一些车辆较多、运输任务量较大的单位，如矿山、油田、专业运输公司、机关事业单位及建筑施工单位等，它们的在用车辆都有一定的配件消耗定额，并按照这个定额编制分车型的配件采购计划。掌握车辆配件消耗的规律性，可根据市场需求，有针对性地采取促销措施。

汽车配件的磨损规律和需求不是一成不变的，尤其近年来许多单位和部门的车辆实行了承包经营和规范化管理，另外，汽车维修的方法和技术也在不断更新，打破了原来采购配件的规律。因此，汽车配件销售单位也要根据实际情况的发展探索新的规律，以满足市场需求。

2. 近年来维修配件消耗规律发生的变化

(1) 小总成件已“将修改换”

汽车使用中经常损坏的小总成件主要有化油器、分电器、空气压缩机、发电机、起动机、水泵、汽油泵、制动蹄片、离合器摩擦片等。以往在遇到这些小总成件损坏时，大部分用户总是购买小配件、修理包自行修复。但近几年，遇有小总成件故障时，用户大多要求先更换新总成件，旧件换下维修后作为备件用，相应地，这些小总成件的零配件和修理包的销售量急剧减少。

(2) 组合件、成套件销量增大

如活塞与活塞环及活塞销的组合配件、活塞与活塞环及活塞销并带连杆（俗称 4 配套）的配套件等，这些组合件或成套配件经过精加工成各级修理尺寸，以适用于各种磨损程度的修理。不用经过刮瓦、镗缸、拉轴等再加工，装上就能用的各种产品（如轴瓦）也替代了以前的产品。这些新型配件的出现，越来越受到汽车用户和修理人员的青睐。相应地，这类单件或未精加工的品种也遭受冷遇，在配件销售中已无人问津。

车辆保养中必换的密封件，如离合器、制动总泵和制动分泵中的密封皮碗、油封及气缸

垫、油底壳垫等密封垫片，以前大部分是单独出售，现在改为按车型集中包装制成的各种修理包，这些也深受修理人员的欢迎。

(3) 小规格车用油畅销

小规格容器包装的润滑油（脂）、特种油，因其具有携带方便、加注便捷、较少废弃等优点，尤其适合单辆汽车使用。随着个人用车的增加及用户对车辆保养意识的增强，其销量逐渐增加。

以上三个方面的产品哪怕价格高一点，用户也乐意购买，其原因在于：

首先是人们时间观念的更新。在激烈的市场竞争中，时间就是效益、时间就是金钱的观念在人们思想深处牢牢扎根。为了争取时间，用户要求尽量缩短在修日，以最大限度地提高在用车辆利用率。维修厂家为了满足用户的要求，也想方设法提高车辆的维修效率，寻求更好的维修手段。以上配件的出现符合市场需求。

其次是随着汽车工业和零部件制造业的发展，以及现代汽车对维修质量的标准要求越来越高，要求维修配件具有配合精密、使用及维修方便、搭配合理、可靠性高等特点。在国产新型汽车和进口汽车的配件供应上，这些特点体现得越来越明显。

如何采取积极措施合理调整库存结构，以适应这一变化了的市场需求，这是汽车配件销售企业，特别是资深的汽车配件销售企业应当研究并解决的主要问题。

六、积极适应汽车配件消耗规律的变化

在一些规模较大、经营汽车配件历史较久的销售部门的仓库里，还积压着规格、品种齐全的各类小总成件的零配件和修理包，而另一方面，又在组织小总成件进货以满足市场需求，这无疑是一种很大的浪费。要解决以上弊端，可采取以下措施：

1. 细心观察，认真研究汽车维修配件消耗规律的变化，及时组织适销对路的品种供应市场，不再大批组织滞销品种的进货，防止产生新的积压。

2. 尽量利用库存的零散件装配成质量合格的小总成件，以供应给市场。

3. 委托工厂将单件加工组合成配套件或尺寸精确的装配件，以供应给市场。

4. 将零散密封件分门别类制成修理包，以供应给市场，如总泵、分泵修理包和发动机修理包等。

5. 按车辆日常使用规格的容器封装车辆保养中必换的润滑油和特种油，以供应给市场。

以上方法不用花费太多的人力、财力就可以做到。遇有少量缺件的，可以小批量进货，这样可以使部分积压、滞销配件逐渐销售出去，以减少企业的损失。同时采取以上措施，对老旧车辆的配件销售更为有利。目前，全国尚有数以百万计的老旧车辆还在使用，一些零配件已停产，但配件市场每年要消耗价值数千万元的这种配件，这些车辆的淘汰为期不会太远。抓紧进行这一变“废”为“宝”的工作，对于加速资金周转，改善库存结构，节约社会财富均是十分有益的。

七、汽车配件推介

1. 准确推介汽车配件产品及做好售后服务工作

在接待欲购买汽车配件的客户时，要运用专业知识对配件进行推销和介绍。

(1) 准确地介绍配件来源

前面已经介绍过，汽车配件市场常见的有正厂件、配套厂件、许可生产件、仿制件、拆车件和翻新件等，其质量和价格有很大差别，许多客户对此方面的认知不是很明确。不同的客户对配件的需求不同，可针对客户的不同需求给他们介绍不同来源的汽车配件，并向其介绍配件价格和质量的差别，做到诚信销售。

(2) 客观地介绍售后服务

现代汽车市场竞争越来越激烈，汽车配件市场也不例外。随着各大汽车公司技术水平的不断提高和生产设备的不断完善，汽车产品的性能、质量、价格也趋于一致，结果导致市场竞争的焦点都在向产品的售后服务方面转移。因此，企业售后服务的好坏直接影响到产品的市场占有率。

销售人员在介绍商品的同时，要全面介绍企业的售后服务政策（如保修期、退换规定、优惠政策等），以吸引客户购买。同时，也应将一些注意事项交代清楚，以避免日后产生纠纷。

例如，某汽车公司在其产品质量担保中规定，销售给用户的车辆，按当时的技术水平，其材料和制造质量均无缺陷，质量担保期从领取行车证之日起算，为期 12 个月，千米数不计。如果车辆出现故障，只有特约维修站有权受理质量担保申请，而且故障一旦出现，应立即与特约维修站联系并排除，所产生的一切费用均由特约维修站向该汽车公司结算。另外，对售出的汽车配件也有质量担保。在特约维修站更换的配件，1 年期限内，由于质量原因而损坏，可到原特约维修站索赔。此外，汽车公司还提供质量担保期外的一些优惠待遇。

如果出现以下情况，汽车公司将不承担质量担保：

1）车辆出现故障时未在指定的特约维修站修理。

2）换用了未经汽车公司许可的零件。

3）未按汽车公司许可的方式对车辆进行改装。

4）客户没有遵守车辆的使用规定（使用说明书、维修保养计划等）。

2. 正确查阅汽车配件目录（手册或电子目录）

汽车配件目录是销售人员在为客户准确提供选购服务时的依据，查阅汽车配件目录时应注意：

(1) 首先要确定所查阅的配件目录确为车型的规定目录，否则，将无法保证所购配件适用于该车型。

(2) 查阅前，必须明确汽车型号、发动机型号、发动机编号、底盘编号、出厂日期等参数。

3. 向客户提供技术咨询

汽车配件销售员不仅自己要熟练掌握配件使用知识，还应针对客户的询问，把汽车配件的功能及使用方法详细地向客户介绍。有时汽车配件销售员还须做示范，或让客户亲自试用，并可给客户分发一些有关产品使用方面的小册子、说明书或宣传光盘。如果汽车配件的使用过程比较复杂，还可开办专门的培训课程，许多汽车配件商店甚至还提供为客户安装所购买的滤清器等小配件、更换机油等免费服务。

另外，同一汽车生产厂家生产的同一系列车型上的许多零部件都具有互换性（即能通用）。即使是不同厂家生产的同类型汽车，有许多零部件也可以互换，如一汽大众的捷达轿车和上海大众的桑塔纳轿车发动机的活塞、活塞环、气缸垫、前制动盘等零部件就可以通用，因为它们都是同一厂家的同一规格配件。由于汽车种类很多，汽车配件类别繁杂，作为汽车配件的高级销售人员，除必须掌握一些汽车配件的通用和互换知识外，还必须学会查阅各种汽车配件的通用互换手册，以便更好地为客户服务。

相关知识可查阅《国产汽车零配件通用互换资料大全》和《进口汽车零配件通用互换资料丛书》等一些专用工具书。

4. 抓住成交机会

成交是整个销售过程中的关键阶段。在销售洽谈过程中，有经验的营销人员可以观察到消费者的购买心理，并可以抓住机会促使客户采取购买行动，这就需要运用一定技巧促成交易。

在销售活动中，客户如果已经产生了购买心理，这种心理通过语言或行动可以显示出来，为营销人员提供成交信号，主要包括：

(1) 语言信号

客户开始谈论以下方面的问题时，可能就是一种成交信号：配件的当前库存量或最快交货日期、交货方式、运输方式、付款方式；配件的安装、使用、维护、存储、保养要求和售后服务；开始讨价还价，进一步压低价格，当出价合理时，仍然以种种理由要求降低价格；对目前正在使用的其他厂家的产品表示不满；提出转换洽谈环境与地点等。

注意在洽谈业务时，要时刻关注客户购买心理的阶段性变化，如注意力的转移、言语的变化，甚至语气的变化，然后针对这些变化采取相应的措施。

(2) 动作信号

销售人员认真观察客户的动作可以识别其是否有成交的倾向，因为一旦客户完成了认识产品的过程，拿定主意要购买时，一般会觉得一个艰苦的心理活动就要结束了，会出现与前面过程完全不同的动作，如频频点头，仔细端详配件产品，仔细看说明书，陷入沉思，突然移动身体，改正坐姿，反复询问商品好坏等细节动作。

(3) 表情信号

客户神色更加活跃，对销售人员的态度明显好转，眼神更加温和，面部表情变得开朗，这些细节的表情变化都是成交信号。在与客户面谈时，要时刻留意对方的表情，发现并准确地把握这些达成交易的最佳时机，以促成交易的完成。

八、达成交易的常用方法

1. 从众成交法

客户大多都会有一些从众心理，对于一般车主来说，其消费行为既是个人行为又是社会行为，既受众人消费观念影响，又受社会消费环境的影响。

例如，销售人员可以对前来购买配件的车主说："我们这种品牌的润滑油可以提高发动机的动力性，并且可以改善燃油经济性，减少尾气排放，很多车主都喜欢用这种品牌的润滑油。"

销售人员应该能够用例证、数字或调查结果说明确实有客户购买，而不是空口无凭，更不能欺骗客户。

2. 机会成交法

机会成交法是向客户说明购买机会的可贵性，如可以利用调价机会、促销机会说："该产品即将推出新一代，现在又在进行促销，是最佳购买时机，性价比很高，以后推出的新产品会贵很多。"以此向客户说明机会难得，提醒不要错过，促成客户购买。

3. 直接请求成交法

在判别出客户已经产生购买心理时，可以直接请求客户购买产品，利用请求向客户进行提示，并略微向客户施加一些心理压力，从而达成交易。例如，可以对顾客说："这种配件的质量很好，不要犹豫了。"

4. 选择成交法

销售人员提出两项以上的建议供客户选择，每个建议选项都对销售活动有利，因为如果只提出一项建议，很有可能被对方一口否决，而提供两项以上的选择有助于引导客户将注意力集中在可选方案的比较上，有助于交易的完成。

例如，配件销售人员可以这样建议准备做日常保养的车主："您看是现在提货还是周一给您送过去呢? 您除了需要购买我们这里的制动液，要不要再检查一下您的爱车，看看是否应该更换制动摩擦片呢?"

5. 假定成交法

假定成交法是指销售人员假定客户已经同意购买，通过讨论一些细节问题，从而促成交易的完成。这种方法适用于老客户、中间商、决策能力较低的客户、主动表示要购买或已经表现出购买信号的客户。这种方法避免了与客户洽谈是否购买的问题，在一定程度上减轻了客户的心理压力，把客户成交信号直接过渡到成交行为，大大提高了销售的效率。

例如，销售人员可以直接向准备采购配件的中间商提出："您需要的别克车用冷却液温度传感器，现在提 50 个可以吗?"

6. 优惠成交法

优惠成交法是指销售人员通过向客户提供进一步的优惠条件而促成交易。这种方式利用客户的求利心理，起到吸引客户，扩大产品影响，加快交易和资金回笼的作用。

例如，销售人员可以说："如果您订下了这批主减速器，我们将给您打八折的优惠。"但是长期使用这种方法势必会助长客户对优惠条件的更进一步要求，造成恶性循环。所以在应用此方法时，销售人员每承诺一个优惠条件，也应该适当地要求客户相对做一些让步。如销售人员可以说："给您以上优惠，我们就不再给您送货了。"

7. 保证成交法

保证成交法就是消除客户担心风险的心理以促成交易。销售人员提供某种客户需求的保证，如主动提出免费送货上门，免除客户运货的担忧；或提出配件出现问题可以包退包换，免除客户对产品质量的担忧；提出三年之内免费维护，可以使客户消除使用配件的后顾之忧。但是应用保证成交法时应充分考虑到不同配件产品本身的特点以及其在结构、性能、质量上的差异性。在做保证的时候要认真、诚信，一经保证就要负责任，不能仅仅为了达成交易而向客户随意承诺。

8. 利益汇总成交法

销售人员经过努力，采用各种方法将配件的特性和优点展现给客户之后，客户可能当时并没有在意，过一段时间，销售人员要有意识地将客户可以获得的各种利益进行汇总，并扼要地再次提醒客户，加深客户对利益的认可，并提出要求达成交易。

任务实施

训练 1：熟悉汽车定价方法的分类及优缺点。

将表 7—1—2 补充完整。

表 7—1—2　　汽车定价方法的分类及优缺点

类别	优点	缺点
成本导向定价法		
需求导向定价法		
竞争导向定价法		

训练 2：熟悉汽车配件的销售流程。

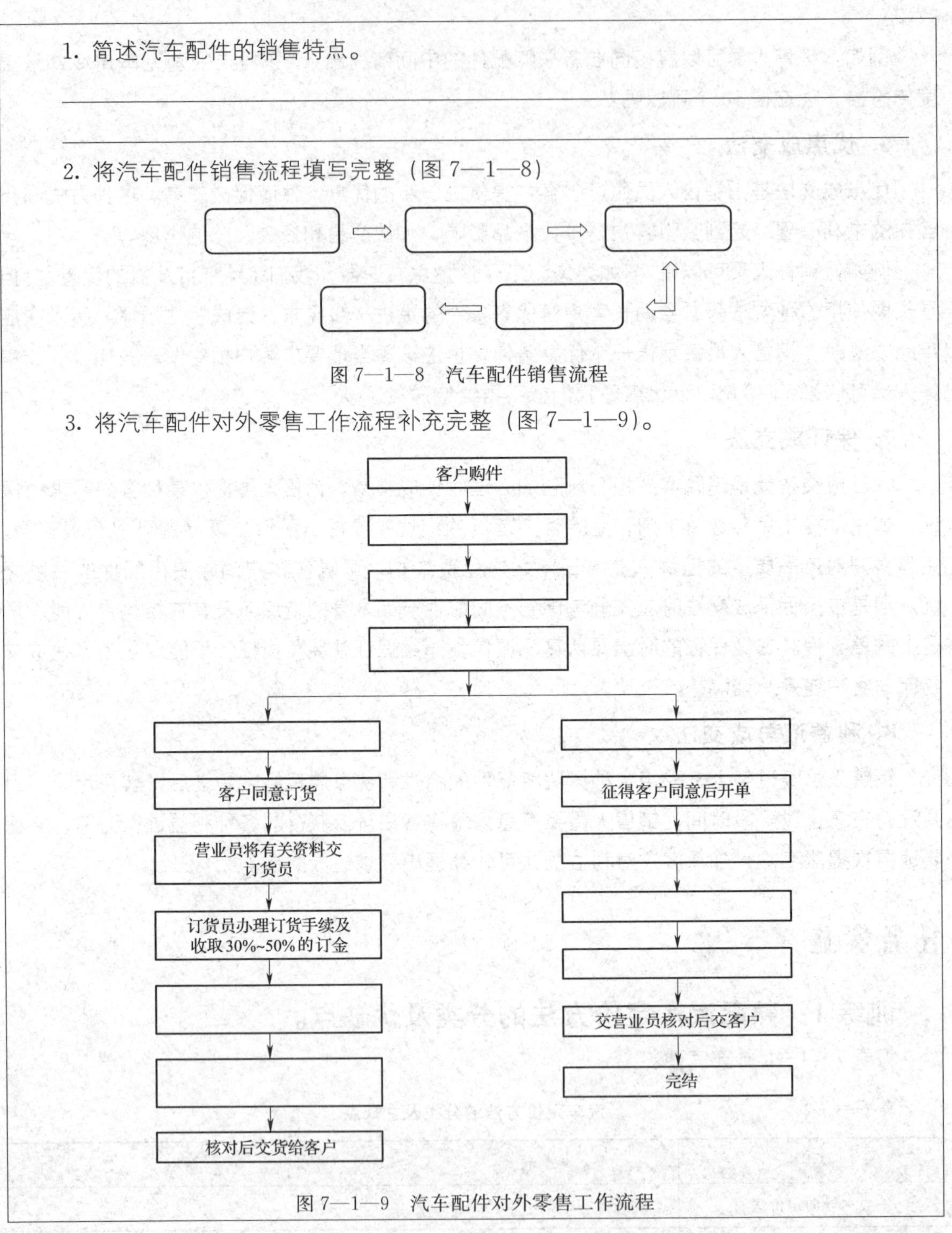

1. 简述汽车配件的销售特点。

____

____

2. 将汽车配件销售流程填写完整（图 7—1—8）

图 7—1—8　汽车配件销售流程

3. 将汽车配件对外零售工作流程补充完整（图 7—1—9）。

图 7—1—9　汽车配件对外零售工作流程

训练 3：汽车配件营销定价分析——某常用汽车滤清器的定价方案。

首先，进行整个滤清器市场情况的调查。

其次，根据滤清器的市场调查结果拟定以下几个定价方案：

方案 1：将 A 型滤清器的销售单价降至 10 元，保持 E 型滤清器销售单价不变，以此扩大 A 型滤清器的销量，降低 E 型滤清器的销量，从而改善该配件公司滤清器的经营利润。这样做该公司的 A 型滤清器每月销售量可增加 15 000 个。

方案 2：不再供应 A 型滤清器，将 E 型滤清器的销售单价降低 1 元，为 12 元，同时加强 E 型滤清器的广告宣传力度，从而扩大 E 型滤清器的销量。风险是 E 型滤清器的销量每月必须要比过去增加 15 000 个才能完成该公司滤清器以前的年销售收入和利润。

方案 3：降低 A 型滤清器的销售单价至 8 元，同时提高 E 型滤清器的销售单价 2 元；推广宣传 E 型滤清器的卓越性能，以满足不同用户的需求；充分利用商品价值和价格杠杆，重新对该公司的滤清器销售市场进行定位。风险是该公司滤清器的 232 万元年销售收入和利润采用此方案后至少都不能受影响，且应在 1～2 年中略有上升。

这三种定价方案的总体目标都是力保该配件销售公司的滤清器销售额和利润不受影响，但营销产品中的定价是一项实践性很强的市场工作，它需要在确定执行上述某种方案之后进行市场调研，一般以 3 个月作为一个调研周期（因滤清器受季节性变化影响较小），然后不断修正方案。切忌一次性按某一种方案执行之后过一年再来修正或调整价格。

试对这三种方案进行比较。

方案 1：____

____

____

____

方案 2：____

____

____

方案 3：____

____

____

____

任务 2　合同订立和履行

学习目标

1. 掌握合同订立应履行的基本原则。
2. 熟悉采购合同的关键条款。
3. 了解合同纠纷的处理方法。

任务描述

合同是当事双方表达协商一致意见的一种协议。汽车配件营销经常涉及的合同有采购合同、运输合同和保密合同，其中最重要的是采购合同。本任务要求汽车配件销售人员了解签订汽车配件采购合同需要遵循的原则、相关关键条款及合同纠纷处理方法等，并能正确与配件供货商签订采购合同。

相关知识

在日常发生的一般性汽车配件交易中，配件经销商通常用口头方式与客户达成一些相互权利及义务关系的协议。但对于标的金额比较大、履行期长、不能及时结清的交易，应当采用书面形式订立合同。否则，视为合同形式不合法。

一、签订采购合同应遵循的原则

合同是当事人双方真实意愿的体现，签订采购合同时，应遵循以下原则：

1. 双方必须贯彻“平等互惠、协商一致、等价有偿、诚实守信”的原则。

2. 合同必须符合国家法律、政策的规定。

二、采购合同的关键条款

合同是约束双方的权利与义务的法律文书，为避免在执行合同时出现争议，在采购合同中必须写明一些关键性的条款。

1. 标的

标的是指民事活动所要达到的目的，在汽车配件采购合同中，主要指所交易的是什么，如汽车配件的品名、品牌、规格、型号等。在履行合同时，必须按合同中规定的内容交易。如果一方违约，要交付违约金和赔偿金。如果受害方要求违约方继续履行合同，违约方应该按合同规定继续履行合同。

2. 质量

质量是合同的主要条款之一。由于汽车配件的质量问题往往是引起合同纠纷的主要原因，所以此条款至关重要。

合同法规定的产品质量标准有国家标准、专业标准、主管部门制定的标准（无前两项标准时）和协商标准（购买者有特殊要求的），国际贸易中有时也规定货物的样品可以作为质量标准（按照封存的样品标准验收）。

在合同中规定了什么样的质量标准，交易就应当履行什么样的质量标准。

3. 数量

数量是合同的基本条款之一，必须规定明确、具体。例如，计量单位的度、量、衡等一定要明确，一般都应采用国家现行规定的计量单位。在合同中规定的配件数量是多少，交易就应该履行多少。

4. 包装

包装的主要作用是保护汽车配件在运输和储存中完好无损、美观、防腐蚀等。因包装不善造成的损失不可小视，除了直接的损失外，还导致产品失去市场竞争力，甚至使合同双方和承运部门发生纠纷。因此，对包装方面的规定在合同中要明确、具体地提出来。

某些大型产品，为了节约包装，还规定有包装的回收，这要另订协议，如押金和回收折旧标准等。总之，供方必须对配件包装质量负责。

5. 价格

价格是指双方议定的汽车配件的单件（位）价格。合同中对价格是如何规定的，交易就必须按合同履行。如遇价格上涨或下调，也要按原价执行。逾期提货或逾期付款的，遇价格上涨或下调，由违约方承担损失。

6. 履行的期限

合同必须有履行期限，这对安排生产和销售都是十分重要的。违约误期必然会导致货不应时，尤其对那些季节性很强的商品就更为重要。切勿签订无履行期限的合同。交（提）货期限是指交（提）货的时间界限，双方都要按协议履行。

7. 履行的交货地点

履行的交货地点主要表示费用（如运费、保管费等）负担的分界线。合同中规定在什么地方履行，交易就应在什么地方履行。如果需要变更履行地点，应及时通知对方，不经对方同意，不得擅自变更履行地点。如出现违约，由违约方承担由此产生的损失。

8. 违约的责任

违约的责任是对不按合同履行义务的制裁条款，只要在合同中写出，就受到法律的保护。合同当事人双方都有对等的责任和义务。

9. 合同的担保

合同采取担保，是当事人双方为了确保合同的切实履行，经共同协商采取具有法律效力的保证措施。合同当事人一方要求保证的，可由双方认定的第三方担保。第三方应当是保证方的关系人，当被保的当事人不履行合同时，由第三方连带承担赔偿损失的责任。

10. 合同的变更与解除

合同成立后即受法律约束，任何一方不得擅自变更或解除。一般在合同中明确规定只有在以下情况下才可以变更合同：

(1) 当事人双方经协商同意变更或解除合同，但并不因此损害国家利益，也不损害社会公共利益。

(2) 由于不可抗力致使合同的全部义务不能履行。

(3) 由于另一方在合同约定的期限内没有履行合同。

11. 未尽事宜

未尽事宜包括双方签约中没有写明，但在合同履行中产生了问题，为了设法弥补而不致引起纠纷特别列出这一条，一般拟订方案后协商解决。

此外，合同的文本由交易双方当事人各自收存，并按此履行，发生纠纷申请仲裁或提出诉讼时，可作为原始凭证使用。

三、合同纠纷的处理

合同出现纠纷有时是不可避免的，一般处理纠纷的方法有协商解决、调解解决、仲裁解决和诉讼解决。以上这几种方法的排列顺序实际上也隐含了应选择的顺序，即出现纠纷或争议时，首先应由当事人双方协商，如果协商不能取得一致，则请有关方面调解，再不能取得一致，则双方还有两个选择，即申请仲裁和到法院进行诉讼。

1. 协商

合同纠纷的协商是指合同双方对所产生的纠纷互相主动接触，充分协商，取得一致意见，从而正确解决合同纠纷的一种方法。

发生合同纠纷后，违约方应主动与受害方及时取得联系，说明原因和理由，并应主动地承担法律规定或合同约定的违约责任，取得对方的谅解。而对方也应主动地与违约方迅速协商，及时、合理解决纠纷，以减少不必要的经济损失。

2. 调解

调解是指由第三者参与，认真查明事实，分清责任，通过说服教育，促使双方互相谅解，从而依法解决双方合同纠纷的一种处理办法。

在合同纠纷中，调解合同纠纷的第三方一般是律师事务所、工商行政管理部门或人民法院。

当事人一方或双方可向律师事务所申请寻求调解，也可在工商行政管理部门或法院受理合同纠纷案后再行协商调解。

调解并不是法定解决合同纠纷的必然程序，它是在合同双方当事人自愿的基础上进行的，如果当事人双方或一方不愿意调解，或调解后反悔，可以申请仲裁，直至起诉。但是双方接受并达成的调解协议，当事人应当履行。在调解成立、双方达成协议后，应写出书面调解书，作为纠纷解决的根据。调解书经当事人双方和调解人签章后生效。

合同当事人申请调解的，应当从知道或应该知道权利被侵害之日起一年内提出，超过期限的，一般不予受理。

3. 仲裁

合同纠纷的仲裁是指合同当事人之间发生争议，经双方协商未达成一致，而调解又达不成妥协时，根据合同当事人的申请，由合同仲裁机关依法做出裁决。

合同仲裁机关是国家工商行政管理总局和地方各级工商行政管理局设立的经济合同仲裁委员会。

仲裁一般需经过申请与受理→查明事实真相→先行调解→案件仲裁 4 个程序。合同当事人对已经发生法律效力的仲裁决定书，应当按照规定的期限自动履行。一方逾期不履行时，另一方可向有管辖权的人民法院申请强制执行。人民法院在了解案情之后，不必做实质调查，即可签发协助执行通知书。有关银行或信用社收到法院协助执行通知书后，即从当事人账户强制划拨需要支付的款项。

4. 诉讼

对于合同纠纷，当协商、调解、仲裁无效时，可向人民法院起诉，通过审理判决解决。人民法院经济审判庭在受理案件后，由双方或代理律师进行指证、辩护，最后由法院做出调解或判决。一般也是先调解后判决。

当事人任何一方或双方不服各级人民法院的一审判决时，可以在收到判决书的第二天起 15 日内向上一级人民法院提起上诉。超过上诉期限的，即认为判决书已发生法律效力，不予受理。

合同当事人对已经发生法律效力的判决，如果认为确有错误，并有新的证据证明自己是正确的，可以向原审人民法院或者上级人民法院提起申诉。当事人提起申诉时应当提交申诉状。但是否再审或撤销原判，由法院根据事实，认真复查并做出决定。在人民法院未做出撤销原判之前，不能因提出申诉而停止已经生效的判决。

任务实施

训练：签订采购合同。

试代表 A 公司向 B 公司采购汽车配件，签订相应的采购合同，并将合同补充完整。

汽车配件采购合同

合同号：WX00＊＊＊＊＊＊

甲方：________________________

乙方：________________________

甲乙双方经过友好协商，本着自愿的原则，就甲方向乙方销售________汽车零配件等事宜，订立如下合同条款：

一、甲方自本合同签订之日起，依据本合同第三条约定的方式向乙方销售商标号码为＿＿＿＿＿＿的汽车用品等（简称货物）。

二、甲方销售给乙方的货物应是＿＿＿＿＿＿原厂件或合作公司生产的零配件（乙方指定配件）。

三、甲方根据乙方电话确认、传真确认、QQ 或 E-mail 确认订购的汽车配件项目清单向乙方提供所需零配件。

四、乙方自已选择运输方式，委托运输公司办理货物的运输，并向运输公司支付运杂费用和保险费用（因考虑到货物安全，所发货物必须购买保险）。若购买保险的货物出了问题，乙方应第一时间和运输公司沟通、协调问题货物并告之甲方。

五、乙方验收货物合格后，应在次月 10 日前向甲方付清本月甲方发货的货款。逾期支付时，应向甲方支付每日万分之五的违约金，该违约金应在支付当次货款时一并付清。逾期未付款时，甲方停止向乙方发货。超过十五日仍未支付货款和违约金时，本合同终止履行。

六、本合同因乙方未支付货款而终止履行时，若乙方在未支付货款前已向甲方发出下次货物订单的传真，则应向甲方另行支付订货价值 30%的违约金。

七、因执行本合同发生争议，由争议双方协商解决，协商不成的，任何一方均可向本地人民法院提起诉讼。

八、有关本合同的修改，必须以书面形式进行，并由甲、乙双方签署后生效。

九、关于质保问题如下：

1. 甲方确保所供应的零配件为原厂件或配套厂用品（在乙方指定的零配件范围内），所有甲方向乙方发的货物上都有甲方的标签为证，无标签的甲方概不承认。若发现甲方有以假乱真的情况，甲方按假一赔十赔偿给乙方。

2. 出现以下情况甲方不予退货：

（1）经乙方确认代订的急件、期货。

（2）乙方收到货物当天未提出异议。

（3）电器、灯具一经发出概不退货。

（4）零件安装过、包装丢失、损坏的概不退货。

十、甲方的违约责任

乙方向甲方订购所需货物时，甲方会将订货清单传真至乙方，乙方认可后签字回传。若甲方不能按约定时间供货给乙方（在厂家有货的前提下），应按总价的每日万分之五赔偿给乙方，直至货物到达乙方处为止。

十一、协议签订时，乙方应向甲方提供真实有效的营业执照和法人身份证复印件。

十二、本合同未尽事宜，由甲乙双方在平等协商的基础上签订补充协议。

本合同自双方盖章、签字之日起生效。

甲方：	乙方：
（公章）	（公章）
地址：	地址：
法定代表人：	法定代表人：
委托代理人：	委托代理人：
电话：	电话：
传真：	传真：

签订日期：____年____月____日

任务 3　售后服务与索赔

学习目标

1. 了解汽车配件产品质量保修与索赔的范围。
2. 掌握保修、索赔的具体流程。

任务描述

质量保修又称质量保证、质量担保、质量赔偿等，俗称“三包”（即包赔、包修、包换），其基本含义是指处理用户的质量索赔要求，进行质量鉴定，决定和实施赔偿行为，并向厂商反馈质量信息。在我国的汽车行业，质量保修的工作过程通常是由第一线的售后服务网络（服务站）受理用户的质量索赔要求，决定是否进行赔偿。厂商售后服务总部对服务站的赔偿进行赔偿鉴定，复核赔偿的准确性，并进行质量动态的综合分析，向生产和采购部门反馈产品的质量信息。

本任务要求能对汽车质保期内的质量问题进行相关索赔。

相关知识

由于车辆的行驶条件复杂，对于车辆零部件使用过程中出现的问题是否属于质量问题，需要做出明确鉴定，并填写保修鉴定单。索赔工作不仅需要较为丰富的理论知识和实践经验，而且应严格遵守合同及质量保修规定，既要满足客户的要求，又不致使供货厂家造成不必要的损失。

一、索赔的条件与原则

1. 保修索赔期限及相关规定

(1) 随整车安装的配件保修索赔期限

一般整车保修索赔期限为从车辆开具购车发票之日起的 24 个月内，或车辆累计行驶里程 4×10^4 km 以内（两条件以先达到的为准）。超出以上两范围之一者，就超出保修索赔期限。在整车保修索赔期限内，特殊零部件依照特殊零部件保修索赔期限的规定执行。

某汽车配件公司特殊零部件保修索赔期限的规定见表 7—3—1。在整车保修索赔期限内由 4S 店免费更换安装的配件，随整车保修索赔期限结束，这种免费安装的服务也就结束。

表 7—3—1　　某汽车配件公司特殊零部件保修索赔期限的规定

特殊零部件名称	保修索赔期限
控制臂球头销	24 个月或 4×10^4 km
前、后减振器	
等速万向节	
扬声器	
蓄电池	
氧传感器	
防尘套（横拉杆、万向节）	
各类轴承	
橡胶件	
喷油器	
三元催化转化器	

(2) 用户单独付费的配件保修索赔期限的相关规定

由用户付费并由 4S 店更换和安装的配件，从车辆修复后客户验收合格之日或车辆累计行驶千米数算起，其保修索赔期限为 12 个月或 4×10^4 km（两条件以先达到的为准）。在此期间，因保修而免费更换的同一配件的保修索赔期限内随付费配件的保修索赔期限结束而结束。

2. 配件保修索赔条件

(1) 必须是在规定的保修索赔期限内。

(2) 用户必须遵守保修/保养手册的规定，正确驾驶、保养和存放车辆。

(3) 所有保修服务工作必须由汽车制造厂设在各地的 4S 店实施。

(4) 必须是由 4S 店售出并安装或原车装有的配件才可申请保修。

3. 配件保修索赔原则

配件保修索赔原则是在配件的保修索赔范围内给予索赔，而对不属于索赔范围内的配件，不能给予保修和索赔。

4. 配件保修索赔范围

（1）符合配件保修索赔条件，经服务站检查确认，需要修理或更换的不合格件。

（2）因保修配件引起损坏的相关件，包括辅料。

（3）配件保修费用包括零件费、维修工时费和4S店的外出服务费。

5. 不属于保修索赔范围的配件

（1）不满足配件保修索赔条件中的任何一条。

（2）经4S店检查，发现用户要求安装上的零件会受到相关件的影响而损坏，并及时向用户提出需要更换相关件，而用户不同意的配件。

（3）因用户使用不当或意外事故造成的质量问题。

（4）用户自行做了汽车改装，且该改装会对保修造成影响。

（5）由于外部原因造成汽车损坏，特别是石块溅击或碰撞所致的损坏，化学品的侵蚀造成的损坏等。

（6）配件保修中没有专门规定的费用，如用户因进行配件保修而发生的停车费、差旅费和食宿费等。

（7）易损件（如摩擦片、传动带、火花塞、灯泡、轮胎等）正常磨损及损耗发生的维修费用。

（8）用户自行修理或到指定4S店以外的厂家修理后所发生的保修配件质量问题。

二、保修索赔工作流程

1. 配件保修流程

质量保修是售后服务的重要组成部分，各维修站和配件经销商都有各自不同的保修模式和保修条例。图7—3—1所示是某特约维修站的汽车配件保修流程。

2. 质量索赔工作流程

在汽车配件售出后，客户因产品质量问题或其他原因要求退货或赔偿就是索赔。质量索赔属于质量保修范畴，某些厂家或维修站设有专门的索赔员处理质量索赔。

索赔流程一般是接受客户索赔请求→进行产品质量鉴定→处理争议以及办理索赔→索赔员根据本单位的索赔条例执行索赔程序。

近几年来，随着汽车保有量的增加，汽车配件的质量问题及相关投诉呈上升趋势。接待客户索赔时，要热情礼貌，充分理解客户所表现出来的急躁甚至粗鲁的态度和言行。至于客户所反映的内容是否属于索赔范围，要科学、公正地进行质量鉴定。如果客户对鉴定结果有争议，一定要运用丰富的理论知识和实践经验摆事实、讲道理，既要满足客户的要求，又不给企业造成不必要的损失。

以上介绍的索赔是客户针对配件经销商的索赔，接下来就是配件经销商针对客户的索赔向供货厂家交涉联系。例如，4S 店必须准确、及时地填写索赔申请单，并将索赔申请单上报给总部，要求供货商赔偿。

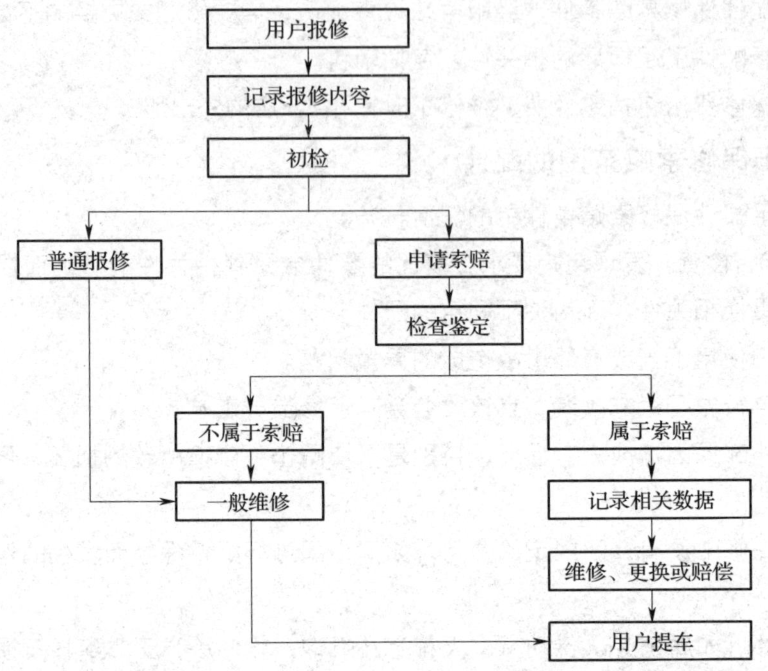

图 7—3—1　某特约维修站的汽车配件保修流程

3. 配件索赔

用户自行付费且在 4S 店更换的零部件或总成，在保修索赔范围内出现质量问题，并因此引起故障，这类情况属于配件索赔。提出这类配件索赔时，必须填写配件质量索赔申请表，并在表后附带购件发票的复印件。换件修复后还需要在更换配件的付费发票备注栏内如实写明当时车辆已经行驶的千米数。

需要申请的质量保修索赔项目有：

(1) 安全件，即具有安全特性的零件，是指该零件的损坏将导致安全事故，主要包括制动系统的所有零部件和转向系统的所有零部件。

(2) 超过 2 500 元人民币的部件（以公司供给 4S 店的价格为准），主要包括发动机总成、变速箱总成、发动机缸体、气缸盖总成、压缩机总成、后桥总成、仪表板电线束、仪表板总成等。

(3) 工时超过 8 h 的维修，主要包括更换发动机、更换缸体、更换缸套—活塞、更换活塞环、更换气缸盖、更换蒸发器（包括加注制冷剂）等。

(4) 对新车缺件和与原装件不符情况下进行的所有维修工作。

(5) 油漆和覆盖件的维修工作。

(6) 公司市场部售后服务分部特殊情况下指定的零件。

任务实施

训练：汽车配件索赔。

某汽车在质量保修期间出现了右后门无法正常关闭的故障，经过详细检查，确定属于汽车质保期内的质量问题，符合配件的索赔规定。试模拟相关情境，进行汽车配件索赔。